C.A.P.E.S. / Agrégation
LETTRES

Questions de grammaire pour les concours

Frédéric Calas
Maître de conférences
en langue française
Université Paris IV-Sorbonne

et

Nathalie Rossi
Maître de conférences
en linguistique
Université François Rabelais de Tours

Préface de Jean-Louis Tritter
Professeur à l'université Paris IV-Sorbonne

ellipses

Nathalie Rossi remercie Colette Feuillard,
Marie-Françoise Rossi et Bernard Gensane.

ISBN 2-7298-0418-8

Sommaire

Liste des abréviations et des symboles utilisés

Dét	Déterminant
N	Nom
Adj	Adjectif
V	Verbe
Pro	Pronom
Prép	Préposition
Adv	Adverbe
SN	Syntagme nominal
SV	Syntagme verbal
SP	Syntagme prépositionnel
S_{Adv}	Syntagme adverbial
P	Phrase
V_{Inf}	Verbe à l'infinitif
COD	Complément d'objet direct
COI	Complément d'objet indirect
?	Phrase dont la grammaticalité est douteuse
*	Phrase agrammaticale
vs	Abréviation de la forme latine *versus* signifiant « par opposition à »

▷	Remarques ou conseils méthodologiques
🕮	Se reporter au chapitre ou à la section concernant ce point

PRÉFACE

Les questions de grammaire proposées pour les concours présentent à des candidats qui ont déjà un certain nombre de connaissances dans leur bagage universitaire une façon de repenser et de réorganiser, selon des principes modernes, des notions fondamentales qui ne datent pas d'hier. Le propre de la grammaire est d'avoir su, au cours des âges, se remettre en question et renouveler, plus qu'une masse de règles contraignantes, qui restent toujours d'actualité, de nouvelles approches de pensée et de raisonnement qui entrent plus qu'autrefois dans le cœur des principes structurants qui régissent notre langue.

Mais, pour autant, faut-il rejeter tout ce qu'un riche passé de synthèses et d'analyses de détail a su nous apporter ? Ce n'est pas parce que l'on pense différemment que l'on pense mieux. Chaque âge a eu ses grammairiens modèles qui ont, à tour de rôle, plus ou moins influé sur le cours de la langue française. Ce sont ces hommes de réflexion qui nous ont permis d'en arriver aux modèles d'analyse les plus récents.

Il nous a paru donc indispensable, avant que d'en arriver aux chapitres qui vont suivre, de rappeler un peu le passé et d'esquisser les grandes tendances dont les principes ont, à chaque fois, permis un bond en avant.

I. Le Moyen Âge

Parce que ses modes de pensée et de connaissance nous sont encore mal connus et qu'à l'époque la plupart des ouvrages linguistiques ont été écrits en latin, il ne faudrait pas croire que le Moyen Âge n'a pas connu le monde grammatical. Comme la langue française en était à ses balbutiements et qu'elle ne se présentait aux observateurs de l'époque que sous la forme d'un tissu bigarré de dialectes qui semblaient parfois n'avoir aucun rapport entre eux, il est compréhensible que la notion de grammaire française n'ait pas paru aussi impérieuse qu'aujourd'hui. Les préoccupations majeures des « grammairiens » se sont portées sur le latin qui, tout naturellement, servit de langue littéraire et officielle pendant longtemps. Il n'est nullement question ici de détailler l'influence de cette langue de plus en plus morte dès le VIIIe siècle. Mais elle demeure indéniable. Il semble que ce qu'on nommera plusieurs siècles plus tard la « querelle du latin » ait été déjà contenue en germe. Mais pendant la plus grande partie du Moyen Âge, le latin règne en maître et seules les grammaires latines nous apprennent de quoi est formée la pensée grammaticale occidentale.

C'est à **Charlemagne** que l'on doit le retour aux études anciennes après une longue période d'oubli. Cette attitude devait certainement être conforme à sa politique. On redécouvre le latin, parce qu'on veut retrouver la pureté originelle des textes fondateurs du christianisme. C'est donc à partir du règne de cet empereur, qui, par ailleurs, avait l'intention de composer une grammaire de son dialecte germanique natal, que l'on « réinvente » les *Institutiones grammaticae* de **Priscien** et l'*Ars* de **Donat**. Dès le XIe siècle, on publiera des *Glosulae in Priscianum* qui font entrer la réflexion grammaticale dans le monde philosophique ou théologique. On doit donc replacer les études médiévales de grammaire dans le grand courant **aristotélicien** qui va régner en maître dans l'université pendant des siècles.

> C'est ici le moment de parler de ce **philosophe** grec qui allait trouver une immense popularité posthume en Europe occidentale médiévale. On sait que ses traités ont touché à de nombreuses reprises à des questions linguistiques aussi fondamentales que ce que l'on nomme depuis le phonème, le sème du mot, le signifiant et le signifié. La langue se décompose en trois types de fonctionnement : le *logos apothantikos* (ce qui est affirmé ou déclaré), le *logos pragmatikos* (le langage qui sert à l'instrumentalité) et le *logos poietikos* (qui est l'expression même de la création littéraire). Au cours du Moyen Âge, c'est par **Boèce** que la réflexion aristotélicienne a pénétré dans l'université. En fait, on peut dater du XIIe siècle essentiellement le renouveau de cette philosophie. Il y eut donc une adaptation des thèses aristotéliciennes aux traditions néo-platoniciennes chrétiennes. La grammaire, sous l'influence des épigones de Quintilien — qui opérait en quelque sorte une somme des connaissances antiques — devenait de plus en plus un moyen d'interprétation des textes. Elle se trouvait donc mêlée à la philologie et à la stylistique, même si ces deux mots n'avaient aucune forme d'existence ou de sens à l'époque. Malgré les réticences de **Jean de Salisbury**, la grammaire va se transformer en une science à part entière. Finies les remarques paralittéraires, on se tourne de plus en plus vers un aspect scientifique des études universitaires. La logique va devenir une règle générale.

De cette grande production grammaticale, en grande partie négligée ou oubliée aujourd'hui, émergent des noms célèbres en leur temps : **P. Abélard** qui joua un grand rôle dans le développement de la logique, **R. de Paris** et **R. Blund** dont les traités touchaient au problème du régime et de la transitivité. Par ailleurs, au cours du XIIe siècle, on commença à se servir du mot latin *officium* pour désigner les fonctions.

Au siècle suivant, outre des grammaires versifiées qui allaient connaître un grand succès, naît le courant des **modistes** initié par les *Notulae* de **Jordanus** ou par les traités de **Kilwardby,** eux-mêmes relayés par **Boèce de Dacie, Jean de Dacie**, le **Pseudo-Albert-le-Grand, Michel de Marbais** et **Raoul le Breton**.

> Ces **modistes** tentaient d'arracher la grammaire aux abus de la logique qui dès le XIIe siècle avaient ravagé, et qui ravageront longtemps, la

pensée linguistique française. Ils tirent leur nom des diverses *Summae modorum significandi* que Priscien appelait *proprietates significationum*. Il semble qu'ils formèrent un groupe assez prolifique de douze ou treize grammairiens. Ce sont des universalistes avant la lettre. Pour eux, les règles grammaticales ne sont pas des accidents localisés, mais sont indépendantes des langues elles-mêmes. Leurs conceptions philosophiques, qui divisaient le monde de la réalité en permanence et changement, trouvaient une application grammaticale immédiate dans le nom et son entourage d'une part, et le verbe et ses formes participes de l'autre. Pour dire plus simplement les choses, ces deux catégories étaient interprétées comme la matière et la forme. C'est donc sur le mode de signifier des choses que porte la réflexion de ces philosophes. Pour les grammairiens qui adhérèrent à ce courant, les bases de toute leur pensée sont définies par *vox*, *signum*, *dictio* et *pars orationis*. Selon Bertil Malmberg, « rien ne peut être signifié par la voix qui n'a pas d'abord été conçu par l'intellect. »

La grammaire médiévale ainsi conçue entre de plain-pied dans le monde de la philosophie, inaugurant par là même l'immense courant des grammaires philosophiques qui resurgiront à intervalles réguliers dans la pensée française.

Le rôle majeur qu'ont joué les grammaires latines médiévales ne doit pas occulter l'existence d'un courant de grammaires plus spécifiquement françaises. Certes, un certain nombre de traités font référence au latin et au français à la fois, mais il existe un petit nombre d'ouvrages qui touchent aux problèmes de l'orthographe, des conjugaisons et qui proposent au voyageur des modèles de conversations. Cette mode nous vient des pays étrangers comme l'Angleterre et ne prétend qu'à rendre des services pratiques.

On le voit, il n'existe pas de vide dans la pensée grammaticale au cours du Moyen Âge. Il serait plutôt question de trop plein. Un certain nombre d'options comme le recours à une réflexion philosophique préfigurent des attitudes qui, par la suite, passeront pour novatrices. La seule difficulté soulevée par cette somme de traités grammaticaux est qu'ils ne peuvent pas vraiment analyser la langue française dont la pluralité et l'instabilité constantes font douter de son existence même. Certes, à la fin de la période que l'on nomme le Moyen Français se dessine une plus grande unité de la langue littéraire et officielle qui se parle à Paris et autour de la Cour. Mais le vrai travail de renouvellement de la langue se fera au XVIe siècle.

II. LE XVIE SIÈCLE

On a pu dater de ce siècle-là la naissance de la réflexion linguistique française. Même si cette affirmation demande à être nuancée, il n'en demeure pas moins vrai qu'une masse de documents impressionnante provient de ces penseurs qui ont eu sur la langue des vues souvent très originales, quelquefois même prémonitoires.

Il est courant de dire que les premières grammaires françaises (comme les premiers dictionnaires d'ailleurs) sont nées en **Angleterre**. Certaines causes ont pu jouer un rôle : à plusieurs reprises, la couronne anglaise s'est trouvée unie de très près à la française, la noblesse pendant une assez longue période a conservé le goût des modes continentales et le langage juridique des cours anglaises s'est fortement ressenti des usages linguistiques de notre pays. Sans doute, les grammairiens anglais du XVIe siècle ont été mus moins par esprit profrançais que pour rendre service aux étudiants et commerçants anglais qui se rendaient en France. Il ne faut jamais négliger l'aspect « commercial » de ces grammaires.

John Palsgrave (1480-1554) fit paraître en 1532 *L'Esclaircissement de la langue françoise.* Dans cette grammaire, qui fut abondamment critiquée par la postérité, on trouve les neuf parties du discours, mais les chapitres qui leur sont consacrés sont de longueur inégale, d'où un certain nombre de hors-d'œuvre. On retiendra du livre tout ce qui est consacré au verbe.

> La question des **parties du discours** touche essentiellement au plan général des grammaires. Selon la définition du *Dictionnaire de linguistique* (Larousse, 1973), « on appelle *parties du discours,* ou *espèces de mots,* les classes de mots (ou catégories lexicales) définies sur la base de critères syntaxiques (définition formelle) et sur celle des critères sémantiques (définition notionnelle). » La situation a souvent évolué dans ce domaine. Et le nombre des parties a changé lui aussi. Il n'est pas indifférent de savoir si certaines catégories sont omises, ou si les noms sont traités à part égale avec les prépositions ou avec les adverbes. Les grammairiens ont pris petit à petit l'habitude d'organiser leurs livres autour de l'ordre canonique français. C'est ce qui explique que l'on rencontre dans nombre de grammaires le plan suivant : l'*article,* le *nom,* le *pronom*, le *verbe,* les *déterminants* sans l'*article,* les *adverbes,* les *prépositions,* les *conjonctions* et les *interjections.* Cette répartition des questions se révèle porteuse d'erreurs majeures. Ainsi, mettre l'article en tête de livre, et le séparer de ce fait des autres déterminants du substantif, ne correspond pas à un ordre purement grammatical. On comprendra pourquoi nous avons signalé le nombre des parties du discours à chaque ouvrage majeur. Changer le nombre des parties du discours ou bouleverser leur ordre souligne un choix du grammairien et une façon de concevoir la langue.

La qualité du travail de Palsgrave ne doit surtout pas laisser croire que les **Français** étaient incapables de produire à leur tour une grammaire. Il n'en est rien. On retiendra de la même époque les noms suivants :

Jacques Dubois (Sylvius Ambianus) (1478-1555). Médecin, habitué à faire ses cours en latin, il se décida à écrire en latin une grammaire française (1531), sans doute parce qu'il ne supportait plus de voir la langue du XVIe siècle, qui, rappelons-le, est considérée généralement comme un « français fluent », montrer des signes de désordre. Donner des règles logiques au français sera d'ailleurs la manie de presque tous les grammairiens qui se succéderont jusqu'au XXe siècle. L'ouvrage de Dubois ne prétend nullement faire œuvre d'originalité dans le plan puisqu'il présente dans une première partie une sorte de phonétique et dans la seconde la grammaire proprement dite avec huit parties du discours (nom, pronom, verbe, adverbe, participe, conjonction, proposition et interjection). Même si, par certains aspects (confrontation de formes dialectales françaises), on peut le considérer comme une des premières grammaires comparatives, reste que Dubois incline dans la plupart des cas à reproduire en français les modèles légués par le latin.

Louis Meigret est sans doute le plus original et le plus connu des grammairiens du XVIe siècle. Après avoir fait paraître en 1542 un *Traité touchant le commun usage de l'escriture françoise* qui propose des réformes orthographiques originales, il publie en 1550 un *Tretté de grammere françoèze* dans la nouvelle orthographe. Une première partie concernant, comme il se doit, l'étude des lettres, et une seconde la grammaire : article, nom, dénominatifs, verbe, etc. Meigret a fait entrer la grammaire dans la voie d'une réflexion toute nouvelle. La postérité a retenu de lui la double valeur du verbe *être* selon qu'il est auxiliaire ou qu'il traduit l'essence des objets. Autre proposition nouvelle : créer un mode *optatif* qui regrouperait le conditionnel et une partie du subjonctif. Enfin, et ce n'est pas le moins nouveau, Meigret étudie dans la conclusion de l'ouvrage les valeurs musicales du français, question qui sera à la mode à plusieurs reprises.

Dernier des grands noms de sa famille, **Henri II Estienne (1531-1598)** attire notre attention par son *Traité de la conformité du langage françois avec le grec* (1565). On a longtemps considéré qu'il pensait que le français n'avait fait que dériver du grec, ce qui déforme sa pensée véritable. En fait, il estime que le français a certaines de ses structures qui *ressemblent* à celles du grec (par exemple, la présence de l'article, qui n'existe pas en latin) et que, par le passé, pour pallier les faiblesses de notre langue, on a pris l'habitude de chercher dans le grec des modèles à imiter.

La question de l'origine des langues s'est posée en France dès le Moyen Âge. La réponse la plus communément admise était alors que cette origine relevait d'une interprétation mystique des langues. On en restait à la version biblique d'une langue originelle, celle de Dieu même, l'hébreu. Les autres langues n'étaient que des dérivés subalternes de cette langue divine : d'abord le grec, puis le latin, et enfin, loin derrière, les langues modernes (pour l'essentiel, les langues romanes). Au XVIIe siècle, on retrouvera un écho de cette « querelle » dans les ouvrages de Ménage.

Ce qu'il y a de remarquable, c'est que le XVIe siècle a su apporter à cette question des réponses variées : une origine celtique (Ramus) ou une origine flamande, qui sont les plus excentriques. Nous verrons plus loin que les philosophes généralistes du XVIIIe siècle traiteront l'origine des langues par la logique et par le raisonnement. Il faudra en arriver aux découvertes du comparatisme pour que seuls les faits scientifiques aient droit de cité et que les reconstructions de l'esprit soient mises de côté.

Pierre de la Ramée (dit Ramus) (1515-1572) fait partie de ces humanistes qui furent séduits par le protestantisme. Il mena une grande carrière universitaire au Collège de France qui venait d'être créé. Son œuvre la plus connue est sa *Gramere* publiée en 1560 dans une orthographe rénovée originale. Ramus, partisan de l'origine celtique des langues, est un des premiers à avoir fait état de la notion de « usage vray » que nous avons depuis réduite à « bon usage ». Il faut signaler que cette *Gramere* fait suite à une *Dialectique* qu'il avait publiée en 1556. De ces deux ouvrages, on peut conclure que désormais la logique sera à la base de toute réflexion linguistique. Étudiant de préférence ce qu'il appelle « les francismes », ou particularités de la langue française, il en vient à penser qu'il ne faut y voir que des « élégances », alors qu'à la même époque, approximativement, Meigret se désolait de n'y trouver que des incohérences par rapport aux structures profondes de la langue. En cela, Ramus se montre novateur et réformateur.

Que penser de cette notion de **bon usage** qui apparaît au cours de ce siècle complexe ? Il est normal que ceux qui se sont penchés sur cette langue en pleine évolution qu'est le français du XVIe siècle aient cherché à la fixer par des règles. Le plus délicat était de se trouver des *modèles*. Et c'est sur ce point précis que la plupart des grammaires jusqu'à nos jours (voir le *Bon Usage* de M. Grevisse) ont eu des divergences. Le XVIe siècle, « inventeur » de la notion, allait montrer de nombreuses hésitations. Même Ramus a évolué. Parti de l'idée que seuls le grand monde parisien, les « bons auteurs » et les savants étaient capables de nous proposer des modèles parfaits, il en vient, dans une révision de sa *Gramere*, à vanter les usages du peuple parisien. Exemple type des difficultés que soulève la notion de bon usage. On verra que chaque siècle aura son idée sur la question, mais que, jusqu'aujourd'hui, on tournera toujours autour de la Cour, de la haute société, des grands écrivains, des érudits et des bien-disants et, à notre époque, des journaux et, dans une moindre mesure, des médias.

Les grammairiens ne sont pas les seuls à avoir eu une réflexion sur la langue française. De grands noms de la littérature se sont penchés sur des problèmes fondamentaux : **Clément Marot** nous lègue la règle dite italienne de l'accord du participe passé et **Joachim du Bellay**, représentant tout le groupe de la Pléiade, une réflexion sur la manière de diversifier et de renforcer la langue, dans la *Défence et Illustration de la Langue française* (1549).

Il est curieux de constater que dans ce siècle original, deux tendances presque contradictoires se sont fait jour : d'une part, la recherche de lois plus ou moins répressives et de l'autre, une envie très nette de s'évader et de faire progresser la langue. On verra que cette incohérence interne s'aplanira au cours du siècle suivant.

III. La période classique : le XVIIe siècle

Il faut savoir qu'entre 1590 et 1635, la langue française, sous l'influence de plusieurs causes, a subi la plus grande évolution qu'elle ait jamais connue. Il suffit, pour comprendre cela, de comparer un texte de la fin du XVIe siècle à un texte « classique ». Le premier doit presque être traduit, le second nous paraît – à quelques détails près – contemporain. Cette évolution n'a pu se faire que parce que la France venait de traverser une longue période troublée, et que la langue se révélait être une image de la réalité politique : fluctuante, insaisissable, désordonnée. Il s'éleva alors des voix nombreuses qui voulaient mettre fin à cette dispersion et à ce manque de finalité. Réorganiser le royaume devait s'accompagner d'une réorganisation de la langue française. Une telle évolution n'a pu se faire que sous l'influence de poètes comme Malherbe et ses « élèves » ou sous celle d'amateurs éclairés comme les fondateurs de l'Académie française. Ces écrivains ont senti que le siècle qui s'ouvrait allait devenir en quelque sorte un sommet, un modèle difficile à égaler. Finies les fantaisies capricantes du siècle écoulé, les modèles d'ordre qui avaient été pressentis par Meigret et surtout par Ramus devaient être fouillés et poussés jusqu'au bout de leur logique. On « inventa » donc une langue nouvelle, purifiée, raisonnée, qui allait se révéler exceptionnellement féconde.

1. Les partisans du « bon usage »

Ils forment le clan le plus solide et le plus influent du classicisme. Nous avons vu que la notion de « bon usage » trouvait ses premiers « inventeurs » au siècle précédent. Vers 1650, elle va éclater et être portée à son point le plus culminant avec Vaugelas et ses épigones.

Cl. Vaugelas (1585-1660) se fit connaître très tôt pour ses talents en matière de linguistique. C'est à lui que Richelieu confia pour un temps la rédaction du dictionnaire de l'Académie française, qui n'avançait pas. Mais c'est surtout par ses *Remarques sur la langue françoise*, parues en 1647, qu'il se fit connaître du grand public. Notons d'abord la date des *Remarques* : elles interviennent après la longue période de troubles politiques qui ont permis indirectement l'installation du système de Louis XIV. Elles devancent par leur esprit le classicisme qui marquera les Français pendant cent cinquante ans. Modèle de tous les hommes de lettres du Grand Siècle, elles sont publiées avant son éclosion.

Le livre est apparemment inorganisé. Vaugelas semble y avoir réuni des fiches ou des notes qu'il ne prit pas le soin de mettre en ordre. À l'occasion d'une expression ou d'un tour à la mode, il instaure une discussion qui aboutit à une proposition définitive. Vaugelas n'est sans doute pas un vrai grammairien.

C'est plutôt un amateur éclairé qui réfléchit sur la langue française et pense qu'elle est en passe de devenir un modèle de clarté et de logique. Descartes n'était pas loin. La Préface des *Remarques* se réfère constamment à la notion de « bon usage ». Pour leur auteur, la référence idéale est « la Cour » et même « la plus saine partie de la Cour », toutes notions floues qui donnent à cette fausse grammaire des modèles élitistes qui rejettent le langage du palais, les formules démodées et la langue populaire.

Nous ne pouvons passer sous silence le rôle que **Descartes (1596-1650)** joua indirectement dans la réflexion linguistique. Ce philosophe majeur de notre pensée estimait qu'il ne devait rien à toute la philosophie antérieure et qu'il avait appris à raisonner par ses seules facultés de logique et grâce à sa fréquentation des sciences. Il se créa une *méthode* qui devait lui permettre de traiter de toutes les questions possibles. On peut réduire cette méthode aux quatre points suivants : la règle de l'*évidence*, celle de la *division de difficultés*, celle de l'ordre qui doit toujours nous mener *du simple au complexe* et celle de l'*épuisement complet des problèmes*. Pour ce faire, le philosophe doit pratiquer en tout moment le *doute* qui lui permettra d'atteindre la vérité.

Il est évident que Descartes s'est surtout fait connaître par ses œuvres métaphysiques. Mais, de la méthode employée, ses contemporains ont conclu que désormais la logique rigoureuse et la prééminence de la raison pouvaient seules permettre une avancée de la pensée. Descartes les confirmait en quelque sorte dans un optimisme qui a marqué tous les réformateurs de la langue française. Ainsi, on peut lire dans *Les Principes de la philosophie*[1] : « C'est pourquoi, si nous désirons vaquer sérieusement à l'étude de la philosophie et à la recherche de toutes les vérités que nous sommes capables de connaître, nous nous délivrerons en premier lieu de nos préjugés, et ferons état de rejeter toutes les opinions que nous avons autrefois reçues en notre créance, jusques à ce que nous les ayons derechef examinées ; nous ferons ensuite une revue sur les notions qui sont en nous, et ne recevrons pour vraies que celles qui se présentent clairement et distinctement à notre entendement. »

Désormais, toute réflexion sur la langue française ne saura se passer des modes de raisonnement cartésiens. Les grammairiens de Port-Royal jetteront sur les questions grammaticales un regard philosophique qui dénote un changement fondamental d'attitude.

Vaugelas a pris part à toutes les querelles grammaticales de son temps. Et son influence n'est pas minime du tout. C'est ainsi que le parti du bon usage apportera des modifications momentanées de la règle de Marot sur l'accord du participe passé et que, pour longtemps, il fixera l'emploi de *tout* adverbe. De fait, ces grammairiens examineront dans les moindres détails quantité de problèmes posés par la langue française. Cela donne à leurs remarques un

1. *Les Principes de la philosophie*, t. 3, « Œuvres philosophiques », Garnier, 1973, p. 75.

caractère parcellaire qui a pu faire croire qu'ils étaient incapables d'atteindre à une réflexion générale. Il n'empêche que ces *Remarques* influencèrent fortement les écrivains de la deuxième moitié du siècle. Molière y fait allusion à plusieurs reprises.

Vaugelas fut suivi par toute une série de grammairiens amateurs qui, tous, adoptèrent la même voie. On peut signaler rapidement **L. Chifflet** et **le P. Bouhours** qui ne choisirent pas exactement les mêmes modèles que Vaugelas (L. Chifflet préfère les « savants » et le P. Bouhours, les gens du monde), mais qui pensaient que seuls des modèles tirés de la société moderne pouvaient être pris en compte. La langue française demeurait pour l'essentiel la langue littéraire et seuls ceux qui savaient la pratiquer en société étaient dignes de la réformer.

2. La *Grammaire générale*

Elle fit moins de bruit au XVIIe siècle que les partisans du bon usage, mais son retentissement se fit lointain, car elle connut un immense succès au cours du siècle des philosophes.

Claude Lancelot et **Antoine Arnaud** firent paraître en 1660 une *Grammaire générale et raisonnée* qui devait avoir une postérité remarquable. Ce sont deux jansénistes qui avaient fait leurs preuves dans l'enseignement du latin, du grec et de la philosophie. D'ailleurs, on retiendra que leur grammaire fait suite à une *Logique*. Dans cette succession, on verra plutôt une filiation qui souligne le passage quasi obligatoire de la philosophie à la réflexion linguistique. Cette *Grammaire générale* est-elle une vraie grammaire ? Ceux qui espèrent y trouver des règles à appliquer en sont pour leurs frais. Ils découvriront surtout une réflexion sur les structures fondamentales du français.

Les deux auteurs partent du postulat que la raison doit diriger la pensée et que, comme elle est la chose du monde la mieux partagée, tout raisonnement appliqué à la langue française est applicable à toutes les langues du monde. Cette conviction fera ricochet au siècle suivant, ainsi qu'en témoigne un des commentateurs de cette grammaire, l'**abbé Fromant** : « Comme il n'y a qu'une grammaire dans le monde pour toutes les langues, parce qu'il n'y a qu'une Logique pour tous les hommes, il ne faut pas être surpris de trouver dans une Langue, quelque singulière qu'elle soit, les mêmes principes et les mêmes règles que dans les autres Langues. »

À partir de là, cette grammaire d'un ton si original pose le théorème suivant : le langage est fondé sur trois opérations : *concevoir, juger, raisonner*. Cela explique en particulier des phrases qui sont fondées sur la distinction moderne entre *thème* et *prédicat*. On retiendra de cette grammaire des analyses qui sont restées célèbres : la distinction entre les relatives *explicatives* et les relatives *déterminatives*, la séparation des substantifs en deux classes, celle des *mots qui signifient les objets des pensées* (en gros les noms communs, les adjectifs, les pronoms, les participes, les prépositions et les adverbes) et celle de ceux qui *signifient la forme de nos pensées* (les verbes, les conjonctions et les interjections). À cela, il faut ajouter quelques principes fondamentaux : pas de sujet sans verbe, pas de verbe sans sujet, pas d'adjectif sans un substantif-support, pas de « génitif » sans le mot complété.

Une des questions soulevées par la *Grammaire de Port-Royal* est certainement celle des classements des mots. Alors que, depuis l'Antiquité, on ne faisait pas de différence fondamentale entre le nom commun et le verbe, pour la première fois, les deux catégories susdites sont séparées du point de vue définitoire.

Sur la question de l'accord du participe passé, les auteurs de la *Grammaire générale* semblent hésiter quelque peu à propos de modifications que les partisans du bon usage apportaient à la règle de Marot.

On voit donc que le XVIIe siècle contenait en germe les deux grandes tendances des grammaires ultérieures. D'une part, des listes de lois nécessaires et reconnues par la bonne société, de l'autre, une réflexion sur les fonctionnements souterrains de la langue.

IV. LE XVIIIE SIÈCLE

La fortune de la pensée de Vaugelas se trouve moins brillante au cours du siècle des Lumières. Par un effet dont la logique est apparue plus tard, c'est la *Grammaire générale* de Port-Royal qui l'emporte sur toutes les autres formes de pensée grammaticale. Ce siècle, qui fut celui des grammairiens autant que celui des philosophes, s'est retrouvé dans la pensée *généraliste* qui était née en 1660.

Ce sont d'abord des « philosophes » qui procurèrent au public de nouvelles éditions de cette célèbre grammaire : **Ch. Duclos (1704-1772)** et l'**abbé Fromant** augmentèrent l'ouvrage fondateur d'introductions et de commentaires qui allaient tous dans le sens d'un renforcement des thèses avancées par Lancelot et Arnaud.

Parallèlement à ces publications, quelques grammairiens de premier plan ont exposé leurs propres vues dans le cadre des théories généralistes.

C. du Marsais (1676-1756) est plus connu comme spécialiste des *Tropes*, ouvrage qui continue à être publié et analysé aujourd'hui. Parallèlement à ses travaux sur la rhétorique, celui que D'Alembert parait des qualificatifs louangeurs de « grammairien profond et philosophe », s'occupa activement des articles linguistiques de l'*Encyclopédie* (jusqu'à la lettre G, date de sa mort). Dans ces articles transparaissent les théories originales de du Marsais. Pour lui, la langue ne peut se transmettre que par trois fonctions : une construction *naturelle* ou *énonciative* ou *géométrique* (où on se contente du signifié des mots), une construction *figurée* (qui parvient à dépasser la construction naturelle au moyen de figures de construction) et une construction *usuelle* (qui représente bien le langage utilisé en littérature ou dans les salons). Ces trois moyens d'expression permettent l'analyse quasi scientifique, la forme poétique et les écarts de style.

La gloire posthume de **Condillac (1715-1780)** est à la hauteur de la renommée dont il jouit de son vivant. C'était un abbé philosophe, demeuré catholique, ami de Rousseau et penseur original. Comme d'autres écrivains célèbres du XVIIIe siècle, il fut marqué par la pensée sensualiste de Locke. Les ouvrages qu'il fit paraître jusqu'en 1754 furent des traités de philosophie : *Essai sur l'origine des connoissances humaines* (1746), *Traité des systèmes* (1749) et *Traité des sensations* (1754).

Dans son *Discours préliminaire* au *Cours*, Condillac fait remarquer : « Au reste, l'art de parler, l'art d'écrire, l'art de raisonner et l'art de penser ne sont qu'un seul et même art. » Ce faisant, il reprend les théories sensualistes de Locke. Le philosophe anglais avait, en faisant paraître en 1690 l'*Essai sur l'entendement humain,* pris une position opposée à celle de Descartes, en rejetant l'innéisme et en cherchant la source de nos connaissances dans l'expérience. Cette philosophie, qui prit le nom de sensualisme, devait marquer la plupart des philosophes français du XVIIIe siècle.

Elle permettait entre autres de donner une nouvelle direction à la question souvent posée de l'**origine des langues**. Rejetant tout ce qui n'était pas du domaine de la raison, Condillac, comme nombre de ses amis, exprima fort bien la position nouvelle. Comme les connaissances ne s'acquièrent que par l'expérience, il y a un moment où l'homme est antérieur à toute connaissance, c'est dans son enfance. Les premiers cris du nourrisson deviennent dès lors la langue originelle, qui n'est plus religieuse. Le son -a- en particulier devient le premier phonème puisqu'il suffit d'ouvrir la bouche pour l'émettre. Petit à petit, la société imprime un langage complètement artificiel et perturbateur qui fait perdre cet instant primitif. Il est évident que pareil discours ne pouvait que plaire à un Rousseau, pour qui la société des hommes est cause de corruption.

Devenu le précepteur du petit-fils de Louis XV, il rédigea pour son élève un *Cours d'étude pour l'instruction du prince de Parme* dont nous ne retiendrons que le volume consacré à la *Grammaire.*

Étudiant dans une première partie l'origine des langues, qu'en adepte des théories sensualistes il expliquait par l'influence de nos sensations sur l'acquisition des normes, il profitait de l'occasion pour lancer une idée qui n'était pas extrêmement neuve, mais à laquelle il allait donner un retentissement qui se fera lointain, celle d'*arbitraire du signe.*

Comme grammairien, Condillac est partisan d'un traité extrêmement synthétique. À force de vouloir simplifier ou unifier, on en vient à exprimer des idées fausses ou partiellement inexactes. Il classe sous la rubrique des *adjectifs* les articles, les pronoms personnels et les pronoms relatifs. Pour les formes verbales, même simplification abusive : tous les temps se ramènent à des sortes de formes progressives à l'anglaise : *j'aime* est *je suis aimant,* etc.

On peut voir que, par bien des côtés, Condillac entre dans la catégorie des grammairiens généralistes issus lointainement de Port-Royal, mais que, par d'autres, il demeure quelquefois partisan du bon usage, à la condition toutefois que celui-ci soit soumis au raisonnement logique.

V. LE XIXE SIÈCLE

Du point de vue de l'histoire des grammaires françaises, la première moitié du XIXe siècle est encore tributaire des théories généralistes d'avant la Révolution. Cependant, on peut déceler quelques orientations nouvelles qui annoncent des changements. Lentement, les préférences du siècle vont passer de la grammaire au comparatisme, et ce, sans à-coups notables.

1. Les partisans attardés de la grammaire générale

Leur nombre et leur relative importance ne doivent nullement nous étonner. Ils avaient été formés dans des « collèges » qui avaient adopté sans hésiter les conceptions des philosophes de la grammaire.

On peut signaler des noms qui ont marqué leur époque : **U. Domergue**, parce qu'il avait joué un rôle certain de grammairien en chef des Conventionnels, puis des membres du Corps Législatif. Il rêvait d'améliorer la langue française en s'attaquant à la question des néologismes. L'**abbé Sicard**, de son côté, proposa sous la Révolution une nomenclature des formes grammaticales qui, pour farfelue qu'elle pût paraître, dénotait un goût certain pour la nouveauté.

Un autre, plus important encore, **A. Destutt de Tracy (1754-1836)**, qui était du parti des « Idéologues », s'affichait comme héritier de la grammaire de Port-Royal, tout en montrant dans ses *Élemens d'Idéologie* (deuxième partie parue en 1803) que, malgré tout, la raison ne gouvernait pas tout et que la société imprimait son caractère indélébile à toute tentative de création d'une langue idéale.

A. Silvestre de Sacy (1758-1838), qui était surtout connu comme orientaliste (auteur d'une *Grammaire arabe* et d'un *Exposé de la religion de Druzes*), publia en 1799 des *Principes de Grammaire générale, mis à la portée des enfans*, qui offrent au lecteur moderne un historique des idées généralistes remarquable.

On voit donc que la grammaire générale se survit au début du siècle. Elle a culminé sous la Révolution mais, désormais, elle sera trop marquée par les philosophes et va être de plus en plus concurrencée par des formes de grammaires plus usuelles. De plus en plus, le siècle nouveau s'attache aux faits. Bientôt, il ne sera plus question que de faits scientifiques. Toutes les constructions intellectuelles vont être de plus en plus écartées. Tout ce qui pourra sentir de près ou de loin le fagot philosophique sera balayé pour un temps.

2. Les normatifs

Avec le XIXe siècle, le monde social change. La Révolution, quoi qu'on fasse, est passée par là. La grande, la moyenne et la petite bourgeoisie ont pris pour un long temps le pouvoir. Faute d'avoir toujours eu une éducation soignée, les hommes du pouvoir économique demandent une sorte de reconnaissance culturelle qu'ils n'ont pas encore. On se rue, dès lors, sur des dictionnaires remplis de mots barbares qui n'ont rien de français, mais qui remplissent des pages et donnent l'illusion de la culture. On demande aux grammaires des lois et des usages définitifs, et seuls les ouvrages de type normatif sont capables de rassurer ces lecteurs avides de certitudes.

Il est bon de rappeler que les lois modernes sur l'enseignement datent de 1833 (Loi Guizot) et qu'une des conséquences majeures de la généralisation de l'enseignement primaire fut la parution d'une quantité inouïe de grammaires **normatives**. Il n'est pas d'instituteur un peu dégourdi qui n'ait cru bon d'améliorer ses maigres revenus par la publication d'une grammaire remplie de règles sûres et d'exemples adéquats. Cette culture de masse, qui pour la première fois était instaurée en France, devait révolutionner les habitudes élitistes des siècles précédents.

C'est, bien entendu, sous la IIIe République, avec le ministère Jules Ferry, que se réalisera l'essentiel des réformes. Instruits dans des Écoles Normales, les instituteurs enseignèrent naturellement une grammaire normative aux règles strictes définissant un français uniforme. Cet enseignement eut pour effet d'alphabétiser tous les enfants et de niveler les dialectes locaux au profit du français officiel parisien.

C'est ce qui explique le succès de la grammaire de **Lhomond**, vieux manuel du siècle précédent, mais constamment republié, celui de **N. Wailly** dont les *Principes généraux et particuliers de la langue française* furent recommandés aux collèges et universités du temps, et qui, par certains côtés, entrent dans la catégorie des « grammaires des grammaires ».

C'est à ce dernier genre d'ouvrage que se consacre **Ch. Girault-Duvivier (1765-1832)**. Sa *Grammaire des grammaires* (1812) fut offerte aux lauréats des collèges et fut recommandée par le Grand-Maître de l'Université, Fontanes. L'idée de départ de Girault-Duvivier est de recueillir le meilleur des grammairiens antérieurs. Sa pensée se résume à ceci : « j'ai dû me contenter de rapporter, ou par extrait, ou textuellement, celui [l'avis] des grands maîtres, et j'ai pris, dans les meilleurs écrivains des deux derniers siècles et de nos jours, les exemples qui consacrent leurs opinions. »

Cette grande tendance grammaticale est parfaitement en accord avec la **philosophie éclectique** que V. Cousin faisait triompher à la Sorbonne et qui prétendait se former une pensée en choisissant, parmi toutes les philosophies antérieures, les opinions qui lui convenaient le plus. On a pu dire que l'*éclectisme* était « fait des habits d'Arlequin ». Il est évident que cette philosophie nouvelle, qui connaissait un grand succès à la

Sorbonne à l'époque, entraîne, appliquée à la grammaire française, les remarques suivantes :

1. On ne peut pas, à l'époque moderne, utiliser sans dommages des règles de grammaire datant du XVIIe siècle, fussent-elles de Vaugelas, de Ménage ou de Th. Corneille.

2. Une grammaire se doit de proposer un minimum de cohérence, ce qui ne peut se faire lorsqu'on pille toutes les autres grammaires sans jugement.

3. Choisir pour des exemples les plus grands écrivains des siècles passés, c'est mettre sur le même plan des langues françaises très différentes et s'aventurer dans un marais grammatical.

Les ouvrages qui se placent sous la rubrique des grammaires des grammaires, quelque tentant qu'en soit le principe, sont donc peu satisfaisants pour l'esprit.

Vers le milieu du siècle, la *Grammaire nationale* (1834) des frères **Bescherelle** reprendra toutes les préoccupations antérieures en officialisant en quelque sorte une grammaire normative qui sera rarement remise en question avant le milieu du XXe siècle. Elle fut tant republiée, malgré ses approximations et ses erreurs, que l'on peut parler de phénomène de masse.

3. Le comparatisme

Il faut bien reconnaître que, dans la deuxième moitié du siècle, les préoccupations des savants se tournèrent surtout vers la *philologie* naissante et vers le comparatisme linguistique, et que les centres d'intérêt des spécialistes furent désormais la connaissance des sources de la langue française, et non pas l'établissement de codes grammaticaux qu'on imaginait intransformables à l'avenir.

Cette nouvelle science, qui était née au XVIIIe siècle à partir des recherches des érudits allemands, suédois ou hongrois sur la comparaison des langues anciennes, avait fait naître une nouvelle branche des études linguistiques : l'indo-européen. On « inventa » cette langue reconstituée alors même qu'il était impossible de savoir si elle avait jamais été parlée un jour et à quelle époque. L'indo-européen provenait des rapprochements que les savants faisaient entre la majorité des langues européennes et le sanskrit. Et, pour ce faire, on utilisait la *comparaison* de certaines familles de mots entre elles (pour l'essentiel, les termes indiquant les rapports familiaux et les nombres de 1 à 100). Il n'est pas question ici de résumer l'immense œuvre accomplie au cours de cent cinquante ans environ. L'idée originale fut sans doute d'appliquer à l'étude des langues romanes, et en particulier à l'ancien français, des méthodes qui avaient si bien réussi pour le classement des langues anciennes. La fin du XIXe siècle voit donc s'épanouir la philologie (science des textes) médiévale. Les futurs grands spécialistes français s'en vont suivre les cours des professeur allemands les plus connus :

Fr. Bopp (1791-1867), qui fut le fondateur de la grammaire comparée, ou **A. Schleicher**, qui inventa les arbres généalogiques des langues (*Stammbaumtheorie*). C'est de ces savants majeurs que devait naître le classement des langues dans le monde, classement quelquefois rectifié, jamais profondément modifié depuis.

Parallèlement à cette série de découvertes, se développait une réflexion sur les mécanismes généraux des langues. Ce fut en Allemagne que la *linguistique* prit racine. **W. von Humboldt (1767-1835)**, aidé en cela par son frère, grand voyageur, géographe et éthnologue avant la lettre, développa une analyse originale dans plusieurs traités écrits en allemand où il fondait une science qui était appelée à une grande destinée, l'éthno-linguistique. De surcroît, il entrait de plain-pied dans les vues du renouveau du nationalisme allemand en émettant l'idée qu'une langue, par son énergie interne, cristallisait l'âme des peuples.

Toujours en Allemagne, **J. Grimm** (on connaît bien les frères Grimm qui collectionnèrent les contes et légendes d'Allemagne) inventait des lois spécifiques de la phonétique germanique (dans sa *Deutsche Grammatik* publiée pour la première fois en 1819), tandis que **F. Diez** fixait le caractère historique des études linguistiques. Désormais, on renforçait les études *diachroniques.*

En France, les professeurs les plus connus furent dans cette lignée **M. Bréal (1832-1915)**, qui développa l'idée que les études médiévales devaient s'orienter vers deux domaines complémentaires, l'un horizontal (la synchronie des dialectes), l'autre vertical (la diachronie) ; il faut aussi retenir le nom de **G. Paris (1839-1903)**, qui domina la traduction, la littérature et la linguistique médiévales de manière incontestable. Grâce à ces savants, on mit sur pied l'immense entreprise des Atlas linguistiques de la France. Ils furent aidés en cela par un Suisse, **Gilliéron**, qui fonda la *dialectologie* française et qui permit à cette science encore dans les limbes de prendre racine.

Toute mode a ses fanatiques. Il en fut du comparatisme comme du reste. Autour des années 1876, l'École de Leipzig, où on retrouvait des savants comme **Curtius** ou **Ascoli** (ce dernier étant l'inventeur de la règle du substrat linguistique), développa un courant de pensée qu'on nomme généralement celui des *néo-grammairiens.* Pour ces savants, les lois phonétiques ne sont pas susceptibles d'entorses et doivent être considérées comme des canons quasi religieux. À ces positions radicales, il y eut très vite une opposition formée par **H. Schuchardt (1842-1927)** suivi de ses principaux élèves – entre autres **L. Spitzer (1887-1960)**. Ils eurent beau jeu de montrer que, plus on radicalise les lois de la phonétique, plus on s'éloigne de la réalité, qui n'obéit pas forcément aux règles.

L'école **néogrammairiennne**, ou **Junggrammatiker**, se forma chez des savants germaniques qui estimaient que l'on avait atteint un sommet scientifique et que, désormais, les lois phonétiques établissaient des constantes qu'on ne pouvait plus remettre en question. Le point de vue de la diachronie l'avait emporté sur toutes les autres considérations. Il est évident que cette position radicale correspondait au **scientisme positi-**

viste qui avait envahi la pensée occidentale à la fin du XIXe siècle. De tous côtés, on assistait à une confiance illimitée dans la puissance et dans l'avenir de la science. Le comparatisme rejoignait donc le courant général qui s'était développé en France et en Allemagne essentiellement.

La **grammaire comparée** et la **philologie** devaient régner presque sans partage sur les études de langue française jusque dans le milieu du XXe siècle. On a trop tendance à croire que la **linguistique générale**, qui de nos jours a envahi les études françaises, s'est créée en rupture avec le comparatisme qui aurait abusé de son pouvoir. L'histoire des idées montre qu'il n'en est rien. Les mêmes savants, élevés dans le culte du comparatisme, furent ceux qui poussèrent le plus à l'évolution de la science vers la linguistique. On verra un des fondateurs de cette nouvelle science, Saussure, partir des recherches sur des formes anciennes du russe, pour aboutir à la définition de principes généraux communs à toutes les langues.

VI. Le XXe siècle

Le comparatisme resta triomphant jusqu'au milieu du siècle. Mais quelques petits séismes annonçaient la révolution structuraliste et le recul de plus en plus net de la philologie en faveur de la linguistique.

Aux études dix-neuviémistes, par exemple, fait écho la *Grammaire historique de la langue française* de **K. Nyrop**, dont l'introduction nommée « Histoire générale de la langue française » est toujours d'un grand intérêt. À la même époque, les linguisticiens avaient déjà effectué de nombreux bouleversements dans les méthodes d'analyse.

Pour tenter de voir plus clair dans ces divers mouvements, nous devons sérier les options grammaticales majeures.

1. La *Grammaire* de l'Académie

Nul n'ignore qu'à sa fondation en 1635, l'Académie, dans un bel élan d'optimisme, avait décidé de procéder à la rédaction d'un dictionnaire (ce qui fut fait plusieurs fois), d'une rhétorique, et d'une grammaire. Après maintes tribulations, celle-ci fut toujours ajournée jusqu'en 1932, date à laquelle **Abel Hermant**, sous l'impulsion de **Joseph Bédier** et de **Paul Valéry**, entreprit d'en rédiger une. Malgré son succès, elle ne peut en aucune façon faire date. Déjà, à sa parution, s'élevèrent les pires récriminations de la part du très grand spécialiste Ferdinand Brunot, suivi en cela par les promoteurs mêmes de l'entreprise. Cette grammaire très courte – mais est-ce une marque de faiblesse ? – pêchait à la fois par simplification et par excès de « logique », selon les termes mêmes de Brunot. C'était le fruit du travail d'amateurs éclairés, alors que, depuis cinquante ans au moins, la grammaire était aux mains de spécialistes. Tournons-nous vers de vrais grammairiens.

2. Les tenants du bon usage

L. **Clédat** fait partie de ces savants qui, nés dans le sein du comparatisme, reviennent à la notion inusable de bon usage avant d'être tentés par les théories modernes. Le plus célèbre des partisans de la vieille doctrine est à coup sûr **M. Grevisse** dont le « répertoire grammatical » (c'est ainsi que le nommait A. Gougenheim), *Le Bon Usage* (1936), a servi et sert encore à des milliers de professeurs ou d'étudiants. M. Grevisse réutilise un plan qui avait fait ses preuves dans les siècles passés, celui de l'ordre des mots canonique de la phrase affirmative de type objectif : les lettres, l'article, le nom, l'adjectif, etc. La qualité primordiale de cet ouvrage en beaucoup de points remarquable est de présenter des règles de grammaire *discutées et replacées dans leur histoire.* Se référant à la notion de bon usage qui, pour lui, est celui des grands écrivains et des grammairiens, il propose au lecteur des listes concurrentes d'exemples qui affirment, puis infirment, les règles proposées. Plus tard, *Le Bon Usage* sera modernisé par **A. Goosse** : de nouveaux exemples moins désuets, appel à des notions récentes et réforme du détail du plan de l'ouvrage.

3. Grammairiens originaux

C'est par là que le nouveau siècle allait se montrer fécond. Certes, le succès inouï du Grevisse (onze éditions jusqu'à nos jours) occulte un peu les travaux originaux de grammairiens qui se présentent surtout comme des hommes de réflexion, mais il est incontestable que la grammaire française a subi et est en train de subir la révolution interne la plus grande qu'elle ait jamais connue.

J. Damourette et **É. Pichon**, qui n'avaient pas de prédestination à devenir grammairiens, commencèrent leur *Essai* dès 1911. L'ensemble de leur réflexion grammaticale fut publié de 1930 à 1950. Dès l'origine, des voix se sont élevées, et non des moindres (**Spitzer**, **Meillet**), pour dénoncer la terminologie extraordinaire des auteurs. Aujourd'hui encore, on ne s'aventure pas dans leur *Essai* au hasard. Mais, tel qu'il est, il a marqué les grammairiens modernes pour qui les termes « assiette du nom », « tiroirs du verbe » sont connus et employés largement. Cette « grammaire », originale s'il en fut, doit se prendre comme un tout, dans lequel il faut se donner la peine de pénétrer en s'habituant peu à peu à la terminologie. C'est l'œuvre d'esprits originaux qui ont instillé dans leur réflexion grammaticale l'essentiel de leur pensée et de leur vie. Il est à remarquer que, contrairement à d'autres novateurs du XXe siècle, Damourette et Pichon n'ont pratiquement pas fait école.

> Ces deux « grammairiens » qui n'avaient pas de formation spécifique au départ font fi des autorités reconnues. Ils ne reconnaissent pas le principe saussurien de l'*arbitraire du signe* et passent par-dessus la dichotomie habituelle *diachronie* vs *synchronie*. Par ailleurs, ils n'hésitent pas à bouleverser les traditionnelles parties du discours en réduisant

l'ensemble des mots aux trois classes : le *nom*, le *verbe* et le *strument*. L'ensemble se croisant avec quatre catégories : le *factif*, le *substantif*, l'*adjectif* et l'*affonctif*.

On a pu critiquer Damourette et Pichon pour leur idéologie nationaliste. C'est fausser le problème. L'essentiel est ailleurs : trente-quatre mille exemples remarquables, une célèbre analyse des accompagnateurs du nom, une certaine modestie dans les découvertes.

En revanche, le cas de **G. Guillaume (1883-1960)** est tout différent. Pas plus que les précédents, sa formation (employé de banque) ne le destinait à se lancer dans des études grammaticales. C'est en enseignant le français à des russophones qu'il découvrit sa vraie voie. Élève de **Meillet**, qui fit sa carrière universitaire, il publia en 1919 le *Problème de l'article et sa solution dans la langue française*, puis en 1929 *Temps et verbe. Théorie des aspects, des modes et des temps.* Il aura l'occasion de reprendre ses analyses jusqu'en 1945, mais il restera toujours dans le domaine des articles et des temps verbaux. Guillaume reconnaît pour maître **Saussure** dont il adopte les thèses bien connues sur le langage. L'analyse grammaticale de l'article que l'on propose actuellement doit beaucoup aux thèses guillaumiennes. Les adeptes de sa pensée et de son système d'approche des problèmes grammaticaux sont encore très nombreux dans l'université française actuelle.

On considère généralement que le fondateur du renouvellement est **F. de Saussure (1857-1913)** qui, pour avoir énoncé quelques principes de base de la linguistique, ne s'en trouve pas moins en complet accord avec le comparatisme de la fin du XIXe siècle. En effet, ses premiers travaux sont conformes à ce qu'on pouvait attendre d'un brillant étudiant : *Essai sur les* a *en indo-européen* (1877) et *Mémoire sur le système primitif des voyelles dans les langues indo-européennes* (1879). Dès l'année suivante, il ira se fixer en France où il collaborera activement à la Société de Linguistique de Paris. Ce qui l'avait contraint à quitter l'Université de Leipzig, c'est sa querelle avec le mouvement des ***néo-grammairiens*** dont nous avons parlé plus haut. Mais Saussure était genevois et lorsqu'une chaire d'histoire et de comparaison des langues indo-européennes fut créée dans cette ville, il s'installa définitivement en Suisse. Pendant quinze ans il enseigna la phonétique comparée des langues anciennes, jusqu'à ce qu'un groupe d'élèves lui demande de faire des cours de linguistique générale. C'est ce ***Cours de linguistique générale*** (1916), recueilli par ses « élèves », qui forme l'essentiel de la pensée saussurienne et c'est lui que le grand public connaît. Chacun sait que Saussure a réinventé la notion connue mais sans doute définie d'une manière peu scientifique d'*arbitraire du signe*. Apparue sous la plume de Condillac (et même sous celle de Fénelon), cette proposition était passée quasi inaperçue ; c'est donc à Saussure que revient le mérite de lui avoir donné tout son lustre. À partir de ce *Cours*, il sera désormais impossible d'analyser le *signe linguistique* autrement que comme un trinôme insécable formé par le *signifiant*, qui est la chair même du signe, par le *signifié*, qui en est le contenu sémantique, et par leur *référent*, qui est l'objet du monde qui leur sert d'appui. Pour Saussure, chaque langue est un système rigoureux qui exige des analyses aussi rigoureuses. C'est à partir du *Cours* que les linguisticiens prendront l'habitude de ne plus mettre la diachronie en avant, mais de procéder à des études synchroniques pour chaque état de la langue.

Cela n'empêche pas **Guillaume** de reformuler la définition de Saussure : Langage = Langue + parole en : Langage = Langue + discours. Sous ce dernier mot, il comprend toutes les formes d'expression, comme le langage oral, les productions artistiques ou les manifestations corporelles. Selon lui, l'acte de langage consiste à évoluer de la langue au discours. S'instaure dès lors une *psychomécanique* ou *psychosystématique* qui analyse le travail souterrain de la pensée inconsciente à chaque étape de la langue. On a retenu tout particulièrement l'analyse de l'article qui passe de l'universel au particulier ou celle du verbe qui construit une hiérarchie spécifique : à la base les modes nominaux, puis le subjonctif et à la fin l'indicatif.

La langue est donc de nature *continue* alors que le langage est de nature essentiellement *discontinue*. Ces considérations, qui ne sauraient en aucun cas résumer une pensée aussi complexe, montrent que Guillaume est conduit par sa propre logique à réintégrer la diachronie dans la synchronie et à partir de l'induction pour se rabattre sur la déduction.

VII. Ouvertures nouvelles

C'est essentiellement à ce qu'on nomme communément, en faisant l'amalgame de plusieurs théories différentes, le **structuralisme** que l'on doit les ouvertures nouvelles de la grammaire française. Saussure avait ouvert la voie à ce mode d'analyse langagière qui, en France, allait connaître trois tendances importantes. La première grammaire structurale française revient à **L. Tesnière** qui ne vit pas sa publication en 1959. On lui doit une redéfinition des objets linguistiques connus et l'invention d'une nouvelle terminologie : la *valence* verbale dépendant des *actants* et des *circonstants*, la *connexion* de la *translation*. Dans un domaine proche, mais original, **G. Guillaume** se plaça lui aussi dans le mouvement structuraliste. Nous renvoyons le lecteur à ce que nous avons dit à propos de lui plus haut. Moins proche de la langue française est **A. Martinet** qui, en bon héritier de Saussure, privilégie la phonologie sans négliger pour autant des approches vers une syntaxe *fonctionnelle*.

On voit qu'il en est à peu près fini avec les grammairiens exclusivement normatifs. La linguistique a su donner une impulsion nouvelle. Il faut dire qu'en dehors de la sphère française, quelques écoles de pensée ont eu des retentissements majeurs dans le XXe siècle : le **Cercle de Prague** réunit à partir de 1926 des savants comme **R. Jakobson** ou **É. Benveniste.** On doit au premier la notion si féconde en stylistique d'*embrayeurs* et au second la différence désormais obligatoire en stylistique narrative entre *discours* et *récit.*

R. Jakobson (1896-1982) a joué un grand rôle dans le développement de la *phonologie.* Il a été un pur produit des écoles de linguistique russes avant de fonder le Cercle de Prague et, comme un certain nombre d'autres savants de la même époque, il a contribué à l'évolution des idées linguistiques de la fin du XIXe siècle vers une linguistique structurale.

É. Benveniste (1902-1976) s'est fait connaître comme indo-européaniste avant d'exposer une théorie personnelle touchant par certains côtés aux questions stylistiques. Dans l'opposition qu'il souligne entre *récit* et *discours*, celui-ci représente un degré zéro, l'énoncé se faisant en quelque sorte tout seul, et celui-là faisant intervenir deux actants majeurs : le *locuteur* et l'*auditeur.* L'ensemble du raisonnement repose sur une analyse structurale des pronoms personnels (les nominaux s'opposant radicalement aux représentants).

Le **Cercle de Copenhague**, dès 1939, grâce à **Hjelmslev**, promouvait une pensée plutôt radicale où le *formalisme* l'emportait dans la mesure où il fallait définir par la réflexion les structures de la langue avant de constater leur existence dans la réalité.

L. Hjemlslev fait partie de la longue cohorte des comparatistes qui ont évolué vers le structuralisme. Dans les *Prolégomènes à une théorie du langage* (1943), il élabore sa théorie qu'il nomme ***glossématique.*** En principe, toute théorie, selon lui, doit être indépendante de toute expérience. Il résume cela fort bien de la manière suivante : « les données de l'expérience ne peuvent jamais confirmer ni infirmer la validité de la théorie même, mais seulement son *applicabilité.* » La théorie doit permettre d'ouvrir des voies à une compréhension des faits de langage.

Lorsqu'on passe aux composantes mêmes de la théorie, on voit que Hjemlslev pose deux principes : la séquence des comportements qu'il nomme *processus* et une structure « sous-jacente » qu'il nomme *système.* Derrière tout processus se tient un système qui est immuable. Les mots de *processus* et de *système* ne doivent pas nous cacher leur signification pratique : ils représentent en réalité le *texte* et le *langage.* La prétention finale de la glossématique est de trouver des constantes à travers toutes les langues et de montrer qu'à travers tous ses avatars une langue conserve son identité profonde.

Pendant la première moitié du XXe siècle se poursuivait aux États-Unis une réflexion sur la linguistique qui allait se révéler des plus fructueuses. Le professeur **L. Bloomfield (1887-1949)**, à la suite d'**Edward Sapir (1884-1939)**, ouvre la voie au ***distributionnalisme*** qui prétend soumettre la langue à une analyse neutre. Le sens des énoncés importe désormais assez peu et la langue doit être traitée comme un pur objet. Les partisans de cette méthode ne verront pas d'un mauvais œil l'exploitation des données linguistiques par des machines. L'informatique n'est pas loin. Chaque objet linguistique se trouve replacé dans une hiérarchie qui donne son nom à cette nouvelle linguistique.

C'est **B.L. Whorf**, un des élèves de Sapir, qui radicalisera les positions du système distributionnaliste. L'univers est un chaos qui ne prend son sens et son ordre que par l'existence du langage. L'homme subit sans même s'en rendre compte l'influence de ce langage qu'il apprend tout jeune. Sous le mot langage, il faut comprendre naturellement toutes sortes de formes : lexique, phonétique, grammaire, etc. On imagine toutes les conclusions que les scientifiques tireront de cette théorie. Les résultats qui ont été publiés dans *Biological Foundations of Language* (1967), par Lenneberg, n'apportent pas de réponse décisive.

Il est clair que les positions adoptées par **Bloomfield** ne pouvaient que susciter des antagonismes sévères. L'attaque la plus vive viendra de **Chomsky** qui n'admettra pas le refus de la créativité du sujet parlant ainsi que les méthodes « objectives » d'approche des faits langagiers.

De là au ***transformationnalisme***, il n'y avait presque qu'un pas. Les plus connus des adeptes de ce modèle linguistique sont, en France, **M. Gross** et **L. Picabia** qui s'appuient sur les travaux du professeur **L. Harris**. Une grammaire transformationnelle démontre l'*équivalence* qui peut être établie entre une phrase ou un segment de phrase de départ qui n'est pas forcément simple et une phrase d'arrivée qui au cours du changement a procédé à une sorte d'effacement de l'équivalence. Explorant tous les aspects de la grammaire du français, les transformationnalistes se sont surtout intéressés à la syntaxe du verbe ou à celle de l'adjectif.

Parallèlement à ces courants nés de la réflexion des linguistes américains, se développaient plusieurs analyses qui allaient donner lieu à une abondante production grammaticale.

Au cours des travaux du **Massachussets Institute of Technology** dans les années 1960, **N. Chomsky**, partant de l'idée que les transformationnalistes s'étaient intéressés exclusivement à des phrases écrites et donc définitives, propose d'examiner la *créativité* de la langue en tant que productrice de séquences nouvelles et inconnues. On a donné à ces grammaires le nom de ***génératives***. Elles s'intéressent surtout à la syntaxe et à sa dynamique interne. À l'extrême fin, ces linguistes, retombant dans le même défaut que les généralistes du XVIIIe siècle, imaginent une *grammaire universelle*. Nous sommes entrés dans le domaine fallacieux de ce qu'on a appelé un *formalisme pur*.

Noam Chomsky est sans doute le plus représentatif des linguistes de cette école. Depuis 1947, on peut dire que la réflexion dans ce domaine ne peut ignorer les grammaires génératives. La période d'expansion la plus grande de ce type de grammaire se déroula entre 1960 et 1965 au Massassuchets Institute of Technology. En réaction contre les linguistes qui voulaient étudier tous les langages à partir d'une réflexion théorique, Chomsky s'intéresse à la possibilité de créer des phrases non prévues par des lois rigides. Une grammaire devient dès lors un outil qui permet de *générer* toutes les phrases correctes d'une langue. Elle se compose d'une partie *syntaxique*, d'une partie *sémantique* et d'une partie *phonologique*. Ce qui a le plus suscité de travaux chez les générativistes est la syntaxe qui présente deux aspects : l'un qui est la *base* qui définit les structures de fond et les *transformations* qui permettent de dépasser les structures de fond pour devenir des phrases effectivement réalisées.

D'autres travaux orientent les études grammaticales vers des horizons nouveaux. Citons rapidement le ***courant sémantique*** ou ***sémique*** représenté par **B. Pottier** (toujours dans les années 60). Cette forme de linguistique introduit les notions nouvelles de *sémème*, de *sémantème*, de *sème générique* et de *sème occasionnel* (qui définissent les *classèmes* et les *virtuèmes*).

Le ***courant logique*** représenté par **R. Martin** et par **J.-B. Grize** entend prendre des distances avec les modèles mathématiques des linguistes précédents et réintroduire dans la grammaire plus de souplesse et moins de formalisme.

Dans le ***courant pragmatique***, on rencontre des disciplines aussi variées que la philosophie, l'ethno-linguistique ou les sciences cognitives. Ce courant essaie de mettre en valeur les traces de l'acte d'énonciation dans chaque énoncé. On peut à l'extrême rigueur considérer que, par le biais de ce courant, la stylistique entre dans le domaine de la grammaire ou que la grammaire fait appel de plus en plus aux données stylistiques.

On peut tenter de tirer une conclusion générale de courants linguistiques si divers, quelque difficile que cela paraisse. La deuxième moitié du XXe siècle a été extrêmement fructueuse dans le domaine de la réflexion linguistique. Mais il faut aussi reconnaître que l'essentiel des nouvelles donnes de la grammaire s'est découvert dans les années 1950-1970 qui furent les plus riches en idées neuves. Depuis cinquante ans environ, il n'est plus possible de parler de la langue française sans faire référence à une réflexion authentiquement philosophique. Et même mathématique. On a vu qu'un certain nombre de courants du structuralisme s'étaient positionnés pour ou contre l'influence des modèles mathématiques. Ceux-ci ont semblé plus valorisants pour des disciplines que l'on considère toujours comme peu scientifiques. Réduire les faits langagiers à des équations et des théorèmes rassurait les chercheurs. Sans doute a-t-on exagéré dans ce domaine, et aujourd'hui, sous l'influence des professeurs américains, on assiste à un reflux vers une réflexion de type presque exclusivement philosophique. Certes, les grammaires traditionnelles ont encore de beaux jours devant elles, mais désormais elles doivent tenir compte des découvertes modernes et des bouleversements que la linguistique a apportés.

Section 0

Préliminaires méthodologiques et théoriques

Chapitre 1
Préliminaires méthodologiques

1. Présentation de l'ouvrage

L'ouvrage se subdivise en quatre sections qui se rattachent à quatre grands domaines de la grammaire : les classes, les fonctions, le verbe et la phrase. Chaque titre de section débute par « autour de », dans la mesure où les questions abordées ne se situent pas au même niveau dans le domaine. Ainsi, dans le domaine de la phrase, sont traitées l'interrogation – une modalité énonciative – et les subordonnées – un type de structure syntaxique.

Chacun des seize chapitres traite une question susceptible d'être proposée aux concours.

Chaque chapitre peut être abordé indépendamment des autres. Il présuppose seulement une lecture attentive des chapitres méthodologique et théorique.

Le chapitre comporte :

- **Un texte littéraire de 1500 à nos jours**, conformément aux programmes du CAPES de Lettres Modernes et des Agrégations de Lettres Modernes, de Lettres Classiques et de Grammaire. Parmi les extraits choisis, deux ont déjà été donnés à l'écrit de l'Agrégation de Lettres Modernes (*Les Regrets*, du Bellay, p. 59, et *Les Pensées*, Pascal, p. 111). On notera que certains passages excèdent la longueur réglementaire (par exemple, *Alcools*, Apollinaire, et *Élégies*, La Fontaine). Nous avons fait ce choix afin que le candidat dispose d'un grand éventail d'occurrences.
- **Une question**. En plus de la question traitée, sont proposés des sujets proches sans qu'ils soient pour autant équivalents. Sont discutées les diverses formulations, pour lesquelles sont indiquées des orientations de traitement.
- **Un relevé des occurrences** (ou corpus) **exhaustif et classé,** « indépendant » ou intégré à l'étude.

  – Nous avons le plus souvent opté pour un relevé « indépendant » que, pour la clarté de l'exposé, nous avons placé immédiatement après le texte.

– On trouvera deux exemples de corpus intégré (🕮 **Attribut**, **Subjonctif**).

– Lorsque les questions se fondent sur des relevés très volumineux, nous avons préféré recenser indépendamment les occurrences puis reproduire dans le corps de l'étude les occurrences concernées (🕮 **Compléments circonstanciels, Subordonnées**).

- **Une introduction**, dont le rôle est de définir le sujet, notamment en le délimitant. Lorsque cela était nécessaire, nous avons rappelé, d'une part les concepts utiles au traitement de la question (par exemple *arguments* vs *circonstants*), d'autre part les divers cadres théoriques dans lesquels la réponse pouvait s'inscrire (par exemple la théorie psychomécanique de Gustave Guillaume).
- **Le traitement de la question**, suivant un plan rigoureux qui ventile les occurrences du relevé et les examine selon les cas d'un point de vue morphologique, syntaxique, sémantique, énonciatif, textuel.
- **Un examen isolé des cas délicats.**
- **Une conclusion**, qui propose une ouverture sur l'étude stylistique ou des considérations sémantiques, pragmatiques, sociolinguistiques, le cas échéant.

Deux symboles sont utilisés dans le corps du texte :

▷ Le triangle introduit des conseils méthodologiques qui indiquent divers traitements possibles de la question et qui, bien évidemment, n'ont pas lieu d'apparaître aux concours.

🕮 Le « livre ouvert » invite le candidat à se reporter à un autre chapitre ou à une section, où il trouvera des compléments d'informations sur le point concerné.

L'ouvrage se termine :

- Par une annexe comprenant **la liste des questions de grammaire** susceptibles d'être posées à l'écrit ou à l'oral des concours, ainsi que la liste des sujets donnés lors des sessions précédentes. Ce recensement permettra au candidat de se familiariser avec les intitulés et lui offrira la possibilité de s'exercer.
- Par **une bibliographie** présentant les ouvrages généraux de grammaire, ainsi que, pour des points spécifiques, les études citées.

2. CONSEILS GÉNÉRAUX

2.1. Les épreuves des concours

2.1.1. Les épreuves écrites

CAPES de Lettres Modernes

L'épreuve de *Français moderne sur un texte postérieur à 1500* dure deux heures trente. Elle comprend trois grandes questions : une de lexicologie (2 points), une de grammaire (8 points), une de commentaire stylistique (10 points). Le programme est celui des collèges et lycées. Il n'y a pas d'œuvre précise sélectionnée pendant l'année de préparation. Le coefficient de l'épreuve est 2. La partie grammaire comporte généralement deux questions : une question large, notée 5 ou 6 points, et une question de détail portant sur un point très précis, notée 3 ou 2 points.

▷ Le candidat évitera de travailler trop longuement au brouillon, qu'il n'utilisera que pour relever exhaustivement les occurrences. Il est tout à fait autorisé pour cette épreuve de laisser un plan apparent présentant chaque articulation sous forme de titre de paragraphe.

Il est conseillé au candidat de ne pas consacrer plus d'une heure au traitement des questions de grammaire.

Agrégation de Lettres Modernes

L'épreuve de *Français moderne sur un texte postérieur à 1500* dure deux heures trente. Elle comprend trois grandes questions : une de lexicologie (4 points), une de grammaire (8 points), une de commentaire stylistique (8 points). Le programme comprend en général cinq auteurs du XVIe siècle à nos jours. Il peut y avoir plusieurs œuvres d'un même auteur, c'est notamment le cas pour les pièces de théâtre. Le programme de l'épreuve de grammaire, à l'écrit, est cependant plus restreint que le programme de la composition française. Les délimitations de ce programme paraissent au *Journal Officiel*. Le coefficient de l'épreuve est 4. La partie grammaire comporte généralement deux questions : une question large, notée 5 ou 6 points, et une question de détail portant sur un point très précis, notée 3 ou 2 points.

▷ Le candidat évitera de travailler trop longuement au brouillon, qu'il n'utilisera que pour relever exhaustivement les occurrences. Il est tout à fait autorisé pour cette épreuve de laisser un plan apparent présentant chaque articulation sous forme de titre de paragraphe.

Il est conseillé au candidat de ne pas consacrer plus d'une heure au traitement des questions de grammaire.

Agrégation de Grammaire

L'épreuve comporte deux compositions de grammaire et de linguistique. La première composition, dont le coefficient est 8, dure quatre heures trente et comprend pour l'option A un texte d'ancien français et un texte de français moderne. Cette partie de l'épreuve aborde trois grandes questions : une de lexicologie (6 points), une de grammaire (6 points), une de commentaire stylistique (8 points). La deuxième composition, dont le coefficient est 4, dure deux heures trente. Les étudiants qui ont choisi l'option B pour la première composition subissent pour la deuxième composition l'épreuve d'ancien français et de français moderne. Le programme comprend en général cinq auteurs du XVIe siècle à nos jours. Il peut y avoir plusieurs œuvres d'un même auteur, c'est notamment le cas pour les pièces de théâtre. Le programme de l'épreuve de grammaire, à l'écrit, est cependant restreint par rapport au programme de la composition française. Les délimitations de ce programme paraissent au *Journal Officiel*.

▷ Le candidat évitera de travailler trop longuement au brouillon, qu'il n'utilisera que pour relever exhaustivement les occurrences. Il est tout à fait autorisé pour cette épreuve de laisser un plan apparent présentant chaque articulation sous forme de titre de paragraphe.

2.1.2. Les épreuves orales

CAPES de Lettres Modernes

Depuis quelques années, à l'issue de l'explication de texte, le jury pose au candidat une question de grammaire non préparée portant sur un point précis du passage.

▷ Le candidat répondra brièvement. Il s'attachera à montrer qu'il a correctement identifié la difficulté grammaticale ou qu'il a repéré la spécificité de la construction. Dans tous les cas, il évitera de réciter une question de cours, mais appliquera son analyse au texte.

Agrégation de Lettres Modernes

Le jury propose au candidat une question de grammaire que ce dernier prépare lors des deux heures trente dévolues à cette question et à l'explication de texte. Le candidat dispose d'environ dix minutes pour son exposé de grammaire, qu'il choisit de placer soit avant, soit après son explication de texte. La note de grammaire représente environ un tiers de la note globale, dont le coefficient est 7. La question de grammaire à l'oral peut être large, ou bien porter sur un point de détail. On note que sous l'intitulé grammaire sont incluses des questions de graphie, de lexicologie, voire de métrique.

▷ Le candidat évitera de consacrer plus de trente minutes à la préparation de la question de grammaire.

Agrégation de Lettres Classiques

Le jury propose au candidat une question de grammaire que ce dernier prépare lors des deux heures trente dévolues à cette question et à l'explication de texte. Le candidat dispose d'environ dix minutes pour son exposé de grammaire, qu'il choisit de placer soit avant, soit après son explication de texte. La note de grammaire représente environ un tiers de la note globale, dont le coefficient est 7. La question de grammaire à l'oral peut être large, ou bien porter sur un point de détail. On note que sous l'intitulé grammaire sont incluses des questions de graphie, de lexicologie, voire de métrique.

▷ Le candidat évitera de consacrer plus de trente minutes à la préparation de la question de grammaire.

Agrégation de Grammaire

Un exposé de grammaire et de linguistique existe pour l'option A (ancien français ou français moderne). L'épreuve d'oral, dont le coefficient est 9, dure deux heures pour la préparation et trente minutes pour l'exposé. Le sujet porte sur l'un des textes au programme. Le candidat devra présenter une ou plusieurs questions de grammaire, pour montrer ses connaissances de la langue. À l'issue de son exposé, le jury pose au candidat, pendant dix minutes, des questions de grammaire improvisées.

2.2. Organisation du devoir ou de l'exposé

2.2.1. Considérations générales

La question de grammaire posée aux concours, que ce soit à l'écrit ou à l'oral, porte toujours sur un texte littéraire. Il s'agit donc de grammaire sur texte (qu'on ne confondra pas avec la grammaire de texte, ou grammaire textuelle). Le candidat appliquera ses connaissances théoriques aux particularités d'emplois offertes par le passage. Il évitera de réciter un cours appris par cœur, mais fera preuve de sens critique et linguistique. Tous les cas recensés dans une grammaire n'apparaissent pas nécessairement dans l'extrait. Il suffira de les évoquer très rapidement en indiquant qu'il s'agit de cas non représentés.

2.2.2. Libellé des sujets

Le candidat devra accorder la plus grande attention à la formulation de la question, afin, d'une part, de ne pas commettre de contresens et, d'autre part, de bien isoler le sujet de sujets voisins : on ne répondra pas de manière identique au libellé *La négation* et au libellé *Les adverbes de négation.* En outre, le candidat délimitera le sujet en fonction du niveau d'analyse éventuellement explicité :

- **Morphosyntaxe** : cette indication implique un double traitement de la question. Une première partie sera consacrée à la morphologie, c'est-à-dire à la formation des unités, dans une perspective diachronique et/ou dans une perspective synchronique, et aux différentes formes que peut revêtir une unité (par exemple, féminin *vs* masculin, singulier *vs* pluriel, marques de personne). Une seconde partie sera consacrée à la syntaxe, c'est-à-dire à la façon dont les unités se combinent pour construire une phrase (classes, fonctions).
- **Syntaxe** : cette indication exclut le niveau morphologique. De ce fait, l'étude sera centrée sur la syntaxe, c'est-à-dire sur la façon dont les unités se combinent pour construire une phrase (classes, fonctions).

- **Grammaire** : cette indication neutralise la distinction entre morphosyntaxe et syntaxe. Le candidat choisira le niveau d'analyse pertinent suivant le sujet proposé.

2.2.3. Démarche proposée pour répondre au sujet

Le candidat présentera :

- **Une introduction**, dont le rôle est de définir la (ou les) notion(s) contenue(s) dans le sujet, de fixer les bornes du sujet (en excluant, si nécessaire, certains cas) et de proposer une problématique linguistique. L'introduction constitue la partie la plus générale du devoir. Elle fait appel à des connaissances théoriques de grammaire et de linguistique. On attend du futur enseignant qu'il connaisse parfaitement la grammaire de sa langue maternelle, et qu'il sache l'interroger à la lumière des apports de la linguistique.
- **Un relevé des occurrences** (ou corpus) **exhaustif**. Il convient d'accorder le plus grand soin à la collecte des occurrences, étape indispensable au traitement de la question. Il importe que le relevé ne soit pas établi au fil du texte, mais comporte un classement des occurrences qui fait apparaître des propriétés communes. Tout oubli d'occurrence sera pénalisé. Les occurrences seront soit numérotées de 1 à *n*, soit précédées de l'indication de ligne :

  (4) *le chat*

  (l. 3) *le chat*

  Pour faciliter la lecture du corpus, le candidat ne relèvera jamais isolément une occurrence. À titre d'exemples, un déterminant sera toujours présenté avec le nom qu'il actualise, une subordonnée relative avec son antécédent (que l'on peut n'indiquer qu'entre parenthèses). Le candidat optera pour un corpus « indépendant », donné *in extenso* après l'introduction, ou pour un corpus intégré au corps de l'étude, ventilant les occurrences dans chaque sous-partie.
- **Un plan d'étude** qui permet de rendre compte des occurrences de manière ordonnée. Ce plan organise la partie centrale de l'étude.

  – Le candidat pourra soit reprendre le classement retenu pour le relevé, soit en adopter un autre. On notera que le classement des occurrences reflète une conception relativement traditionnelle de la grammaire, alors que le plan de l'étude pourra incorporer les apports de la linguistique. Dans tous les cas, ce sont les occurrences présentes dans l'extrait qui orientent l'élaboration du plan. Par exemple, si la question portait sur *les pronoms personnels*, il serait judicieux de proposer un plan distinguant les déictiques des anaphoriques. Or, si le texte n'offrait que des occurrences de 1re et de 2e personne, un tel plan ne serait plus pertinent. Il faudrait alors opposer les pronoms selon leur fonction syntaxique.

  – Si les occurrences sont nombreuses, il sera impossible de les analyser toutes dans le détail. Seules les propriétés communes à plusieurs occurrences seront commentées.

– Le candidat réservera une rubrique à l'examen des cas délicats, qui appellent discussion.

- **Une conclusion** brève, qui proposera une ouverture, par exemple sur le commentaire stylistique ou, pour un sujet de langue ancienne ou classique, sur l'évolution de la langue jusqu'au français moderne.

2.3. Élaboration d'une problématique

Élaborer une problématique sur une question de grammaire consiste à conférer une orientation à l'analyse grammaticale et linguistique :

- **Il conviendra de critiquer les notions présentes dans le sujet**. On partira des prises de position de la grammaire traditionnelle que l'on discutera au regard des apports de la linguistique. Il faudra expliciter les présupposés théoriques contenus dans le libellé, et reflétés par le métalangage.
- **Il s'agit de grammaire sur texte**. C'est donc le texte qui calibre la problématique. On opérera un va-et-vient entre la description des faits de langue présentée par une grammaire de référence et leur emploi dans le texte. Si le texte n'abrite pas certains cas, il n'est pas utile d'évoquer les problèmes théoriques qu'ils soulèvent.
- Le support proposé est un texte littéraire, qui comporte des particularités :

  – **Diachroniques**, c'est-à-dire liées à l'évolution de la langue. On décrira le système de la langue à l'époque du texte, puis on le comparera à celui du français moderne.

  – **Diastratiques** (liées à l'origine sociale du locuteur), **diaphasiques** (liées à la situation de communication, tel, par exemple, le calque d'oralité), ou **diatopiques** (liées à l'origine géographique du locuteur). On décrira le système de la langue utilisé par le locuteur (narrateur ou personnage selon les cas), dont on évaluera les écarts. Rappelons que ces problématiques sont rares aux concours.

  – **Stylistiques**, c'est-à-dire liées aux choix de l'auteur. On décrira le système de la langue utilisé par l'auteur, en identifiant ses spécificités. Par exemple, dans un texte versifié, l'analyse des compléments circonstanciels devra tenir compte des contraintes métriques, qui ont notamment une incidence sur la place des unités.

2.4. Conseils généraux à l'usage du candidat

▷ Le candidat ne confondra pas la question de grammaire et le commentaire stylistique. Dans cette partie de l'épreuve, il ne faut en aucun cas se préoccuper de l'interprétation du passage, mais il convient de proposer une analyse des faits de langue.

▷ Il n'existe pas de bonne réponse. Le jury attend du candidat une réflexion nuancée et une analyse argumentée, qui se fondent sur un savoir grammatical et linguistique. Il est bienvenu d'émettre des hypothèses face à des cas délicats pour lesquels plusieurs solutions sont envisageables, sans qu'il soit toujours possible de trancher.

▷ Le candidat peut inscrire son analyse dans le cadre théorique de son choix, à condition qu'il l'annonce clairement dans l'introduction du devoir et qu'il soit cohérent. Ainsi, le candidat veillera à utiliser un métalangage homogène : il ne mêlera pas des notions relevant de théories linguistiques différentes.

Chapitre 2
Préliminaires théoriques

1. Les niveaux d'analyse

Le terme « grammaire » recouvre plusieurs sens. On l'entend ici comme la description des morphèmes grammaticaux, l'étude des classes et l'étude des combinaisons de morphèmes lexicaux et grammaticaux pour former des mots (morphologie) ou des phrases (syntaxe). Ainsi, aux concours, les questions de grammaire sont posées le plus souvent au niveau morphosyntaxique ou au niveau syntaxique. Le candidat inscrira donc l'essentiel de son analyse à ces deux niveaux, sans s'interdire, le cas échéant, d'aborder les niveaux sémantique (étude du sens des unités), pragmatique (étude du l'utilisation de la langue) et textuel (étude du rapport des unités au texte). On notera que la tradition a privilégié le niveau sémantique même dans le domaine de la syntaxe. C'est la raison pour laquelle le candidat sera souvent amené à partir de critères sémantiques pour aboutir à des critères syntaxiques.

Le cadre, les unités et les critères d'analyse doivent être posés. Ce sont des notions liées à un certain courant théorique, et qui n'ont de validité qu'à l'intérieur de ce courant. Leur choix rejaillit sur l'analyse menée.

2. Le cadre d'analyse

En syntaxe, le cadre d'analyse est la phrase. Les relations syntaxiques, de nature hiérarchique, s'établissent à l'intérieur de la phrase autour d'un élément central que l'on appelle pivot. Au-delà de la phrase, il n'existe pas de relations syntaxiques. Par exemple, les relations anaphoriques, lorsqu'elles concernent deux éléments n'appartenant pas à la même phrase, sont d'ordre sémantique, et non syntaxique.

Dans la tradition classique, on définissait la phrase, d'un point de vue logique, comme constituée d'un sujet et d'un prédicat, où le sujet était ce dont on parle et le prédicat ce que l'on dit du sujet. On préférera définir la phrase d'un point de vue syntaxique comme le segment correspondant à l'ensemble des relations de dépendance établies autour d'un pivot. Le pivot de la phrase n'est pas nécessairement le verbe (📖 **Problèmes de définition de la phrase**).

3. LES UNITÉS D'ANALYSE

3.1. Le morphème

3.1.1. Mot ou morphème ?

On préférera au mot la notion de morphème, qui désigne la plus petite unité dotée d'un sens et d'une forme. C'est le signe saussurien minimum. Le mot est défini par référence à l'écrit comme un groupement de lettres isolées par deux blancs. Cette entité ne correspond pas toujours à une unité de sens. En effet, il faut quelquefois plusieurs mots pour former une unité de sens (comme, par exemple, *se souvenir*), alors qu'inversement un mot est parfois constitué de plusieurs unités de sens (par exemple, *opiniâtreté,* formé par dérivation suffixale sur la base adjectivale *opiniâtre*). Par conséquent, la notion de mot n'a pas toujours de validité syntaxique : il est, par exemple, difficile de conférer une fonction syntaxique au pronom réfléchi *se* dans *il se souvient*, puisque, s'il s'exerçait une fonction, ce serait par rapport à *souvenir*, qui n'existe pas.

En complément de la notion de morphème, la notion d'**unité complexe** désigne un ensemble de morphèmes fonctionnant comme un morphème unique : *il y a* ou *pomme de terre.*

Il n'est pas toujours facile d'identifier les morphèmes, notamment en raison d'**amalgames** et de **morphèmes discontinus**. Ainsi, dans *je parle au voisin, au* est l'amalgame de la préposition *à* et du déterminant défini *le*, dont les deux signifiants sont enchevêtrés. Dans *le chat ne dort pas,* la séquence *ne... pas* constitue un seul morphème à signifiant discontinu. En outre, il est parfois délicat de déterminer si l'on a affaire à deux morphèmes ou à deux **variantes** d'un même morphème. Par exemple, *assoit* et *assied* sont deux **variantes libres** ; elles sont substituables dans le même contexte. Le verbe *aller* prend trois formes, *all-, ir-, va-,* suivant les modes, les temps et les personnes. Il s'agit de trois **variantes contextuelles**, qui ne sont pas substituables. De façon générale, pour dégager les morphèmes, on s'appuiera sur la commutation, procédure associant à un changement de forme un changement de sens. Ainsi, le remplacement de *je parle au voisin* par *je parle à un voisin*, où le changement de forme s'accompagne d'un changement de sens, permet de dégager le morphème du (déterminant) défini *le*, par opposition au morphème de l'indéfini *un.* En revanche, le remplacement de *il assoit le bébé* par *il assied le bébé* n'aboutit qu'à un changement de forme ; il n'y a pas commutation : on a affaire à la même unité.

Le choix de l'unité a des répercussions sur l'analyse. Par exemple, dans *il se sent malade, malade* est attribut de l'objet pronominal *se*, si l'on retient le mot, et attribut du sujet pronominal *il*, si l'on opte pour le morphème (et l'unité complexe).

3.1.2. Morphème lexical *vs* morphème grammatical

Il existe deux grandes sortes de morphèmes fonctionnant différemment dans le discours, les morphèmes lexicaux et les morphèmes grammaticaux. Cette dichotomie est essentiellement fondée sur des critères numérique et relationnel :

- Les **morphèmes lexicaux**, tels les noms, appartiennent à un système riche et ouvert : il existe des milliers de noms en français. Ces morphèmes sont en outre susceptibles d'entretenir diverses relations syntaxiques dans la phrase : les noms peuvent être sujets, objets directs, objets indirects, attributs, etc. Les morphèmes lexicaux peuvent être rapprochés des « catégories majeures » de la grammaire générative (Tellier, 1995, 41).
- Les **morphèmes grammaticaux**, en revanche, tels les articles, relèvent d'un inventaire limité et fermé et sont cantonnés à un rôle syntaxique unique : il existe seulement quelques articles en français (on en reconnaît généralement trois : le défini, l'indéfini, le partitif), qui ne peuvent qu'actualiser le nom. En grammaire générative, on parle de « catégories mineures[1] » (Tellier, 1995, 41).

Certains morphèmes se laissent difficilement classer. C'est le cas des pronoms personnels, qui, de par leur faible effectif, relèvent des morphèmes grammaticaux, mais qui, du fait qu'ils exercent toutes les fonctions du nom, se rattachent du point de vue relationnel également aux morphèmes lexicaux.

3.2. Le syntagme

On appelle syntagmes des combinaisons de morphèmes de « dimension variable qui constituent les divers niveaux intermédiaires d'une structure hiérarchisée dont le sommet est représenté par la phrase et le niveau inférieur par les morphèmes » (Arrivé *et al.*, 1986, 664). Un syntagme est qualifié d'après la classe de son noyau (ou de sa tête, en grammaire générative). La phrase *le chat mange la souris* est formée du syntagme nominal (SN) *le chat* et du syntagme verbal (SV) *mange la souris*. Ce dernier syntagme comporte un syntagme nominal, *la souris*.

3.3. Le constituant

Dans la tradition anglo-saxonne (linguistique distributionnelle, grammaire générative...), la notion de constituant est importante en syntaxe. On appelle constituant un mot ou un groupe de mots susceptible d'être remplacé par un pronom : *le chat mange la souris, il la mange.*

L'analyse en termes de constituants s'oppose à l'analyse en termes de dépendance, selon laquelle un morphème d'une phrase dépend d'un et d'un seul autre morphème, à l'exception du pivot de la phrase, qui ne dépend d'aucun autre morphème. Ainsi, dans une analyse en constituants, on considérera que la

1. Sur quelques différences entre les deux dichotomies (morphèmes lexicaux *vs* morphèmes grammaticaux et catégories majeures *vs* catégories mineures), 📖 **Syntagmes prépositionnels,** § 3.3.

fonction est exercée par tout le syntagme (1), alors que dans une analyse en termes de dépendance, on considérera que la fonction est assurée par le noyau du syntagme (2) :

(1) *Le chat mange* ***la souris***. Le syntagme nominal *la souris* assure la fonction objet direct du verbe *manger*.

(2) *Le chat mange la* ***souris***. Le nom *souris* assure la fonction objet direct du verbe *manger*.

4. LES CLASSES *VS* LES FONCTIONS

À l'intérieur du niveau syntaxique, il importe de bien distinguer deux sous-niveaux, celui des classes et celui des fonctions.

4.1. Les classes

La grammaire se préoccupe depuis longtemps du classement des mots. La grammaire traditionnelle, fondée sur la classification d'ordre logique des philosophes grecs du IIe siècle avant Jésus-Christ, regroupe les mots en parties du discours, dont le nombre varie suivant les grammairiens. Grevisse (1969), par exemple, retient : le nom, l'article, l'adjectif, le pronom, le verbe, l'adverbe, la conjonction, la préposition et l'interjection. On parle aujourd'hui de catégories ou de classes.

Les critères qui permettent d'établir les classes sont divers. Ils peuvent être d'ordre :

- **Sémantico-référentiel.** Ainsi, les noms et les verbes sont identifiés à des catégories logiques d'Aristote, les substances et les actions.
- **Morphologique.** Ce critère concerne l'accord des unités ou le caractère invariable de certaines d'entre elles.
- **Syntaxique.** Sont ici prises en compte les relations de dépendance que les unités entretiennent dans la phrase.

Selon l'unité retenue, il sera question de classes de mots ou de classes de morphèmes.

Nous appelons **classe** un inventaire de morphèmes qui présentent des propriétés syntaxiques communes, telles que la capacité des morphèmes à se combiner avec d'autres morphèmes, la (ou les) fonction(s) que les morphèmes peuvent exercer dans la phrase, tout en s'excluant mutuellement dans une phrase donnée, hors coordination.

Lorsqu'une unité change de classe, on dit qu'elle subit un transfert. C'est par exemple le cas pour l'adverbe *bien* dans la phrase *Il fait le bien*, où il est devenu nom.

4.2. Les fonctions

Comme le fait remarquer Gary-Prieur (1985, 92), les fonctions sont apparues bien après les parties du discours, puisque « l'analyse des fonctions grammaticales qui nous est familière aujourd'hui date du XIXe siècle ».

Les fonctions correspondent à certaines relations de dépendance entre morphèmes. Dès qu'il peut exister différents types de liens entre deux unités, on parlera de fonctions. Ainsi, le déterminant du nom est seulement capable de déterminer le nom. On ne saurait donc dire qu'il exerce une fonction par rapport au nom. En revanche, le nom peut entretenir divers rapports avec le verbe : il exerce des fonctions par rapport au verbe, qui en constitue le point d'incidence.

Les fonctions peuvent être identifiées à partir d'un faisceau de critères, divisés à la suite de Globevnik (1983, 126-127) en critères formels et critères structuraux :

- **Les critères formels** se fondent sur des faits directement identifiables dans la phrase : l'accord, la place, la présence d'une préposition ou d'un subordonnant.
- **Les critères structuraux** s'appuient sur des faits identifiables dans la phrase de manière indirecte, c'est-à-dire à la suite de manipulations : la pronominalisation, la reprise par une question, la capacité à l'effacement, la mobilité, la possibilité de remplacer une préposition par une autre, le respect du principe d'unicité fonctionnelle (🕮 **Fonctions**).

4.2.1. La dichotomie argument *vs* circonstant

La dichotomie argument *vs* circonstant est très répandue en syntaxe.

L'**argument** désigne une fonction spécifique au verbe. Il fait partie du syntagme verbal ; c'est un complément du verbe. On dit que l'argument appartient à la construction du verbe. On notera cependant que la fonction sujet est généralement rangée dans les arguments, bien qu'elle ne soit pas une fonction spécifique – elle apparaît avec tous les verbes – et qu'elle n'appartienne pas au syntagme verbal.

Le **circonstant** désigne une fonction effaçable et déplaçable, non soumise au principe d'unicité fonctionnelle et extérieure au syntagme verbal. On parle de complément de phrase, ou encore de « complément périphérique » (Riegel *et al.*, 1994, 140). La notion de circonstant englobe les compléments circonstanciels. Dans une analyse en termes de constituants immédiats, le circonstant est un syntagme nominal ou un syntagme prépositionnel qui se situe au même niveau que le SN sujet et le SV : P $\rightarrow$ SN + SV + SN ou SP.

4.2.2. Les rôles sémantiques

On veillera à ne pas confondre fonction syntaxique et rôle sémantique, notion qui se situe à un niveau sémantique. Une unité se voit attribuer un rôle sémantique, c'est-à-dire reçoit une interprétation, à partir du sens du pivot verbal. Il n'existe pas de relation bijective entre fonction syntaxique et rôle sémantique. On distingue, entre autres :

- **L'agent**, celui qui fait l'action,

  Nuit et jour à tout venant
  ***Je** chantais, ne vous déplaise.*
  (La Fontaine, *La Cigale et la Fourmi,* I,1)

- **Le patient**, celui qui subit l'action,

  *Je **vous** bats avec vos armes [...]*
  (Laclos, *Les Liaisons dangereuses*)

- **Le siège**, entité où se manifeste un état physique ou psychique[1],

  ***Je** rougis à sa vue.*
  (Racine, *Phèdre,* I, 3)

- **Le bénéficiaire**, celui pour qui se fait l'action,

  *Je **vous** ai destiné ma vie sitôt que je vous ai vu [...]*
  (Guilleragues, *Lettres portugaises,* I)

- **L'instrument**, moyen utilisé pour réaliser l'action,

  *il avait orné l'estomac prépotent de ce maître queux de génie [...] de son grand **cordon** noir de Saint-Michel*
  (Barbey d'Aurevilly, *Les Diaboliques*)

- **Le locatif**, endroit où se situe l'action,

  *Dans le **temple** voisin chacun cherche un asile.*
  (Racine, *Phèdre,* V, 6)

- **La source**, entité dont s'éloigne une autre entité,

  *Il laisse là le **champ**, le **grain**, et la **javelle** [...]*
  (La Fontaine, *Le Rat et l'Huître,* VIII, 9)

- **Le résultatif**, entité qui est la conséquence du procès,

  *La passion fait souvent un **fou** du plus habile homme [...]*
  (La Rochefoucauld, *Maxime 6*).

▷ Les notions présentées dans ce chapitre constituent des pré-requis à l'analyse des faits de langue proposés aux concours. Des notions plus spécifiques, relevant éventuellement de courants particuliers, seront introduites à la faveur des sujets traités. L'analyse grammaticale peut s'enrichir des apports de divers cadres théoriques, qui seront considérés plus comme complémentaires que comme concurrents.

---

1. On peut parler plus précisément d'**expérimenteur** pour une entité où se manifeste un état psychique, comme c'est le cas dans l'exemple choisi.

Section 1

Autour des classes

Chapitre 1
L'adjectif

« À un Dîner d'Athées », *Les Diaboliques*, Barbey d'Aurevilly, 1874.

*Pour vous en donner une idée, il y avait, à cette époque-là, dans la ville de ***, un fameux receveur particulier des finances, qui avait, quand il y arriva, produit l'effet d'un carrosse à six chevaux entrant dans une église. C'était un assez mince financier que ce gros homme, mais la nature s'était amusée à en faire, de vocation, un grand cuisinier. On racontait qu'en 1814, il avait apporté à Louis XVIII, détalant vers Gand, d'une main la caisse de son arrondissement et de l'autre un coulis de truffes qui semblait avoir été cuisiné par les sept diables des péchés capitaux, tant il était délicieux ; Louis XVIII avait, comme de juste, pris la caisse sans dire seulement merci ; mais, de reconnaissance pour le coulis, il avait orné l'estomac prépotent de ce maître queux de génie, poussé en pleines finances, de son grand cordon noir de Saint-Michel, qu'on n'accordait guères qu'à des savants ou à des artistes. Avec ce large cordon moiré, toujours plaqué sur son gilet blanc, et son crachat d'or allumant sa bedaine, ce Turcaret de M. Deltocq (il s'appelait Deltocq), qui, les jours de Saint-Louis, portait l'épée et l'habit de velours à la française, orgueilleux et insolent comme trente-six cochers anglais poudrés d'argent et qui croyait que tout devait céder à l'empire de ses sauces, était pour la ville de ***, un personnage de vanité et de faste presque solaire... Eh bien ! C'est avec ce haut personnage dînatoire, qui se vantait de pouvoir faire quarante-neuf potages maigres d'espèces différentes, mais qui ne savait pas combien il en pouvait faire de gras – c'était l'infini ! – que la cuisinière du vieux M. de Mesnilgrand luttait, et à qui elle donnait des inquiétudes, pendant le séjour à *** de son fils, au vieux M. de Mesnilgrand !*

1. Questions

- Morphosyntaxe : étudiez les adjectifs qualificatifs dans l'extrait.
- Syntaxe : étudiez les adjectifs qualificatifs dans l'extrait.

▷ Les deux libellés n'appellent pas le même traitement. Nous rappelons au candidat qu'il faut prêter une grande attention à la formulation du sujet. Le premier terme (morphosyntaxe *vs* syntaxe) indique le niveau d'analyse auquel l'étude doit se situer. Nous choisissons dans ce chapitre de répondre à la première question, plus large. Pour la deuxième, il conviendrait de ne pas inclure le § 4.1 abordant les considérations morphologiques, et d'insister davantage sur les fonctions et la place des adjectifs.

2. Relevé des occurrences

▷ Pour éviter des rubriques trop déséquilibrées, il est souhaitable de combiner plusieurs critères de classification : la fonction exercée par l'adjectif, la place qu'il occupe par rapport à son point d'incidence nominal, sa nature.

2.1. L'adjectif est attribut

(1) il était **délicieux**

2.2. L'adjectif est épithète liée

2.2.1. Épithète antéposée

(2) un **fameux** receveur

(3) un assez **mince** financier

(4) ce **gros** homme

(5) un **grand** cuisinier

(6) en **pleines** finances

(7) son **grand** cordon

(8) ce **large** cordon

(9) ce **haut** personnage

(10) [le] **vieux** M. de Mesnilgrand (deux occurrences)

2.2.2. Épithète postposée

Adjectif relationnel

(11) un personnage de vanité et de faste presque **solaire**

(12) ce [...] personnage **dînatoire**

Adjectif qualificatif ou participe passé en emploi adjectival

(13) un [...] receveur **particulier**

(14) les sept péchés **capitaux**

(15) l'estomac **prépotent**

(16) son [...] cordon **noir**

(17) ce [...] cordon **moiré**

(18) son gilet **blanc**

(19a et 19b) trente-six cochers **anglais** **poudrés** d'argent

(20) quarante potages **maigres**

(21) d'espèces **différentes**

2.3. L'adjectif est épithète détachée

2.3.1. Adjectif qualificatif

(22a et 22b) [ce Turcaret de M. Deltocq,] **orgueilleux** et **insolent**

2.3.2. Participe passé en emploi adjectival

(23) [ce maître queux de génie,] **poussé** en pleines finances

(24) [ce large cordon moiré,] toujours **plaqué** sur son gilet blanc

2.4. Cas particuliers

(25) combien il pouvait en faire de **gras**

(26) M. de Mesnil**grand**

(27) Les **Diaboliques** (titre)

(28) l'**infini**

▷ En marge de l'étude : on ne relève pas lesdits adjectifs numéraux, nombreux dans ce texte, que l'on préfère classer parmi les déterminants (🕮 **Indéfinis**).

3. INTRODUCTION : PROBLÉMATIQUE ET DÉFINITION

Le terme adjectif, de par son étymologie latine, signifie « qui s'ajoute » – au nom quand il est épithète ; généralement au nom, par l'intermédiaire d'une copule, quand il est attribut.

La grammaire classe comme qualificatifs tous les adjectifs qui indiquent une qualité ou propriété essentielle ou accidentelle de l'objet désigné par le nom (ou le pronom) sur lequel ils portent. Apports notionnels, les adjectifs n'ont aucune autonomie référentielle.

3.1. Éléments de problématique

> ▷ Il est nécessaire dans l'introduction d'isoler l'adjectif qualificatif en le distinguant d'éléments proches.

3.1.1. L'adjectif qualificatif *vs* l'« adjectif déterminatif »

L'adjectif qualificatif doit être distingué dudit adjectif déterminatif – aujourd'hui surtout appelé déterminant – qui recouvre, outre les articles défini et indéfini, les démonstratifs, possessifs, numéraux, interrogatifs-exclamatifs, indéfinis, et qui, permettant au nom de fonctionner comme syntagme nominal, est obligatoire, nonobstant certaines exceptions. Contrairement au déterminant, l'adjectif qualificatif est facultatif : il est toujours effaçable.

3.1.2. L'adjectif qualificatif *vs* l'adjectif relationnel

L'adjectif qualificatif doit aussi être distingué de l'adjectif relationnel, adjectif dérivé d'un nom, qui exprime l'existence d'un rapport entre le nom auquel l'adjectif est joint et le nom dont l'adjectif est dérivé : (11) *faste* [...] *solaire* = *faste du soleil*, l'adjectif relationnel est vu comme l'équivalent d'un complément du nom. Ce rapport est non gradable, qu'il s'agisse d'un degré d'intensité, *un peu, assez, très, trop*, ou d'un degré de comparaison, *plus, moins, aussi*[1]. L'adjectif relationnel sera néanmoins inclus dans l'étude (11, 12). En effet, certains auteurs (Dubois, 1994, 16-17) définissent l'adjectif qualificatif comme un « adjectif qualificatif proprement dit » ou un adjectif relationnel, et la plupart des auteurs (Arrivé *et al.*, 1986, 34 ; Riegel *et al.*, 1994, 357 ; Bosredon, 1988, 7) reconnaissent que la frontière entre les deux catégories n'est pas d'une rigueur absolue, ou envisagent (Martinet, 1979, 75) que l'on puisse considérer que les adjectifs de relation apparaissent « dans les mêmes emplois et contextes que tous les autres ». C'est notamment le cas pour les deux occurrences du texte. Ainsi, en (11), l'adjectif *solaire* est déterminé par l'adverbe *presque*. Ces adjectifs connaissent facilement une extension de sens les rapprochant des adjectifs qualificatifs. En (12), *dînatoire*, signifiant *du dîner*, caractérise un personnage expert en matière de dîner, qui dîne souvent et beaucoup. L'emploi qualificatif de cet adjectif relationnel s'inscrit dans la figure rhétorique de l'hyperbole. Ces adjectifs peuvent notamment véhiculer les connotations associées au nom dont ils sont dérivés : en (11), *faste presque solaire* renvoie non pas au faste du soleil, mais, par métaphore, à l'éclat conféré à la monarchie française depuis Louis XIV. *Solaire* et *dînatoire* sont épithètes et immédiatement postposés au nom, conformément à leur emploi normal d'adjectif relationnel. Ce type d'adjectif ne saurait être antéposé et ne peut généralement pas être attribut.

1. S'appuyant sur la non-déterminabilité de l'adjectif relationnel, Martinet (1979, 75) propose de traiter la séquence Nom + Adjectif relationnel comme un composé.

3.1.3. L'adjectif qualificatif *vs* le participe

Outre les adjectifs, il faut prendre en considération les participes passés (19b, 23, 24) et les participes présents (cas non représentés) en emploi adjectival. Ces participes passés sont épithètes, fonction largement définitoire de la classe adjectivale. Cependant, notons que, dans les trois occurrences, les participes passés conservent les capacités de rection du verbe. Les participes passés sont aux frontières du verbe et de l'adjectif.

4. TRAITEMENT DE LA QUESTION

4.1. Approche morphologique

4.1.1. Morphologie flexionnelle

Tous les adjectifs s'accordent en genre avec le nom auquel ils se rapportent. On distinguera néanmoins plusieurs cas[1] :

- L'adjectif épicène, pour lequel les différences de genre n'apparaissent ni à l'écrit ni à l'oral : (3) *mince*, (8) *large*, (11) *solaire*, (12) *dînatoire*, (20) *maigres* ; il s'agit d'adjectifs terminés à l'écrit au masculin (singulier) par un *-e*.
- L'adjectif pour lequel les différences de genre n'apparaissent qu'à l'écrit :

  – adjectifs (ou participes passés en emploi adjectival) terminés à l'écrit au masculin (singulier) par une voyelle : (17) *moiré*, (19b) *poudrés*, (23) *poussé*, (24) *plaqué*,

  – adjectifs terminés à l'écrit au masculin (singulier) par les lettres *-l* et *-r* : (14) *capitaux*[2], (16) *noir*,
- L'adjectif pour lequel les différences de genre apparaissent à l'oral et à l'écrit :

  (1) *délicieux*, (2) *fameux*, (19a) *anglais*, (22a) *orgueilleux*

  (4) *gros*, (25) *gras*

  (5, 7) *grand*

  (6) *pleines*

  (9) *haut*

  (10) *vieux*

  (13) *particulier*

  (15) *prépotent*, (21) *différentes*, (22b) *insolent*

  (18) *blanc*.

1. Nous ne traitons que les cas représentés dans l'extrait.
2. On observera néanmoins que pour *capital*, la différence de genre apparaît à l'oral lorsque l'adjectif est au pluriel.

Tous les adjectifs s'accordent en nombre avec le nom auquel ils se rapportent. On distinguera plusieurs cas[1] :

- L'adjectif pour lequel les différences de nombre n'apparaissent au masculin ni à l'écrit ni à l'oral :
  - adjectifs terminés par *-s* (4, 19a, 25)
  - adjectifs terminés par *-x* (1, 2, 10, 22a)
- L'adjectif pour lequel les différences de nombre n'apparaissent au masculin qu'à l'écrit (hors liaison) ; le texte n'offre que des adjectifs dont le pluriel se marque par *-s* (3, 5, 6, 7, 8, 9, 11, 12, 13, 15, 16, 17, 18, 19b, 20, 21, 22b, 23, 24)
- L'adjectif pour lequel les différences de nombre apparaissent au masculin à l'écrit et à l'oral : adjectifs en *-al* : le pluriel se fait en *-aux* (14).

4.1.2. Morphologie dérivationnelle

▷ Il conviendrait de distinguer les perspectives synchronique et diachronique.

Les deux approches sont admises aux concours, à condition que le candidat énonce clairement son choix et qu'il veille à ne pas mêler les deux perspectives au cours de son étude.

• En diachronie, on s'intéresse à l'origine des unités et à leur évolution, en partant généralement de l'étymon[2], latin ou grec : par exemple, *fameux* a pour étymon latin *famosus,* lui-même dérivé[3] de *fama* (« renommée »).

• En synchronie, on décrit les unités telles qu'elles se présentent à une époque donnée dans le système de la langue. Par exemple, on ne peut pas identifier de base[4] dans la séquence *fameux*, qui, construite en latin, est redevenue en français moderne une unité simple.

Dans une perspective synchronique stricte, si l'on excepte les adjectifs relationnels, tous les adjectifs du texte apparaissent comme des unités simples, ou morphèmes, sauf les adjectifs *délicieux, moiré* et *orgueilleux*, qui ont subi une dérivation par suffixation, de nom à adjectif.

Les adjectifs relationnels sont par définition issus d'un nom : notons que ceci n'est pas tout à fait vrai pour *solaire* et *dînatoire.* En effet, *solaire* n'est pas un adjectif dérivé au sens strict, il est emprunté au latin *solaris.* On ne reconnaît pas de base (qui serait *soleil*) dans cette séquence, comme *président* dans *présidentiel. Solaire* entretient un rapport sémantique, mais non morphologique, avec *soleil* ; *sol*, racine latine, n'existe plus en français. De même pour *dînatoire*, on n'identifie pas, sur un plan morphologique, une base nominale *dîner*. En fait, *dînatoire*, à

1. Nous ne traitons que les cas représentés dans l'extrait.
2. L'étymon désigne ici la forme ancienne dont est issue une forme plus récente.
3. Le dérivé est une unité complexe constituée d'un morphème libre et d'un morphème lié ou affixe.
4. La base d'un dérivé est le morphème du dérivé pouvant exister comme morphème libre.

la manière de *compensatoire* ou *préparatoire*, est construit sur une base verbale (*dîner*$_V$ > *dînatoire*$_{Adj}$; *compenser*$_V$ > *compensatoire*$_{Adj}$; *préparer*$_V$ > *préparatoire*$_{Adj}$).

4.2. Approche sémantique

4.2.1. Éléments de définition sémantique

La définition proposée par Grevisse (1969, 42) est tout à fait représentative des définitions traditionnelles de l'adjectif :

> *Le nom peut être accompagné d'autres mots qui précisent, déterminent, complètent l'idée qu'il exprime [...]. Une épithète est un adjectif qualificatif placé généralement à côté d'un nom et exprimant, sans l'intermédiaire d'un verbe, une qualité de l'être ou de l'objet nommé [...]. L'épithète [contrairement à l'attribut] ne suppose pas [de] lien [entre elle et le sujet (ou le complément d'objet)] : il n'y a pas de copule.*

Cette sorte de définition s'appuie en priorité sur un critère sémantique ; on remarquera que la caractéristique « qualité », proposée pour identifier l'adjectif, s'applique également à certains noms, tel *bonté,* et ne saurait donc être définitoire.

On préférera dire que l'adjectif caractérise le nom sur lequel il porte, de manière restrictive ou non, selon qu'il en réduit ou non l'extension[1].

4.2.2. Les diverses dichotomies proposées

> ▷ Les classifications proposées dans les ouvrages de référence récents sont multiples et parfois hétérogènes, car elles font intervenir différents niveaux d'analyse ; nous tenterons donc une mise au point terminologique pour guider le candidat.

Les classifications utilisées opposent généralement les adjectifs de deux manières :

- 1re dichotomie : déterminatifs (ou restrictifs ou sélectifs) *vs* appositifs (ou explicatifs ou descriptifs) (Riegel *et al.*, 1994, 150 et 179) ; cette dichotomie prend aussi la forme restrictifs *vs* non restrictifs (Denis *et al.*, 1994, 9-10)
- 2de dichotomie : classifiants (ou objectifs) *vs* non classifiants (ou subjectifs) (Denis *et al.*, 1994, 2 ; Maingueneau, 1991, 53).

Les deux dichotomies ne sont pas sur le même plan : la première se situe en discours alors que la seconde est majoritairement en langue.

- Dans la première dichotomie, l'adjectif dit « déterminatif », « restrictif » ou « sélectif » restreint l'extension du nom, alors que l'adjectif dit « appositif », « explicatif », « descriptif » ou encore « non restrictif » ne modifie pas l'extension du nom. Un adjectif ne pourra être rangé dans l'une des deux catégories qu'en discours. Hors contexte, on ne peut se prononcer sur la caractéristique restrictive ou non de l'adjectif. Ainsi, on ne saurait dire si,

1. L'extension d'un nom est l'ensemble des référents visés par ce nom.

dans l'occurrence (18) du texte, *son gilet blanc*, *blanc* a valeur restrictive ou non restrictive : ou bien le personnage a plusieurs gilets, et la qualification de *gilet* par *blanc* permet, à l'intérieur de la catégorie des gilets, d'isoler celui qui est blanc ; ou bien le personnage n'a qu'un gilet, accessoirement qualifié de *blanc*.

D'un point de vue terminologique, on regrettera d'abord le foisonnement des étiquettes et ensuite le fait que cette classification fasse appel à des termes syntaxiquement marqués. Cette dernière peut laisser croire que la fonction épithète (liée) recouvre plusieurs réalités syntaxiques (« déterminatif » *vs* « appositif ») ou, inversement, qu'il existe une relation bijective entre la fonction apposition et la valeur appositive.

- Dans la seconde dichotomie, les adjectifs « classifiants » ou « objectifs », généralement postposés dans la fonction d'épithète, opèrent une qualification objective indépendamment de tout énonciateur. Ils recouvrent les adjectifs de couleur (16 à 18), de forme (15), de nationalité (19a), relationnels (11 et 12). On peut leur ajouter tous les participes passés à emploi adjectival (19b). Les adjectifs non classifiants, généralement antéposés, « caractérise[nt] de manière subjective et tradui[sen]t la position de l'énonciateur » (Denis *et al.*, 1994, 2), comme c'est le cas dans les occurrences (2, 3, 4, 5, 7, 8, 9). On pourrait affiner le classement en distinguant dans ce dernier cas les « évaluatifs axiologiques » (2, 3, 5) – qui sont l'expression d'un jugement de valeur de la part du narrateur – des « évaluatifs non axiologiques » (4, 7, 8, 9) – qui font appel à une norme sans jugement de valeur explicite[1].

> ▷ Ces deux dichotomies, qui se situent sur des plans différents, peuvent être utilisées aux concours de manière complémentaire.

4.2.3. Facteur sémantique et position des adjectifs

Nous nous proposons, pour les adjectifs épithètes, de mettre en relation propriétés sémantiques et position par rapport au point d'incidence nominal.

On distinguera plusieurs cas :

- L'adjectif est souvent antéposé lorsqu'il est non classifiant, comme on l'a vu *supra* (§ 4.2.2).
- L'adjectif est toujours postposé : c'est le cas de la plupart des adjectifs classifiants de couleur, de forme, de nationalité et des adjectifs relationnels (voir *supra*). Certains adjectifs non classifiants peuvent être postposés (20).
- L'adjectif, selon qu'il est antéposé ou postposé, subit un changement de sens, parfois considérable (3, 5, 6, 21). Riegel *et al.* (1994, 182) parlent d'« adjectifs à double interprétation ». Dans (5) *un grand cuisinier*, l'adjectif *grand* veut dire « talentueux » ou « renommé ». En revanche, dans *un cuisinier grand*, l'adjectif signifie « de haute taille ». Certains grammairiens

1. Nous renvoyons à l'analyse développée par Kerbrat-Orecchioni, Catherine, in *L'Énonciation : de la subjectivité dans le langage*, Paris, A. Colin, 1980 (rééd. 1997), p. 70.

pensent que ce changement de sens n'affecte qu'une liste restreinte d'adjectifs, en combinaison avec un nombre limité de noms désignant généralement des êtres humains. En effet, *grand* antéposé en (7) *son grand cordon* renvoie uniquement à la taille.

L'écart sémantique peut être expliqué de plusieurs façons :

- Pour certains auteurs (Arrivé *et al.*, 1986, 38 ; Riegel *et al.*, 1994, 182), l'adjectif postposé porte sur le référent, alors que l'adjectif antéposé « modifie le contenu notionnel du nom » (Riegel *et al.*, *ibidem*).
- D'autres auteurs considèrent que dans *un grand cuisinier*, l'adjectif est incident à l'hyponyme (« grand en tant que cuisinier »), alors que dans *un cuisinier grand*, l'adjectif est incident à l'hyperonyme[1] (« grand en tant qu'humain »).
- D'autres auteurs encore (Mahmoudian, 1976, 369-372) voient dans *grand*, compte tenu de l'écart sémantique, deux adjectifs homonymes[2].

En (6) et en (21), l'écart sémantique lié au changement de position s'accompagne d'un transfert[3] de l'adjectif vers le déterminant : (21) *d'espèces différentes*, *de différentes espèces.*

4.3. Approche syntaxique

4.3.1. L'adjectif est attribut

On trouve dans le texte un seul attribut, (1) *il était délicieux*, où l'adjectif *délicieux* est relié par l'intermédiaire de la copule *être* au sujet.

> ▷ Il conviendra ici de décrire syntaxiquement la construction attributive. Le candidat reprendra l'analyse détaillée proposée au § 3.2.2 du chapitre sur l'attribut (🕮 **Attribut**).

4.3.2. L'adjectif est apposé, ou épithète détachée

> ▷ La construction appositive devra être décrite syntaxiquement. Le candidat reprendra l'analyse détaillée proposée aux § 4.2.2 et 5 du chapitre sur l'apposition (🕮 **Apposition**). Nous nous contenterons d'exposer les particularités des occurrences du texte (22a à 24).

Pour toutes les occurrences du texte :

- Le point d'incidence est un nom.
- L'adjectif apposé est postposé au syntagme nominal (dont il est séparé par une virgule), soit parce qu'il est coordonné à un autre adjectif (22a et 22b),

1. La relation d'hyperonymie est une relation sémantique d'inclusion entre un terme sous-ordonné (l'hyponyme) et un terme superordonné (l'hyperonyme). *Carotte* est l'hyponyme de *légume*, *légume* est l'hyperonyme de *carotte.*
2. On parle d'homonymie pour deux unités de même forme : *voile*, nom, et *voile(r)*, verbe.
3. On parle de transfert pour désigner le passage d'une unité d'une classe dans une classe différente : *beau*, adjectif, et *(le) beau*, nom.

soit parce qu'il s'agit d'un participe passé en emploi adjectival qui a conservé un complément (23 et 24).

- On rappelle que l'effacement est possible, puisque l'épithète détachée, toujours non restrictive, n'ajoute qu'une précision facultative.

4.3.3. L'adjectif est épithète liée

4.3.3.1. Propriétés syntaxiques

L'épithète liée, tout comme l'épithète détachée, nécessite un point d'incidence. En grec, « épithète » signifie « placé à côté » [du point d'incidence]. Cependant, dans le cas de l'épithète liée, le point d'incidence a pour seul rôle de la rattacher à la phrase, alors que, dans le cas de l'épithète détachée, le point d'incidence est en étroite solidarité syntaxique avec celle-ci, qui fonctionne comme un prédicat second.

Le point d'incidence de l'épithète liée est un nom. Aucune pause vocale, ni aucune ponctuation, ne sépare l'épithète liée de son point d'incidence : *son* ***grand*** *cordon* ***moiré***.

Sur le plan syntaxique, l'effacement de l'épithète liée est toujours possible. Rappelons que, sur le plan sémantique, il faudrait distinguer entre l'effacement de l'épithète à valeur restrictive et celui de l'épithète à valeur non restrictive. On soulignera que l'adjectif relationnel est uniquement apte à être épithète liée (11 et 12).

4.3.3.2. Place de l'épithète liée

L'épithète liée en français peut être antéposée ou postposée à son point d'incidence. Nous allons examiner à présent les facteurs syntaxiques présidant au choix de la position.

Dans le texte, on compte neuf adjectifs qualificatifs antéposés et neuf adjectifs qualificatifs postposés. Cet équilibre ne reflète pas la tendance du français contemporain (antéposition pour un tiers, postposition pour deux tiers), mais s'explique par le caractère littéraire, et notamment descriptif, du texte.

L'adjectif est postposé s'il s'agit d'un participe passé en emploi adjectival (19b) ; la postposition est ici encore justifiée par la présence du complément qu'il régit : *trente-six cochers anglais* ***poudrés*** *d'argent.*

Lorsque deux épithètes portent sur le nom, on distingue deux cas :

- Les deux adjectifs sont postposés au nom : *trente-six cochers* ***anglais poudrés*** *d'argent*, « l'adjectif le plus éloigné qualifie le groupement constitué par le nom et l'adjectif le plus proche » (Arrivé *et al.*, 1986, 39).
- L'un des adjectifs est antéposé, l'autre est postposé : (8) *ce* ***large*** *cordon* ***moiré*** (voir également 2, 7, 9).

Certains adjectifs monosyllabiques ou dissyllabiques sont généralement antéposés à leur point d'incidence, comme ***gros*** (4), ***grand*** (7), ***haut*** (9), ***vieux*** (10), pour des raisons rythmiques.

L'adjectif relationnel est nécessairement postposé, ce que vérifient les occurrences (11) et (12) du texte : **un solaire* *faste*. On peut rapprocher de l'adjectif relationnel, l'adjectif de nationalité toujours postposé : * *trente-six* ***anglais*** *cochers*.

4.4. Examen des cas délicats

- Dans l'étude, on inclura (25) *combien il pouvait en faire de* ***gras***. L'adjectif *gras* porte sur le quantitatif *combien* qui, d'adverbe, a été transféré dans les pronoms. Cette relation ne s'établit que par l'intermédiaire de la préposition *de*. On peut voir une simple relation de détermination ou bien une relation de prédication seconde, *gras* étant dans ce cas attribut. On glose alors par *combien il pouvait en faire qui fussent gras*. Cette deuxième analyse est préférable.
- En marge de l'étude, on évoquera très brièvement les cas suivants :

  – Le nom propre apparaît à l'origine composé : (26) *M. de Mesnil****grand*** ; on identifie le signifiant de l'adjectif *grand*, sans reconnaître le premier élément.

  – L'adjectif d'origine est entré dans la classe des noms, comme le montre la détermination par l'article défini. Autrement dit, il a subi un transfert dans les occurrences (27) *Les* ***Diaboliques*** (titre) et (28) *l'****infini***.

5. Conclusion

• De la syntaxe à la stylistique

Ce passage offre un grand nombre d'occurrences d'adjectifs qualificatifs, ce qu'il convient de relier étroitement au type de texte dont il relève : la description. Très exactement, il s'agit d'une pause dans la narration consacrée à un portrait haut en couleur d'un personnage, auquel les adjectifs confèrent des touches très vivantes et nuancées, souvent axiologiquement marquées par une pointe d'ironie. L'antéposition d'un certain nombre d'adjectifs accentue leur valeur axiologique. Le portrait joue sur l'antonymie des adjectifs (*mince* vs *gros*, *blanc* vs *noir*) pour animer la peinture.

Chapitre 2
Les pronoms

***Les Regrets*, Sonnet XLVIII,**
Joachim du Bellay, 1558.

O combien est heureux, qui n'est contreint de feindre
Ce que la verité le contreint de penser,
Et à qui le respect d'un qu'on n'ose offenser,
Ne peult la liberté de sa plume contreindre !
Las pourquoy de ce nœu sens-je la mienne estreindre,
Quand mes justes regrets je cuide commencer ?
Et pourquoy ne se peult mon ame dispenser
De ne sentir son mal, ou de s'en pouvoir pleindre ?
On me donne la genne, & si n'ose crier,
On me voit tormenter, & si n'ose prier
Qu'on ait pitié de moy. O peine trop sugette !
Il n'est feu si ardent, qu'un feu qui est enclos,
Il n'est si facheux mal, qu'un mal qui tient à l'os,
Et n'est si grand' douleur, qu'une douleur muette[1].

1. Questions

- Morphosyntaxe : étudiez les pronoms dans le poème.
- Syntaxe : étudiez les pronoms dans le poème.

1. Nous conservons le texte d'origine, comme il est d'usage aux concours. Nous suivons les leçons de l'édition établie par J. Jolliffe (Genève, Droz, 1965).

2. Relevé des occurrences

> ▷ Nous établissons le relevé des occurrences selon la nature des pronoms, en distinguant les pronoms personnels, les pronoms possessifs, les pronoms démonstratifs, les pronoms interrogatifs (cas non représentés), les pronoms relatifs, les pronoms indéfinis et les pronoms numéraux. Nous conservons pour le classement du corpus la terminologie de la grammaire traditionnelle que nous serons amenés à critiquer dans le traitement de la question. Il est d'usage d'indiquer pour les seuls pronoms personnels et pronoms relatifs leurs fonctions, dans la mesure où leurs formes varient selon ces dernières.

2.1. Les pronoms personnels

2.1.1. Le pronom personnel de 1re personne

Sujet

(1) sens-**je**

(2) **je** cuide commencer

Complément d'attribution

(3) on **me** donne

Cas délicats :

COI ou complément de nom ?

(4) on ait pitié de **moy**

Sujet d'un infinitif

(5) on **me** voit tormenter

2.1.2. Le pronom personnel de 3e personne COD

(6) **le** contreint de penser

2.1.3. Le pronom personnel réfléchi de 3e personne COD

(7) ne **se** peult mon ame dispenser

(8) **s'**en pouvoir pleindre

2.1.4. Le pronom personnel indéfini sujet *on*

(9) **on** n'ose offenser

(10) **on** me donne la genne

(11) **on** me voit tormenter

(12) **on** ait pitié de moy

2.1.5. Le pronom personnel adverbial *en* COI

(13) s'**en** pouvoir pleindre

2.2. Le pronom impersonnel *il*

(14) **il** n'est feu si ardent

(15) **il** n'est si facheux mal

2.3. Le pronom possessif de 1re personne

(16) sens-je **la mienne** estreindre

2.4. Le pronom démonstratif *ce*

(17) **ce** que la vérité le contreint de penser

2.5. Le pronom relatif

Sujet

(18) heureux **qui** n'est contraint de feindre

(19) un feu **qui** est enclos

(20) un mal **qui** tient à l'os

Complément d'objet direct

(21) ce **que** la vérité le contreint de penser

(22) un **qu**'on n'ose offenser

Complément d'attribution

(23) à **qui** le respect d'un [...] ne peult la liberté de sa plume contreindre

2.6. Le pronom indéfini *un*

(24) le respect d'**un** qu'on n'ose offenser

2.7. Cas délicats : l'absence de pronom sujet

2.7.1. Les pronoms personnels de 1re personne

(25) et si n'ose crier

(26) et si n'ose prier

2.7.2. Le pronom impersonnel

(27) et n'est si grand' douleur

▷ Un autre classement est possible, qui opérerait une distinction sémantico-référentielle entre pronoms à référence déictique, pronoms à référence anaphorique, pronoms à référence par défaut et pronoms à référence nulle (voir *infra*).

▷ Il est préférable de ne pas fonder le classement sur la fonction des pronoms. En effet, la spécificité de ces derniers n'apparaîtrait pas suffisamment.

3. INTRODUCTION ET ÉLÉMENTS DE PROBLÉMATIQUE

Le pronom relève de l'une des neuf parties du discours de la grammaire traditionnelle. Or, cette classe comporte des éléments hétérogènes, tant sur les plans morphologique que sémantico-référentiel, tels les pronoms personnels, possessifs, démonstratifs, interrogatifs, relatifs, indéfinis et numéraux.

La dénomination de pronom, suivant l'étymologie latine *pro nomen*, signifiant « à la place du nom », est impropre, dans la mesure où les pronoms ne remplacent jamais des noms, soit parce qu'ils se substituent à des syntagmes nominaux, ou à des syntagmes prépositionnels, ou encore à d'autres éléments comme un adjectif, une subordonnée, un infinitif, soit parce qu'ils ne remplacent rien, comme le pronom *je*, qui désigne directement la personne du locuteur.

Dans le cas où les pronoms remplacent des syntagmes nominaux, il serait plus exact de dire qu'ils exercent les mêmes fonctions que les noms. Les pronoms, qui conservent des marques casuelles, sont d'ailleurs utilisés pour mettre au jour les fonctions assumées par les noms dans le critère de la « pronominalisation » (🕮 **Fonctions**).

Les pronoms sont des unités susceptibles d'entretenir diverses relations syntaxiques dans la phrase, à la manière des noms, tout en relevant d'un inventaire limité. Ils se caractérisent donc, de façon tout à fait notable, par deux propriétés définissant respectivement les morphèmes lexicaux et les morphèmes grammaticaux.

Les pronoms connaissent en français quatre sortes de références :

- **La référence déictique** : elle caractérise les pronoms identifiés directement par la situation d'énonciation.
- **La référence anaphorique** : elle caractérise les pronoms identifiés par le contexte linguistique antérieur ou postérieur.
- **La référence par défaut** : elle caractérise les pronoms que ni la situation d'énonciation, ni le contexte linguistique ne permettent d'identifier. Ces pronoms sont interprétés à partir de leurs traits de sens stables, essentiellement fondés sur l'opposition animé/inanimé. Dans la plupart des cas, ces pronoms reçoivent une lecture générique.

- **La référence nulle** : c'est le cas du pronom impersonnel *il*, sémantiquement vide, pur indice grammatical de fonction sujet pour les verbes impersonnels.

4. Traitement de la question

4.1. Les pronoms personnels

Les pronoms personnels forment une classe hétérogène sur le plan sémantico-référentiel, puisqu'on y trouve, d'une part, des éléments à référence déictique désignant les êtres qui parlent ou à qui l'on parle et, d'autre part, des éléments à référence anaphorique, qui ne participent pas à l'acte d'énonciation. On range également parmi les pronoms personnels les formes *en, y* et *on* qui présentent des particularités.

4.1.1. Le pronom personnel de 1re personne

4.1.1.1. Morphologie

Le pronom personnel *je* est issu du latin classique *ego* ; il admet diverses formes suivant les fonctions exercées : *je, me, moi.* Les deux premières formes sont dites atones ou conjointes ou encore clitiques ; *moi* est tonique ou disjoint. En (4), *moy* s'emploie après préposition. Ces formes ne manifestent pas le genre, et ne portent pas de marque de nombre, puisque, de par leur sémantisme, elles renvoient à un locuteur unique.

4.1.1.2. Fonctions

En (1, 2), le pronom personnel *je* est sujet ; il impose l'accord à la première personne des verbes *sentir* et *cuider.* En (2), il serait possible de voir en *cuide commencer* une périphrase aspectuo-modale, et donc d'analyser le pronom *je* comme sujet du verbe plein *commencer.* Le pronom *je* est postposé au pivot verbal en (1), en raison de la modalité interrogative.

En (3), le pronom *me* est complément d'attribution du verbe *donner.* C'est une forme conjointe antéposée au verbe, qui est un amalgame de la préposition *à* et de la première personne.

En (4), on peut hésiter pour *on ait pitié de* ***moy***, entre une fonction complément du nom *pitié* et une fonction complément d'objet indirect de la locution verbale *avoir pitié.* En effet, *avoir pitié* peut être analysé comme une construction à verbe support suivi d'un nom prédicatif sans déterminant, où *avoir* subit une altération sémantique. Dans le prolongement de cette analyse, on verra en *moy* le complément d'objet indirect de cette séquence équivalente à un verbe simple.

L'occurrence (5), *on* ***me*** *voit tormenter*, présente un pronom personnel complément d'objet direct du verbe principal *voir,* comme le montre sa forme, et sujet de l'infinitif *tormenter.* Remarquons que cette analyse est permise par la langue du XVIe siècle, où l'infinitif, indifférent à la voix, peut être interprété comme un passif : *on me voit être tourmenté* (📖 **Infinitif**).

4.1.1.3. Niveau sémantico-référentiel

Le pronom personnel de première personne *je* reçoit son interprétation de la situation d'énonciation. Il désigne toujours la personne qui parle, appelée locuteur. On parle de référence déictique.

4.1.2. Le pronom personnel de 3e personne

En (6), le pronom personnel *le* est complément d'objet direct du verbe *contreindre.* On a affaire à une forme atone, dite encore conjointe ou clitique, de la troisième personne au masculin singulier. *Le* est la forme que prend le morphème de troisième personne *il* (issu du pronom démonstratif latin *ille),* lorsqu'il assume la fonction objet direct ou attribut.

Selon Benveniste, la troisième personne est une « non-personne », qui ne participe pas à l'acte d'interlocution, à la différence des autres personnes. Autrement dit, la référence de ce pronom est anaphorique (ou cataphorique, cas non représenté). Dans le poème, *le* reprend le pronom relatif *qui.*

4.1.3. Le pronom personnel réfléchi de 3e personne

En (7, 8), il s'agit d'une forme verbale, traditionnellement appelée pronominale, qui comporte un pronom personnel conjoint coréférentiel au sujet et dit réfléchi. Le pronom réfléchi de troisième personne se distingue formellement du pronom personnel non réfléchi de troisième personne (*le, la, les*), contrairement à ce qui se produit pour les autres personnes. Sous la forme atone, il est toujours antéposé au verbe. On remarquera que, dans la langue du XVIe siècle, le pronom atone se place devant le semi-auxiliaire *pouvoir*, alors qu'en français moderne, il est antéposé à l'infinitif. Dans l'ordre de succession des pronoms, le réfléchi atone se place toujours devant le pronom adverbial *en.*

On différenciera verbes pronominaux et construction pronominale d'un verbe. Les verbes pronominaux – ou « pronominaux lexicalisés » (Arrivé *et al.*, 1986, 575) – peuvent être encore subdivisés, d'une part, en verbes « toujours réfléchis » (Martinet, 1979, 165), ou « pronominaux permanents » (Arrivé *et al.*, 1986, 572), ou « essentiellement – ou intrinsèquement – pronominaux » (Riegel *et al.*, 1994, 255), lorsqu'ils sont seulement susceptibles de se réaliser sous forme pronominale, tel, par exemple, *s'évanouir*, et, d'autre part, en verbes « pronominaux autonomes » (Riegel *et al.*, 1994, 255), tel, par exemple, *se dérouler.* Dans ce dernier cas, on ne retrouve pas dans la forme pronominale le sens associé à la forme verbale sans pronom réfléchi.

Pour les deux occurrences du poème, on peut hésiter entre verbe pronominal autonome et verbe entrant dans une construction pronominale. Dans la mesure où il existe un rapport sémantique systématique entre l'emploi pronominal et l'emploi non pronominal des verbes *dispenser* et *pleindre*, puisque, par exemple, le pronom réfléchi commute avec un autre pronom personnel, *le pleindre*, on optera pour une construction pronominale de ces verbes. Le pronom réfléchi exerce alors la fonction d'objet direct par rapport à ces derniers.

4.1.4. Le pronom adverbial *en*

En, issu de l'adverbe de lieu latin *inde,* fonctionne en français comme un pronom anaphorique, qui reprend ici le syntagme prépositionnel *de son mal.* Il désigne dans le texte un inanimé. *En* est l'amalgame de la préposition *de* et d'un pronom de troisième personne. Il est complément d'objet indirect du verbe *pleindre* construit pronominalement. On notera l'antéposition du pronom *en* au semi-auxiliaire *pouvoir,* alors que le français moderne placerait le pronom devant le verbe qui le régit.

Éléments de réflexion critique sur en *et* y

En et *y* reçoivent le plus souvent la dénomination de « pronoms adverbiaux » (Arrivé *et al.,* 1986, 500 ; Denis *et al.,* 1994, 31 ; Riegel *et al.,* 1994, 201), et plus rarement celle d'« adverbes anaphoriques » (Le Goffic, 1993, 178). Leur appellation d'« adverbe » s'explique par leur origine : ils sont issus de deux adverbes latins, *inde* > *en* et *ibi* > *y.* En français, ils peuvent remplacer des syntagmes prépositionnels respectivement introduits par les prépositions *de* et *à.* Quand ils remplacent des syntagmes prépositionnels compléments circonstanciels de lieu, ils peuvent commuter avec l'adverbe interrogatif *où : il pleut à Paris, il y pleut, où pleut-il ?.* Ils fonctionnent alors davantage comme des adverbes que comme des pronoms. En revanche, lorsque *en* remplace un syntagme nominal où le déterminant est partitif, il se comporte comme un pronom : *il boit du café, il en boit.*

4.1.5. Le pronom personnel indéfini sujet *on*

Le pronom personnel indéfini *on,* issu du latin classique *homo, hominis,* signifiant « tout homme en général », peut exercer seulement une fonction sujet. Dans la mesure où il désigne toujours un animé, sa référence s'établit en partie par défaut. Il est invariable et il impose l'accord du verbe à la troisième personne du singulier, ce que vérifient toutes les occurrences du texte (9 à 12).

On note que tous les grammairiens ne s'accordent pas sur le classement du pronom *on,* rangé parfois parmi les pronoms personnels (Arrivé *et al.,* 1986, 499 ; Bonnard, 1981, 174 ; Riegel *et al.,* 1994, 196), parfois parmi les pronoms indéfinis (Grevisse, 1988, 1139 ; Wagner *et al.,* 1962, 202).

L'une des particularités du pronom *on* est de se prêter à des énallages couvrant toutes les personnes. Dans le texte, on distinguera deux sortes de références :

- En (9), *on,* qui inclut *je,* le poète, peut être assimilé à *nous* ; il relève alors partiellement de la référence déictique.
- En (10 à 12), *on,* qui exclut *je,* peut être assimilé à *ils.* Ce pronom, qui ne reçoit pas ici d'interprétation générique, désigne un petit groupe d'individus que du Bellay se refuse à nommer.

4.2. Le pronom impersonnel

4.2.1. Morphologie

Le pronom impersonnel *il* est invariable. Il est issu du latin classique *illud,* qui a abouti au latin populaire *illum,* puis au pronom français neutre *il.* Il impose l'accord de troisième personne au verbe.

En (14) et (15), notons qu'il serait également possible de voir en *il est* un présentatif, constitué du pronom impersonnel *il* et du verbe *être* au présent de l'indicatif. Ce tour, plus courant en langue ancienne, est aujourd'hui considéré comme archaïque. On le trouve essentiellement dans l'évocation du temps (*il est tard, il est minuit,* etc.*).*

4.2.2. Fonction

Deux analyses sont possibles :

- On peut attribuer au pronom impersonnel *il* la fonction sujet, qu'il s'agisse de verbes essentiellement impersonnels ou de constructions occasionnellement impersonnelles de certains verbes. Il répond, en effet, à deux des critères formels, celui de la place et celui de l'accord.

  – Pour les verbes essentiellement impersonnels, le seul sujet est le pronom impersonnel *il*, *il pleut* (cas non représenté).

  – Pour les constructions occasionnellement impersonnelles de certains verbes, la grammaire traditionnelle oppose le sujet « apparent » au sujet « réel », (14) ***il*** *n'est feu si ardent :* le sujet « apparent » est le pronom impersonnel *il*, le sujet « réel » *(un) feu si ardent.* Certains grammairiens ne reconnaissent pas la présence de deux sujets, le sujet « réel » se rapprochant par certaines caractéristiques d'un complément (postposition au verbe, pronominalisation par un pronom personnel sous une forme telle que *le* ou *en,* ou par un pronom interrogatif comme *que*), et préfèrent donc à la dénomination de sujet « réel » celle de « séquence de l'impersonnel » (Wagner *et al.,* 1962 ; Riegel *et al.*, 1994). Cependant, à la différence de ce qui se produit pour les compléments, cette « séquence » peut être déplacée en position préverbale : *feu si ardent n'est.*

- On ne saurait attribuer de fonction séparée à *il*, si l'on considère *il est* comme un présentatif. *Il* fonctionne en étroite solidarité avec *être* pour former une unité du type *c'est, voici, il y a* (🕮 **Fonction sujet, Fonction objet, Verbes *être* et *avoir***).

4.2.3. Niveau sémantico-référentiel

À la différence du pronom personnel *il* qui désigne un être ou une chose, le pronom impersonnel *il* est référentiellement vide.

4.3. Le pronom possessif

4.3.1. Morphologie

Le pronom possessif en (16) est formé de l'article défini suivi de l'adjectif *mien* au féminin singulier. Il admet l'accord en genre et en nombre avec le nom désignant l'objet possédé. La personne dont il est affecté renvoie au possesseur.

4.3.2. Fonction

En (16), *sens-je* ***la mienne*** *estreindre,* le pronom possessif participe d'une subordonnée infinitive : il est à la fois complément d'objet direct du verbe principal *sentir* et sujet de l'infinitif *estreindre.* Rappelons que cette analyse est permise par la langue du XVIe siècle, où l'infinitif, indifférent à la voix, peut être interprété comme un passif : *je sens la mienne être étreinte.* En langue moderne, on ne saurait voir de proposition infinitive puisque le verbe *étreindre,* obligatoirement à la voix active, n'admettrait qu'un complément d'objet direct, ici le pronom possessif *la mienne* (📖 **Infinitif**).

4.3.3. Niveau sémantico-référentiel

Le pronom possessif en (16) exprime une relation sémantique avec la première personne : *de moi.* Il est interprété par rapport au déictique *je* apparaissant dans le contexte, qui désigne le locuteur qu'est le poète ; en cela, sa référence est déictique. Cependant, l'objet possédé par le locuteur, *la liberté de plume,* est mentionné dans le contexte et repris anaphoriquement par le pronom.

4.4. Le pronom démonstratif *ce*

4.4.1. Morphologie

En (17), *ce,* issu du latin classique *hoc,* qui a abouti à *ecce hoc,* est la forme neutre atone du démonstratif.

4.4.2. Fonction

Le pronom démonstratif *ce* est complément d'objet direct du verbe *feindre.* Il est l'antécédent de la relative dite adjective qui lui est immédiatement postposée. Certains auteurs, considérant que *ce* ne constitue pas un véritable antécédent, préfèrent parler, pour la séquence *ce* + relative, de relative substantive (Arrivé *et al.*, 1986, 610), de relative substantivée *lato sensu* (Soutet, 1989, 98-99), ou encore de relative périphrastique (Riegel *et al.*, 1994, 487-488). Dans ce dernier cas, la relative dite substantive assure globalement la fonction complément d'objet direct du verbe *feindre.*

4.4.3. Niveau sémantico-référentiel

Ce, qui n'a qu'un sens très général, désigne un inanimé.

4.5. Le pronom relatif

4.5.1. Propriétés du pronom relatif

À la différence des autres pronoms, le pronom relatif est un subordonnant et il se caractérise par trois propriétés :

- il introduit la subordonnée relative et il est en cela démarcatif (📖 **Subordonnées**) ;
- il exerce une fonction au sein de la subordonnée relative ;
- il est coréférentiel à son antécédent (on dit qu'il le « représente »).

4.5.2. Morphologie

Le poème ne présente, sur le plan morphologique, que deux formes de la série simple, *qui* et *que,* héritées du latin, respectivement *qui* et *quem,* issues de l'indo-européen °*kw.* On peut considérer ces formes comme des variantes d'une même unité (qui comporte également *quoi, dont* et *où*), conditionnées par la fonction exercée par rapport au pivot de la subordonnée. Les formes de la série simple ne varient pas en genre et en nombre.

4.5.3. Fonctions

Le pronom relatif peut assumer toutes les fonctions des nominaux :

- *qui* est sujet du pivot verbal de la relative (18 à 20) ;
- *que* est complément d'objet direct du pivot verbal de la relative (21 à 22) ;
- *qui* dans *à qui* est complément d'attribution du verbe *contreindre* (23).

On notera que le pronom relatif n'occupe généralement pas la même place que celle des noms exerçant une fonction identique, sauf lorsqu'il s'agit de la fonction sujet (18 à 20). Le pronom relatif est toujours en tête de la proposition relative (18 à 22), mis à part dans le cas où il est précédé d'une préposition (23).

La fonction du pronom relatif en (23) appelle un commentaire d'ordre diachronique. Au XVIe siècle, le verbe *contreindre* accepte, à côté de la construction directe pour le nominal (***le*** *contreint*), une construction indirecte, dans laquelle le complément d'attribution désigne un animé (*contreindre* ***à quelqu'un***), comme l'atteste Huguet (1925, tome 1, 487). Cette dernière construction a disparu en français moderne : *contraindre quelqu'un.*

4.5.4. Niveau sémantico-référentiel

Les pronoms relatifs connaissent deux sortes de références :

- La référence par défaut (18 et 23) : l'identification des pronoms relatifs ne repose ni sur la situation ni sur le contexte, dans la mesure où ils ne sont pas précédés d'un antécédent. On peut considérer que le pronom apparaît seul ou alors qu'il contient son propre antécédent. Le français moderne préférera le tour *celui qui* ou *celui à qui.* Le pronom renferme le trait animé. Son interprétation est le plus souvent générique, comme c'est le cas en (18) et en (23), qui, dans le texte, sont coordonnés.

- La référence anaphorique (19 à 22) : l'identification des pronoms relatifs repose sur le contexte. Le pronom reprend son antécédent, auquel il est coréférentiel. Pour la série simple, l'opposition animé *vs* inanimé ne se manifeste que dans les cas (non représentés) où le relatif est précédé d'une préposition. On peut considérer que le trait animé *vs* inanimé se propage de l'antécédent au relatif : (22) *un* ***qu****'on n'ose offenser* vs (19) *un feu* ***qui*** *est enclos.*

4.6. Le pronom indéfini *un*

4.6.1. Morphologie

On remarque tout d'abord que *un* est susceptible d'être utilisé comme un déterminant ou comme un pronom. En (24), *un* est un pronom masculin singulier, à valeur indéfinie. Bien que *un* soit issu du latin *unus*, adjectif numéral et nom exprimant l'unicité, on préférera voir dans le pronom *un* deux unités, selon qu'il a valeur numérique ou valeur indéfinie, puisqu'il n'a pas la même latitude combinatoire dans les deux cas : **le respect de deux qu'on n'ose offenser.*

4.6.2. Fonction

Le pronom *un* est complément du nom *respect.*

4.6.3. Niveau sémantico-référentiel

Un connaît une référence par défaut. Il désigne de façon générique un animé. En français moderne, on utiliserait de préférence le pronom indéfini *quelqu'un.* En tant qu'antécédent de la relative immédiatement postposée, il est coréférentiel au pronom relatif *que.*

4.7. Cas délicats : l'absence de pronom sujet

> ▷ Rappelons au candidat qu'il faut également relever les cas où le pronom, bien qu'attendu, est absent.

L'absence de pronom sujet se justifie par des raisons à la fois diachroniques et stylistiques, ces dernières étant liées à des contraintes de versification. On ne parlera pas d'absence de sujet, puisque les désinences verbales renseignent sur la personne. Deux cas se présentent :

- En (25, 26), l'absence du pronom personnel sujet de première personne s'explique par la présence d'un adverbe concessif en tête de proposition, selon une règle de syntaxe médiévale encore respectée au XVIe siècle qui réclame alors l'omission du pronom personnel sujet[1].
- En (27), l'absence du pronom impersonnel sujet *il* est permise par la coordination. Le pronom peut également être omis parce qu'il entre dans

1. Nous nous appuyons sur le rapport du jury de l'Agrégation externe de Lettres Modernes de 1995 pour l'épreuve de français moderne, établi par F. Berlan (p. 71), C.N.D.P.

une construction impersonnelle symétrique de la construction précédente : *il n'est si facheux mal [...] // Et n'est si grand'douleur [...].*

5. CONCLUSION

• De la syntaxe à la stylistique

On partira du constat que les formes des pronoms de la première personne, personnels ou possessifs, ancrent la lecture de ce sonnet dans une situation d'énonciation au centre de laquelle s'exprime le moi lyrique du poète. Cependant, ce *je* n'est ni tout à fait fictionnel ni tout à fait autobiographique. Il permet à du Bellay, à partir de son expérience à Rome, de convoquer la figure douloureuse du poète exilé, par référence intertextuelle à Ovide qui, le premier, l'avait construite. Ce *je* malheureux endosse les rôles sémantiques de patient et d'expérimenteur. Gravitent également autour de lui des personnes menaçantes ou compatissantes, désignées par les autres pronoms, que les bienséances et la vie courtisane à Rome empêchent de nommer ouvertement, comme le suggère le recours à des formes indéfinies ou impersonnelles.

Chapitre 3
Les syntagmes prépositionnels

Les Mots,
Jean-Paul Sartre.

Il y avait une autre vérité. Sur les terrasses du Luxembourg, des enfants jouaient, je m'approchais d'eux, ils me frôlaient sans me voir, je les regardais avec des yeux de pauvre : comme ils étaient forts et rapides ! comme ils étaient beaux ! Devant ces héros de chair et d'os, je perdais mon intelligence prodigieuse, mon savoir universel, ma musculature athlétique, mon adresse spadassine ; je m'accotais à un arbre, j'attendais. Sur un mot du chef de la bande, brutalement jeté : « Avance, Pardaillan, c'est toi qui feras le prisonnier », j'aurais abandonné mes privilèges. Même un rôle muet m'eût comblé ; j'aurais accepté dans l'enthousiasme de faire un blessé sur une civière, un mort. L'occasion ne m'en fut pas donnée : j'avais rencontré mes vrais juges, mes contemporains, mes pairs, et leur indifférence me condamnait. Je n'en revenais pas de me découvrir par eux : ni merveille ni méduse, un gringalet qui n'intéressait personne. Ma mère cachait mal son indignation : cette grande et belle femme s'arrangeait fort bien de ma courte taille, elle n'y voyait rien que de naturel : les Schweitzer sont grands et les Sartre petits, je tenais de mon père, voilà tout. Elle aimait que je fusse, à huit ans, resté portatif et d'un maniement aisé : mon format réduit passait à ses yeux pour un premier âge prolongé. Mais, voyant que nul ne m'invitait à jouer, elle poussait l'amour jusqu'à deviner que je risquais de me prendre pour un nain – ce que je ne suis pas tout à fait – et d'en souffrir. Pour me sauver du désespoir elle feignait l'impatience : « Qu'est-ce que tu attends, gros benêt ? Demande-leur s'ils veulent jouer avec toi. » Je secouais la tête : j'aurais accepté les besognes les plus basses, je mettais mon orgueil à ne pas les solliciter. Elle désignait des dames qui tricotaient sur des fauteuils de fer : « Veux-tu que je parle à leurs mamans ? » Je la suppliais de n'en rien faire ; elle prenait ma main, nous repartions, nous allions d'arbre en arbre et de groupe en groupe, toujours implorants, toujours exclus.

1. Questions

► Morphosyntaxe :

- Étudiez les prépositions dans le texte.
- Étudiez les syntagmes prépositionnels dans le texte.

► Syntaxe :

- Étudiez les prépositions dans le texte.
- Étudiez les syntagmes prépositionnels dans le texte.

▷ Pour les questions de syntaxe, il ne faudra pas aborder la partie morphologique indiquant l'origine et la formation des prépositions. Il conviendra de se concentrer sur la partie syntaxique.

2. Relevé des occurrences

▷ Bien que la question appelle un traitement morphosyntaxique, nous optons d'emblée pour un plan syntaxique, classant les occurrences d'après le point d'incidence du syntagme prépositionnel. Ce plan de classement serait commun aux quatre sujets possibles.

2.1. Le syntagme prépositionnel est incident à un nom (ou à un pronom)

2.1.1. N Prép (Dét) N

(1) les terrasses **du Luxembourg**

(2) des yeux **de pauvre**

(3) ces héros **de chair et d'os**

(4) un mot **du chef de la bande**

(5) du chef **de la bande**

(6) un blessé **sur une civière**

(7) L'occasion ne m'**en** fut pas donnée

(8) des fauteuils **de fer**

2.1.2. Pro de Adj

(9) rien **que de naturel**

2.2. Le syntagme prépositionnel est incident à un verbe

2.2.1. Il exerce la fonction objet indirect

COI stricto sensu

(10) je m'approchais **d'eux**

(11) je m'accotais **à un arbre**

(12) Ma mère [...] s'arrangeait **de ma courte taille**

(13) je tenais **de mon père**

(14) nul ne m'invitait **à jouer**

(15) je risquais [...] d'**en** souffrir

(16) me sauver **du désespoir**

(17) Je la suppliais **de n'en rien faire**

Complément d'attribution

(18) L'occasion ne **m**'en fut pas donnée

(19) Demande-**leur**

(20) je parle **à leurs mamans**

2.2.2. Il exerce la fonction attribut

(21) je fusse resté portatif et **d'un maniement aisé**

(22) mon format réduit passait [...] **pour un premier âge prolongé**

(23) me prendre **pour un nain**

2.2.3. Cas délicat : *de* préposition ou indice formel ?

(24) j'aurais accepté [...] **de faire un blessé**

(25) je risquais **de me prendre pour un nain [...] et d'en souffrir**

2.3. Le syntagme prépositionnel est incident à une phrase

2.3.1. Il est complément circonstanciel de lieu

(26) Sur les terrasses du Luxembourg

(27) Devant ces héros de chair et d'os

(28) elle n'**y** voyait rien que de naturel

(29) sur des fauteuils de fer

2.3.2. Il est complément circonstanciel de temps

(30) à huit ans

2.3.3. Il est complément circonstanciel de cause ou de temps

(31) Sur un mot du chef de la bande

2.3.4. Il est complément circonstanciel de but

(32) Pour me sauver du désespoir

2.3.5. Il est complément circonstanciel de manière

(33) sans me voir

(34) avec des yeux de pauvre

(35) dans l'enthousiasme

2.3.6. Il est complément circonstanciel de moyen

(36) par eux

2.3.7. Il est complément circonstanciel d'accompagnement

(37) avec toi

2.3.8. Cas délicats

2.3.8.1. Complément de modalité

(38) à ses yeux

2.3.8.2. Complément circonstanciel ou complément d'objet indirect ?

(39) Je n'en revenais pas **de me découvrir par eux**

(40) elle poussait l'amour **jusqu'à deviner [...] souffrir**

(41) je mettais mon orgueil **à ne pas les solliciter**

(42) nous allions **d'arbre en arbre** et **de groupe en groupe**

2.4. En marge de l'étude : cas de lexicalisation avancée

(43) Je n'en revenais pas

(44) tout à fait

3. INTRODUCTION ET ÉLÉMENTS DE PROBLÉMATIQUE

3.1. Qu'est-ce qu'une préposition ?

L'étymologie latine (*prae-positio*) indique qu'il s'agit de « mettre en avant », « mettre en tête ». Autrement dit, un élément reconnu comme préposition serait avant tout défini par sa place. Or, ce critère n'est pas pertinent car d'autres éléments, tels les coordonnants ou les subordonnants, se caractérisent par leur position en tête. Par ailleurs, les grammairiens s'accordent pour considérer que les prépositions mettent en relation deux éléments. L'élément qui suit la préposition est presque toujours nominal[1], qu'il s'agisse d'un nom, d'un pronom, d'un infinitif. L'élément qui précède la préposition peut relever de diverses classes. La préposition sert à rattacher deux groupes qui n'exercent pas la même fonction, et permet d'intégrer le second dans une construction plus vaste. La préposition est davantage soudée à l'élément qui la suit qu'à celui qui la précède, puisqu'au-delà d'un simple rapport, elle marque une subordination, à l'élément de gauche, du syntagme qu'elle constitue avec l'élément de droite (appelé syntagme prépositionnel). On soulignera enfin que, si certains auteurs traitent les prépositions comme des têtes de syntagme, d'autres les voient comme de simples intermédiaires.

3.2. La dichotomie morphème lexical *vs* morphème grammatical

Au-delà des cadres théoriques, on reconnaît généralement deux types de morphèmes fonctionnant différemment dans le discours, les morphèmes lexicaux et les morphèmes grammaticaux. Cette dichotomie est essentiellement fondée sur des critères numérique et relationnel. Les morphèmes lexicaux, tels les noms, appartiennent à un système riche et ouvert : il existe des milliers de noms en français. Ces morphèmes sont en outre susceptibles d'entretenir diverses relations syntaxiques dans la phrase : les noms peuvent être sujets, objets directs, objets indirects, attributs, etc. Les morphèmes grammaticaux, en revanche, tels les articles, relèvent d'un inventaire limité et fermé et sont cantonnés à un seul rôle syntaxique : on reconnaît généralement en français trois articles (le défini, l'indéfini, le partitif), qui ne peuvent qu'actualiser le nom.

3.3. La préposition : morphème lexical ou morphème grammatical ?

Les prépositions ont la spécificité d'être ballottées d'une catégorie à l'autre selon les écoles : vues comme des morphèmes grammaticaux en linguistique fonctionnelle, par exemple, elles sont généralement classées parmi les catégories majeures (c'est-à-dire les morphèmes lexicaux) en grammaire générative.

On peut rappeler qu'il est maintenant largement admis que, d'un point de vue numérique, les prépositions n'appartiennent pas à une classe fermée et que leur nombre est susceptible d'augmenter, en particulier grâce à des procédés morphologiques comme le transfert, *côté* dans *côté jardin*, ou la composition, *à côté de*. D'un point de vue relationnel, en revanche, les prépositions sont diversement considérées.

> ▷ Les deux conceptions s'appuient sur des arguments qu'il convient d'examiner en détail aux concours. Le candidat pourra soit choisir l'une des approches en restant cohérent, soit présenter contrastivement les deux approches en les discutant, comme nous le proposons ici.

1. L'occurrence (9) *rien que de naturel* est particulière en ce que la préposition est suivie d'un adjectif.

3.3.1. Si la préposition est traitée comme un morphème lexical

La préposition peut être vue comme un morphème lexical gouvernant le syntagme nominal qui la suit, lequel est appelé traditionnellement régime. Dans la mesure où la préposition ne saurait être effacée, alors que le syntagme nominal n'est pas toujours nécessaire, on considère que c'est le syntagme nominal qui dépend de la préposition et non l'inverse : (27) *Devant ces héros de chair et d'os, je perdais mon intelligence prodigieuse [...]*, **ces héros de chair et d'os, je perdais mon intelligence prodigieuse* vs *Devant, je perdais mon intelligence prodigieuse.*

Dans cette conception, par exemple, l'occurrence (26) *Sur les terrasses du Luxembourg* forme un syntagme prépositionnel dont la tête ou le noyau est la préposition *sur* et le régime, le syntagme nominal *les terrasses du Luxembourg.*

Il faut bien voir que la dénomination syntagme prépositionnel s'inscrit dans cette approche. En effet, cette étiquette présuppose que la préposition est le noyau du syntagme ainsi nommé, de même que le nom est le noyau d'un syntagme nominal, le verbe d'un syntagme verbal. Soulignons cependant que, par-delà les conceptions, cette étiquette est largement utilisée.

3.3.2. Si la préposition est traitée comme un morphème grammatical

La préposition, vue comme un morphème grammatical, est un simple intermédiaire entre deux éléments qu'elle se contente de mettre en rapport. Dans cette approche, il est souligné que les prépositions ne peuvent être utilisées seules que lorsqu'elles fonctionnent également comme adverbes, ce qui est uniquement le cas de l'occurrence (27) dans le corpus. Autrement dit, le syntagme nominal qui suit la préposition est toujours nécessaire, sauf si celle-ci se comporte comme un adverbe : (26) **Sur, des enfants jouaient* vs (27) *Devant, je perdais mon intelligence prodigieuse.*

Dans cette conception, le noyau du syntagme introduit par la préposition est le nom (20, par exemple), le pronom (37, par exemple) ou l'infinitif (32, par exemple). Ainsi, en (20), *je parle à leurs mamans*, le noyau est le nom *maman.*

Nous adopterons cette dernière conception pour traiter les occurrences du texte.

4. TRAITEMENT MORPHOLOGIQUE DE LA QUESTION

▷ Rappelons que, pour une question de syntaxe, le candidat n'abordera pas le traitement morphologique ; il mentionnera seulement en introduction le caractère invariable de la préposition.

4.1. Morphologie flexionnelle

Les prépositions sont des éléments invariables. Cette propriété ne leur est pas spécifique, puisqu'elles la partagent avec les adverbes, les subordonnants, les coordonnants, parmi d'autres.

4.2. Morphologie dérivationnelle

> ▷ On sera particulièrement attentif en morphologie à bien dissocier les perspectives synchronique et diachronique. Les deux approches sont admises aux concours, à condition que le candidat situe clairement son choix.

• En diachronie, on s'intéresse à l'origine des unités et à leur évolution, en partant généralement de l'étymon latin ou grec : par exemple, *sans* a pour étymon latin *sine.*

• En synchronie, on décrit les unités telles qu'elles se présentent à une époque donnée dans le système de la langue. Par exemple, la préposition *dans*, construite en latin par composition (*de intus* > *deintus* > *denz* > *dans*), est devenue en français moderne une unité simple.

On peut classer les occurrences du texte de trois manières :

4.2.1. Les prépositions héréditaires simples

Point de vue diachronique

Il s'agit d'une liste fermée de prépositions latines qui, par évolution phonétique, ont abouti aux prépositions actuelles :

à < *ab* et *ad*

de < *de*

en < *in*

par < *per*

pour < *pro*

sans < *sine*

sur < *super*

Point de vue synchronique

De même que leurs étymons latins, ces prépositions sont des unités simples.

4.2.2. Les prépositions héréditaires composées en latin

Point de vue diachronique

On relève dans le texte les prépositions *avec* et *dans*. *Avec*, composé en latin de la préposition *apud* et du pronom démonstratif *hoc*, avait pour forme *avoc* au XIe siècle. *Dans*, composé en latin de la préposition *de* et de l'adverbe *intus*, est issu de *deintus* qui a abouti à *denz* au XIIe siècle.

Point de vue synchronique

Le phénomène de composition qui a présidé à la formation des prépositions *avec* et *dans* n'est plus perçu de nos jours : *avec* et *dans* sont des unités simples.

4.2.3. Les prépositions composées en ancien français

Point de vue diachronique

On relève deux prépositions composées en ancien français : *devant* et *jusqu'à*.

Devant résulte de la soudure au Xe siècle de la locution *de avant,* formée de *de* et *avant* (Rey, 1992, 593). Suivi de *à*, *jusque* est employé comme préposition depuis le Xe siècle.

Point de vue synchronique

Devant est une unité simple qui s'emploie à la fois comme préposition et comme adverbe.

Jusqu'à peut encore être perçu comme un composé, car il est possible d'isoler deux éléments : *jusque* et *à*.

5. Traitement sémantique de la question

La préposition, qui met en relation deux éléments, ne peut pas, de par sa nature, être interprétée sans un complément d'information issu du contexte. Il est toujours difficile de faire la part entre le sens inhérent à la préposition et les effets de sens contextuels, liés à l'emploi de l'unité. On considère généralement que les prépositions s'ordonnent selon un continuum qui va des prépositions dites « incolores », ou vides de sens, aux prépositions dites « colorées », présentant un sémantisme stable, en passant par les prépositions « mixtes ».

5.1. Les prépositions incolores

Les prépositions incolores offrent des emplois tellement diversifiés qu'il semble difficile de leur trouver une valeur unitaire, comme en témoigne le corpus. Il s'agit des prépositions *à* et *de*, très fréquentes en français, qui, de façon tout à fait représentative, apparaissent ici dans diverses constructions. On remarque cependant leur haute fréquence dans les constructions N Prép (Dét) N (N *de* (Dét) N dans les occurrences 1 à 5 et 7 à 8) ainsi que dans les constructions V Prép (Dét) N (occurrences 10 à 20). Dans ce dernier cas, on constate que ces prépositions introduisent des arguments (voir *infra*, § 6.1.1). Elles sont alors imposées par le verbe et n'ont pas à proprement parler de sémantisme ; il s'agit de pures ligatures, comme en (14) : *nul ne m'invitait **à** jouer.*

La préposition *en* peut également être rangée dans cette catégorie. On en relève une seule occurrence dans le texte : (42) *nous allions d'arbre **en** arbre et de groupe **en** groupe. En* exprime ici une destination, tout en pouvant être doté d'autres sens (cas non représentés), comme la manière (*en silence*) ou le temps (*en hiver*).

Notons par ailleurs que seules les prépositions incolores sont suivies d'un élément non nominal, comme dans *rien que de naturel* (9), ou dans *une histoire d'hier* (cas non représenté).

5.2. Les prépositions mixtes

Les prépositions mixtes semblent avoir à la fois un sens concret (majoritairement spatial) et de nombreux autres emplois. On relève dans le texte les prépositions *avec* (34, 37), *dans* (35), *par* (36), *pour* (22, 23, 32), *sans* (33), *sur* (26, 29, 31). Par exemple, la préposition *sur* connaît un emploi spatial en (26) et en (29), et un emploi causalo-temporel en (31). Elle a d'autres emplois non représentés du type : *je compte sur toi*, où il est difficile d'identifier un sens.

5.3. Les prépositions colorées

Les prépositions colorées ont un sens relativement stable et généralement décrit comme concret. On relève dans le texte les prépositions *devant* (27) et *jusqu'à* (40) indiquant la localisation spatiale. D'une manière générale, les prépositions colorées introduisent des circonstants en spécifiant sémantiquement le rapport qui unit le syntagme prépositionnel au reste de la phrase (voir *infra*, § 6.1.2).

6. Traitement syntaxique de la question

Dans cette section, nous prenons en compte, non plus la préposition isolément, mais le syntagme prépositionnel dont elle participe. C'est le syntagme prépositionnel (et non la préposition seule) qui exerce une fonction dans la phrase. Ainsi, c'est le syntagme prépositionnel (et non la préposition) qui est pronominalisé : (11) *je m'accotais à un arbre, je m'y accotais.* « Le pronom marque la solidarité fonctionnelle de la préposition et du nom mais il n'est autorisé que par la présence de celui-ci[1]. »

Le point d'incidence du syntagme prépositionnel peut être de différentes sortes. Le plan tout à la fois du corpus et de l'étude se fonde sur la nature du point d'incidence, qui confère au syntagme prépositionnel sa fonction. Remarquons que la grammaire traditionnelle reconnaîtrait aux divers syntagmes prépositionnels les fonctions suivantes :

- SP incident à un nom : la fonction de complément du nom
- SP incident à un pronom : la fonction de complément du pronom

1. Feuillard, Colette, « Grammaire : linguistique et enseignement », *La Linguistique*, Colloque de Iasi, 1997-2, vol. 33, p. 20.

- SP incident à un adjectif : la fonction de complément de l'adjectif (cas non représenté dans le texte, *prêt **au départ***)
- SP incident à un verbe : la fonction de complément d'objet indirect (y compris celle de complément d'attribution)
- SP incident à une phrase : la fonction de complément circonstanciel. Ce dernier point mérite d'être nuancé. Dans ce chapitre, en raison de la complexité et de l'ampleur de la question posée, nous suivons essentiellement l'approche traditionnelle, qui marque nettement la distinction entre complément d'objet indirect et complément circonstanciel. Or, certains compléments circonstanciels, qui entretiennent des liens étroits avec le pivot verbal, sont des compléments de verbe ; la dichotomie entre compléments extra-prédicatifs et compléments intra-prédicatifs sera introduite ultérieurement (🕮 **Compléments circonstanciels**, § 3.2).

6.1. La dichotomie argument *vs* circonstant

6.1.1. Qu'est-ce qu'un argument ?

L'argument (ou actant, Tesnière, 1982) désigne une fonction spécifique au verbe. Il fait partie du syntagme verbal ; c'est un complément du verbe. On dit que l'argument appartient à la construction du verbe, c'est-à-dire à son schéma actanciel : est proposée une classification des verbes sans actant, à un actant, à deux actants, à trois actants. Par exemple, en (20), *je parle à leurs mamans,* le verbe *parler* se construit avec deux actants.

Remarquons que la fonction sujet, généralement vue comme un argument, fait exception car elle apparaît avec tous les verbes et elle n'appartient pas au syntagme verbal. En plus de cette fonction, la notion d'argument englobe la fonction objet direct et la fonction objet indirect (🕮 **Fonctions**). Lorsque l'argument est un syntagme prépositionnel, la préposition est imposée par le verbe, ce qui est une conséquence du caractère spécifique de la fonction exercée.

6.1.2. Qu'est-ce qu'un circonstant ?

Le circonstant désigne une fonction effaçable et déplaçable, non soumise au principe d'unicité fonctionnelle (🕮 **Fonctions**) et extérieure au syntagme verbal. On parle de complément de phrase, ou encore de « complément périphérique » (Riegel *et al.*, 1994, 140). La notion de circonstant englobe les compléments circonstanciels. Dans une analyse en termes de constituants immédiats, le circonstant est un syntagme nominal ou un syntagme prépositionnel qui se situe au même niveau que le SN sujet et le SV : P → SN + SV + SN ou SP. Notons que le circonstant se réalise le plus souvent sous la forme d'un syntagme prépositionnel.

On montrera ces différentes propriétés en choisissant un exemple représentatif dans le texte, telle l'occurrence (26) : *Sur les terrasses du Luxembourg, des enfants jouaient.* Le syntagme prépositionnel est mobile : *Des enfants jouaient sur les terrasses du Luxembourg* ; il est facultatif : *Des enfants jouaient.* Le circonstant est extérieur au syntagme verbal : P → SN (*des enfants*) + SV (*jouaient*) + SP (*sur les terrasses du Luxembourg*).

6.2. Le syntagme prépositionnel est incident à un nom ou à un pronom

La grammaire traditionnelle appelle complément de nom le syntagme prépositionnel incident à un nom ou à un pronom. À la différence de certains compléments de verbe, le complément de nom est effaçable sans que cela porte atteinte à la grammaticalité de la phrase (voir *infra* pour les répercussions sémantiques) : (1) *Sur les terrasses* ***du Luxembourg****, des enfants jouaient ; sur les terrasses, des enfants jouaient.* Le complément du nom est toujours postposé à son point d'incidence, sauf lorsqu'il est pronominalisé par *en* et qu'il ne porte pas sur un nom sujet : (7) *L'occasion ne m'****en*** *fut pas donnée* vs *on ne m'en donna pas l'occasion.* Le complément du nom est récursif comme le montre l'occurrence (4) : *un mot [$_{SP}$ du chef [$_{SP}$ de la bande]].*

Sur les neuf occurrences du texte, la préposition *de* apparaît huit fois, ce qui est tout à fait représentatif pour des compléments de nom. Rappelons que *de* est la préposition incolore par excellence. L'interprétation du complément du nom dépend donc avant tout du sémantisme des éléments reliés par la préposition. Dans le texte, on trouve les séquences :

N Prép (Dét) N

Pro *de* Adj.

À la différence des adjectifs discriminés, en discours, sur le plan sémantique, en restrictifs et en explicatifs, les compléments de nom ne sont que restrictifs. Ainsi, en (1), *les terrasses* ***du Luxembourg***, le complément du nom *du Luxembourg* restreint l'extension du nom *terrasse*[*s*]. Dans l'ensemble des terrasses sont distinguées celles du jardin du Luxembourg.

- L'occurrence (9), *rien* ***que de naturel***, appelle quelques commentaires. Le pronom *rien* est à l'origine un nom (< *lat. rem,* « chose »). *Rien* a conservé de son origine nominale la capacité de régir un complément du « nom ». Cette relation ne s'établit que par l'intermédiaire de la préposition *de*. On peut voir une simple relation de détermination ou bien une relation de prédication seconde, *naturel* étant alors attribut.

6.3. Le syntagme prépositionnel est incident à un verbe

6.3.1. Le syntagme prépositionnel exerce la fonction objet indirect

Rappelons que ce type de syntagme prépositionnel est un argument étroitement lié à la valence verbale. La préposition est imposée par le verbe. Les occurrences (10 à 20) ne font apparaître que les prépositions incolores *à* et *de.*

Il convient d'identifier la fonction objet indirect assurée par le syntagme prépositionnel en s'appuyant sur un faisceau de critères formels et structuraux (🕮 **Fonction objet**) :

6.3.1.1. Du point de vue des critères formels

• On note que le complément d'objet indirect n'impose jamais l'accord en genre ou en nombre au verbe.

• On remarque que le syntagme prépositionnel complément d'objet indirect se place de la façon suivante :

- Lorsqu'il est réalisé par un nom ou un verbe à l'infinitif, le complément d'objet indirect est immédiatement postposé au verbe comme en (11, 12, 13, 14, 16, 17 et 20). Notons cependant que si le verbe admet un complément d'objet direct nominal, l'objet indirect se place alors généralement après celui-ci (*Bernard enseigne l'anglais aux étudiants,* cas non représenté).
- Lorsqu'il est réalisé sous la forme pronominale, quatre cas se présentent :

a) Le verbe est à l'impératif

- Le pronom est toujours postposé au verbe, comme en (19).

b) Le verbe n'est pas à l'impératif

- S'il s'agit d'un COI *stricto sensu* :

- le pronom désignant un animé est postposé au verbe, comme en (10). On remarque que le pronom reste disjoint de la préposition.

- le pronom désignant un inanimé est à l'inverse antéposé, comme en (15). On note ici que le pronom est amalgamé à la préposition.

- S'il s'agit d'un complément d'attribution, le pronom est toujours antéposé au verbe, comme en (18). Au contraire de ce qui se produit pour un complément d'objet indirect *stricto sensu,* la préposition est amalgamée au pronom désignant un animé. C'est d'ailleurs la seule différence entre le COI *stricto sensu* introduit par *à* (*je pense à lui*) et le complément d'attribution (*je lui parle*).

6.3.1.2. Du point de vue des critères structuraux

• Le COI peut être repris par une question introduite par les interrogatifs *qui* ou *quoi* précédés de la préposition adéquate : (12) *Ma mère s'arrangeait [...]* ***de ma courte taille****, de quoi ma mère s'arrangeait-elle ?*

• Le COI peut être pronominalisé comme le montrent les occurrences déjà prominalisées (10, 15, 18, 19) et commentées *supra.*

• La phrase comportant un verbe transitif indirect, point d'incidence du COI, n'admet pas la passivation, mises à part de rares exceptions non représentées dans l'extrait.

• On remarquera que certains verbes admettent l'effacement de leur objet indirect sans subir de modifications sémantiques considérables, comme en (10) : *je m'approchais* ***d'eux****, je m'approchais.* D'autres acquièrent un sens radicalement différent, comme en (12) : *Ma mère s'arrangeait [...]* ***de ma courte taille****, Ma mère s'arrangeait.*

6.3.2. Le syntagme prépositionnel exerce la fonction attribut

L'attribut est réalisé indirectement, c'est-à-dire par l'intermédiaire d'une préposition (*de*, *pour*). Les syntagmes prépositionnels sont respectivement attributs du sujet en (21) et en (22) et attribut de l'objet en (23) (📖 **Attribut**).

6.3.2.1. Le syntagme prépositionnel est attribut du sujet

En (21), la coordination, qui relie deux éléments de même fonction, met sur le même plan l'adjectif et le syntagme prépositionnel, tous deux attributs : *je fusse resté portatif et* ***d'un maniement aisé****.* En (22), le syntagme prépositionnel n'équivaut pas en termes de constituants à un adjectif : **mon format réduit passait agréable* vs *mon format réduit passait* ***pour agréable****.* La préposition *pour* est imposée par le verbe *passer*, un peu à la manière de ce qui se produit pour le COI (voir *supra*, § 6.3.1). Pour cette raison, il est préférable de dire que la préposition introduit l'attribut du sujet.

Dans les deux cas, le verbe et le syntagme prépositionnel attribut forment un syntagme verbal : P → SN (*je*) + SV (*fusse resté*$_V$ + *d'un maniement aisé*$_{SP}$).

Mentionnons succinctement quelques propriétés de l'attribut du sujet, lorsqu'il s'agit d'un syntagme prépositionnel :

- Du point de vue des critères formels, le syntagme prépositionnel attribut est le plus souvent postposé au verbe et, contrairement à l'adjectif attribut, il ne s'accorde ni en nombre ni en genre.
- Du point de vue des critères structuraux, le syntagme prépositionnel attribut est pronominalisable par le pronom personnel neutre *le* et par le pronom interrogatif *que ?/quoi ?*. Il peut également être repris par l'adverbe interrogatif *comment* ?. On rappelle le caractère obligatoire de l'attribut ; remarquons qu'en (21) et en (22), si l'on essaie d'effacer l'attribut, la phrase reste grammaticale, mais le verbe subit alors un changement de sens considérable, à tel point que l'on n'a plus affaire à la même unité : *je fusse resté [...]* ***d'un maniement aisé*** vs *je fusse resté.*

6.3.2.2. La préposition introduit un attribut de l'objet

En (23), la préposition (*pour*) introduit le syntagme nominal (*un nain*) attribut de l'objet (le pronom personnel *me*). Le traitement de cette occurrence se rapproche de celui proposé pour (22).

6.3.3. Cas délicat : *de* préposition ou indice formel ?

Les occurrences (24), *j'aurais accepté [...]* ***de faire un blessé,*** et (25), *je risquais* ***de me prendre pour un nain*** *[...]* ***et d'en souffrir,*** présentent un conflit apparent entre un critère formel (la présence de la préposition *de*) et des critères structuraux (pronominalisation par le pronom personnel neutre *le* ou par le pronom interrogatif *que*). Privilégiant les critères structuraux, nous préférons voir en (24) et en (25) des compléments d'objet directs et, partant, un simple indice formel en *de.*

6.4. Le syntagme prépositionnel est incident à une phrase

6.4.1. Examen des propriétés syntaxiques générales

Un syntagme prépositionnel incident à une phrase[1] est un circonstant. Contrairement à ce qui se produit pour les arguments, les critères d'identification des circonstants sont exclusivement structuraux. Les critères formels n'opèrent qu'*a contrario :* aucun circonstant ne se voit imposer d'accord, aucun circonstant n'a de place fixe.

6.4.1.1. La capacité à l'effacement des syntagmes prépositionnels compléments circonstanciels

Les compléments circonstanciels sont réputés toujours effaçables. Ce critère doit cependant être manipulé avec précaution. Ainsi, certains compléments d'objet (directs ou indirects) sont parfois facultatifs, c'est-à-dire omissibles sans que la phrase en devienne agrammaticale, comme dans les exemples suivants : *Le chat mange la souris, Le chat mange* ; *Pierre obéit à Marie, Pierre obéit* (🕮 **Compléments circonstanciels**).

6.4.1.2. La mobilité des compléments circonstanciels

Les syntagmes prépositionnels compléments circonstanciels sont facilement déplaçables. Ils acceptent notamment une position détachée en tête de phrase. On notera néanmoins que la mobilité des compléments circonstanciels est plus restreinte pour les compléments plus étroitement liés au verbe, qu'on appelle intra-prédicatifs (voir *infra*, § 6.4.2.1) : (37) *Demande-leur s'ils veulent jouer* ***avec toi,*** **demande-leur si avec toi ils veulent jouer.*

6.4.1.3. Le non-respect du principe d'unicité fonctionnelle

Les compléments circonstanciels ne sont pas soumis au principe d'unicité fonctionnelle, c'est-à-dire au principe d'une seule fonction par proposition, hors coordination (cas non représenté).

6.4.1.4. La commutabilité des prépositions introduisant des syntagmes prépositionnels compléments circonstanciels

Les prépositions introduisant les compléments circonstanciels ne sont pas spécifiques au verbe. De ce fait, elles sont le plus souvent commutables :

(29) *des dames qui tricotaient* ***sur des fauteuils de fer*** > *des dames qui tricotaient dans des fauteuils de fer*

(33) *ils me frôlaient* ***sans me voir*** > *ils me frôlaient pour me voir.*

En revanche, les prépositions des compléments d'objet indirects sont généralement imposées par le verbe :

(12) *Ma mère s'arrangeait [...]* ***de ma courte taille*** > **ma mère s'arrangeait sur ma courte taille.*

---

1. Rappelons néanmoins que tous les compléments circonstanciels ne sont pas incidents à une phrase : ils sont parfois incidents au verbe, comme en (37), *jouer avec toi.*

6.4.1.5. L'insertion de l'expression et cela *(ou* et ce*) devant des compléments circonstanciels*

L'insertion de l'expression *et cela* (ou *et ce*) devant un complément circonstanciel conserve à la phrase sa grammaticalité :

(35) *j'aurais accepté* ***dans l'enthousiasme*** *de faire un blessé > j'aurais accepté, et ce dans l'enthousiasme, de faire un blessé.*

Au contraire, l'insertion de *et cela* devant un complément d'objet produit une phrase agrammaticale :

(14) *nul ne m'invitait* ***à jouer*** > **nul ne m'invitait, et ce à jouer.*

6.4.1.6. L'incapacité à la pronominalisation

À la différence des arguments, les circonstants ne sont pas pronominalisables. En (30), *à huit ans* ne peut pas être repris par un pronom.

Cependant, les compléments circonstanciels de lieu peuvent être remplacés par *en* et *y*, traditionnellement dénommés pronoms adverbiaux :

(26) ***Sur les terrasses du Luxembourg****, des enfants jouaient > des enfants y jouaient.*

On notera que dans ce cas, *en* et *y* sont des adverbes : ils commutent avec l'adverbe interrogatif *où ?*.

6.4.2. Examen des différents compléments circonstanciels selon leur valeur et éléments de discussion

Nous donnons la primauté au critère d'effacement. Toutes les occurrences présentées au § 6.4.2 sont effaçables.

> ▷ Ce critère s'appliquant à toutes les occurrences, il ne sera pas nécessaire de le mentionner ni de le discuter lors de l'examen de chaque cas.

Pour le traitement approfondi des occurrences, nous reprenons le classement établi pour le corpus. On pourrait proposer un regroupement des valeurs selon quatre ensembles[1] :

- **L'espace-temps :** les compléments circonstanciels de lieu et de temps sont placés en tête. En effet, les valeurs de lieu et de temps sont vues comme fondamentales dans le repérage du procès (occurrences 26 à 30 ou 31).
- **Les relations logiques :** les rapports de causalité, de condition, de concession, de conséquence, de but (32, ou 31 et 32).
- **Les propriétés du procès :** les compléments de manière (33 à 35).
- **Les actants secondaires du procès** : les compléments de moyen et d'accompagnement (36, 37).

1. Nous nous inspirons de Rémi-Giraud (1998).

Cette approche sera appliquée dans le chapitre sur les compléments circonstanciels.

6.4.2.1. Le syntagme prépositionnel est complément circonstanciel de lieu

(26) *Sur les terrasses du Luxembourg*

(27) *Devant ces héros de chair et d'os*

(28) *elle n'y voyait rien que de naturel*

(29) *sur des fauteuils de fer*

La mobilité

On constate deux sortes de comportement :

- Certains compléments sont très mobiles (26, 27, 29). Il s'agit essentiellement de compléments dits extra-prédicatifs, qui dépendent véritablement de la phrase (📖 **Compléments circonstanciels**). (26) et (27) sont d'ailleurs détachés en tête de phrase.
- D'autres compléments montrent une mobilité plus restreinte ; cette caractéristique révèle un lien plus étroit avec le verbe. On parle de compléments intra-prédicatifs (📖 **Compléments circonstanciels**). En (28), en outre, le complément de lieu n'est absolument pas déplaçable en raison de sa nature pronominale.

La reprise par une question

Les compléments circonstanciels de lieu répondent à la question introduite par l'adverbe interrogatif *où ?* :

(26) *Sur les terrasses du Luxembourg, des enfants jouaient > où jouaient des enfants ?*

La pronominalisation

Rappelons que les compléments circonstanciels de lieu, comme tous les compléments circonstanciels, ne sont pas pronominalisables. Ils peuvent être remplacés par *en* et *y*, qui sont dans ce cas des adverbes, comme le montre l'occurrence (28) où apparaît la forme *y*.

Considérations sémantiques

- En (26, 27, 29), les prépositions introduisent des syntagmes indiquant la présence en un lieu. Cette interprétation locative est liée au caractère extra-prédicatif des compléments.
- En (28), l'interprétation locative de *y* (« dans ma courte taille »), complément intra-prédicatif, est due au sémantisme du verbe. Il s'agit ici d'un lieu métaphorique.

6.4.2.2. Le syntagme prépositionnel est complément circonstanciel de temps

(30) *à huit ans*

La mobilité

L'occurrence (30) est très mobile, comme le montre son encadrement par des virgules reflétant des pauses. Cette mobilité est liée au caractère extra-prédicatif du complément.

La reprise par une question

Le complément circonstanciel de temps répond à la question introduite par l'adverbe interrogatif *quand ?*.

Considérations sémantico-énonciatives

En (30), le complément circonstanciel de temps relève de la deixis, où le repère est le *je-narrant,* en raison de la nature autobiographique de cette œuvre. Cependant, il s'inscrit également dans un repérage relatif : il s'appuie sur des éléments du contexte, *je-narré.* L'état *(que je fusse resté [...] portatif et d'un maniement aisé)* est inséré dans le système chronologique de la vie de Jean-Paul Sartre.

6.4.2.3. Le syntagme prépositionnel est complément circonstanciel de cause ou de temps

(31) *Sur un mot du chef de la bande*

(31) exprime une relation de successivité entre deux événements : a) *sur un mot du chef de la bande,* b) *j'aurais abandonné mes privilèges.* Cette relation entre un avant et un après se rapproche d'un rapport de causalité. On note qu'une passerelle existe entre le temps et la cause.

6.4.2.4. Le syntagme prépositionnel est complément circonstanciel de but

(32) *Pour me sauver du désespoir*

Le syntagme infinitif complément circonstanciel de but se distingue de la subordonnée circonstancielle de but par le fait qu'il n'a pas de sujet propre (sauf à poser, comme dans la conception générativiste, un sujet inaudible, ici coréférentiel à celui de la principale (🕮 **Infinitif**)).

La mobilité

Le syntagme prépositionnel complément de but est très mobile. Il est d'ailleurs en tête de phrase dans l'occurrence (32).

La reprise par une question

Le syntagme prépositionnel complément de but répond aux questions *pourquoi ? pour quoi ?*.

Considérations sémantiques

Le syntagme prépositionnel complément de but manifeste une intention, ici celle de la mère du narrateur.

6.4.2.5. Le syntagme prépositionnel est complément circonstanciel de manière

(33) *sans me voir*

(34) *avec des yeux de pauvre*

(35) *dans l'enthousiasme*

La mobilité

Les compléments circonstanciels de manière ne sont pas tous mobiles. (34) n'est guère déplaçable : *je les regardais* ***avec des yeux de pauvre*** > *?avec des yeux de pauvre, je les regardais.* En revanche, (33) et (35) acceptent plus facilement le déplacement.

La reprise par une question

Les compléments circonstanciels de manière répondent à la question introduite par l'adverbe interrogatif *comment ?* (et seulement à cette question, contrairement à ce qui se produit pour les compléments circonstanciels de moyen).

Le test de la restriction

Le test de la restriction permet de distinguer le complément de manière du complément de moyen. Ce dernier est toujours compatible avec *ne... que*, alors que le complément de manière ne l'est généralement pas.

(33) *Ils me frôlaient* ***sans me voir*** > **Ils ne me frôlaient que sans me voir*

6.4.2.6. Le syntagme prépositionnel est complément circonstanciel de moyen

(36) *par eux*

La mobilité

Le syntagme prépositionnel complément de moyen n'est pas très mobile, ce qui s'explique par le fait que c'est un complément de verbe (intra-prédicatif).

La reprise par une question

Les compléments circonstanciels de moyen répondent à la question *comment ?*, comme les compléments de manière, mais aussi à la question Prép + *quoi ?* ou *qui ?*

(36) *me découvrir* ***par eux*** > *me découvrir par qui ?*

Considérations sémantiques

Le complément circonstanciel de moyen exprime l'utilisation d'un objet à une certaine fin. En (36), les camarades de jeu sont métaphoriquement instrumentalisés.

6.4.2.7. Le syntagme prépositionnel est complément circonstanciel d'accompagnement

(37) *avec toi*

La mobilité

Le complément d'accompagnement n'est pas facilement déplaçable, en raison de son caractère intra-prédicatif.

La reprise par une question

Le complément d'accompagnement répond aux questions *avec qui ?*, *avec quoi ?* et non à la question *comment ?*, ce qui le distingue des compléments de manière et de moyen.

Considérations sémantiques

Le complément d'accompagnement exprime la coexistence d'une personne ou d'un objet.

7. Cas délicats

7.1. Complément de modalité

(38) *à ses yeux*

(38) est un complément de modalité, catégorie rarement mentionnée dans les grammaires. Le narrateur fait prendre en charge par sa mère l'énoncé produit, ce qui instaure une certaine distance entre lui et le propos. On peut se demander dans quelle mesure on a affaire à un complément circonstanciel. En effet, ce complément, qui relève de l'énonciatif, n'est pas un complément de phrase.

7.2. Complément circonstanciel ou complément d'objet indirect ?

(39) *Je n'en revenais pas* ***de me découvrir par eux***

(40) *elle poussait l'amour* ***jusqu'à deviner***

(41) *je mettais mon orgueil* ***à ne pas les solliciter***

(42) *nous allions* ***d'arbre en arbre*** *et* ***de groupe en groupe***

• Pour l'occurrence (39), on peut hésiter, comme c'est souvent le cas pour un syntagme introduit par la préposition *de*, entre complément circonstanciel de cause et complément d'objet indirect. On notera que l'effacement du complément mène à une phrase grammaticale, mais ambiguë. Deux interprétations sont désormais possibles : *je n'en revenais pas de me découvrir par eux* > *je n'en revenais pas,* susceptible de signifier *j'étais très surpris,* ou *je n'étais pas de retour.* De plus, ce complément est mobile dans la phrase et ne saurait être pronominalisé. Nous préférons le traiter comme un circonstant.

• Pour les occurrences (40, 41, 42), on peut légitimement hésiter entre compléments circonstanciels de lieu (ce serait l'analyse de la grammaire traditionnelle, qui privilégie les critères sémantiques) et compléments d'objet indirects (c'est, par exemple, la solution adoptée par Arrivé *et al.,* 1986, 101-102, et Riegel *et al.,* 1994, 145, qui s'appuient sur des critères syntaxiques).

Les trois occurrences expriment une localisation (métaphorisée en 40 et en 41), elles répondent aux questions *jusqu'où ?* et *où ?*. Néanmoins, on constate qu'à la différence des compléments circonstanciels « prototypiques » de lieu, elles ne sont ni effaçables ni déplaçables : (42) *nous allions d'arbre en arbre et de groupe en groupe* > **nous allions / * d'arbre en arbre, nous allions.* Nous considérons par conséquent qu'il s'agit de compléments d'objet indirects. De plus, on remarque en (42) un emploi cooccurrent des prépositions *de* et *en,* la première introduisant une origine et la seconde un aboutissement.

On discerne un continuum entre les cas où le complément est absolument nécessaire (42), et ceux où son effacement est possible (40 et 41), mais provoque une altération sémantique, parfois considérable, du pivot verbal.

8. EN MARGE DE L'ÉTUDE

En (43), la préposition *de* est amalgamée au pronom et n'est pas perceptible dans la forme *en.* La séquence *en revenir* s'est figée pour constituer un verbe composé.

En (44), la préposition *à* n'est plus une unité mais participe d'un adverbe composé.

9. CONCLUSION

• De la syntaxe à la pragmatique

La préposition, vue comme un simple intermédiaire, appelle peu de commentaires stylistiques. Plus intéressants sont les syntagmes prépositionnels fonctionnant comme compléments circonstanciels, qui, nombreux dans ce passage, participent à la fois de la description des lieux de l'enfance de Jean-Paul Sartre, et des impressions mentales que le narrateur âgé retrouve au moment où s'élabore le projet autobiographique. Sur un plan pragmatique, les circonstants, qui précisent la portée de la prédication, sont en réalité difficilement effaçables, car ils confèrent à cette dernière toute sa signification. Ainsi, il importe que le lecteur sache que cette scène capitale, rendue sur le mode itératif, relatant la rencontre du jeune Sartre avec « les autres », avait lieu au jardin du Luxembourg et que c'est *devant ces héros de chair et d'os* qu'il *perdai[t] [son] intelligence prodigieuse, [son] savoir universel, [sa] musculature athlétique, [son] adresse spadassine.*

Chapitre 4
Les indéfinis

Traité sur la Tolérance,
Voltaire, 1762.

Ces trois généreux défenseurs des lois et de l'innocence abandonnèrent à la veuve le profit des éditions de leurs plaidoyers. Paris et l'Europe entière s'émurent de pitié, et demandèrent justice avec cette femme infortunée. L'arrêt fut prononcé par tout le public longtemps avant qu'il pût être signé par le conseil.

La pitié pénétra jusqu'au ministère, malgré le torrent continuel des affaires, qui souvent exclut la pitié, et malgré l'habitude de voir des malheureux, qui peut endurcir le cœur encore davantage. On rendit les filles à la mère. On les vit toutes les trois, couvertes d'un crêpe et baignées de larmes, en faire répandre à leurs juges.

Cependant cette famille eut encore quelques ennemis, car il s'agissait de religion. Plusieurs personnes, qu'on appelle en France dévotes, dirent hautement qu'il valait mieux laisser rouer un vieux calviniste innocent que d'exposer huit conseillers de Languedoc à convenir qu'ils s'étaient trompés : on se servit même de cette expression : « Il y a plus de magistrats que de Calas » ; et on inférait de là que la famille Calas devait être immolée à l'honneur de la magistrature. On ne songeait pas que l'honneur des juges consiste, comme celui des autres hommes, à réparer leurs fautes. On ne croit pas en France que le pape, assisté de ses cardinaux, soit infaillible : on pourrait croire de même que huit juges de Toulouse ne le sont pas. Tout le reste des gens sensés et désintéressés disaient que l'arrêt de Toulouse serait cassé dans toute l'Europe, quand même des considérations particulières empêcheraient qu'il fût cassé dans le conseil.

*Tel était l'état de cette étonnante aventure, lorsqu'elle a fait naître à des personnes impartiales, mais sensibles, le dessein de présenter au public quelques réflexions sur la tolérance, sur l'indulgence, sur la commisération, que l'abbé Houtteville appelle dogme monstrueux, dans sa déclamation ampoulée et erronée sur des faits, et que la raison appelle l'*apanage de la nature.

Ou les juges de Toulouse, entraînés par le fanatisme de la populace, ont fait rouer un père de famille innocent, ce qui est sans exemple ; ou ce père de famille et sa femme ont étranglé leur fils aîné, aidés dans ce parricide par un autre fils et par un ami, ce qui n'est pas dans la nature. Dans l'un ou dans l'autre cas, l'abus de la religion la plus sainte a produit un grand crime. Il est donc de l'intérêt du genre humain d'examiner si la religion doit être charitable ou barbare.

1. QUESTIONS

► Syntaxe : étudiez les indéfinis dans le texte, à l'exclusion de l'article.

► Morphosyntaxe : étudiez les indéfinis dans le texte, à l'exclusion de l'article.

► Autres sujets possibles en syntaxe ou en morphosyntaxe :

- Étudiez les déterminants indéfinis.
- Étudiez les pronoms indéfinis.
- Étudiez les adjectifs et les pronoms indéfinis.

▷ Nous traitons ici les indéfinis, à l'exclusion de l'article, d'un point de vue syntaxique. On discriminera le corpus à partir de l'appartenance à une classe (déterminants, pronoms, adjectifs, adverbes). Si les occurrences du corpus s'y prêtaient, les indéfinis pourraient ensuite être répartis selon un critère sémantique (quantification *vs* qualification). Les pronoms et les adjectifs pourraient également être classés suivant leurs fonctions. On ne relèvera donc pas, comme l'indique le libellé, l'article indéfini, ni les cas d'absence (ou d'article zéro) qui seraient en revanche abordés dans le sujet : « Étudiez les déterminants indéfinis ».

2. RELEVÉ DES OCCURRENCES

2.1. L'indéfini est un déterminant

2.1.1. L'indéfini est un quantificateur à valeur imprécise

(1) **quelques** ennemis

(2) **quelques** réflexions sur la tolérance, sur l'indulgence, sur la commisération

(3) **Plusieurs** personnes

2.1.2. L'indéfini est un numéral

(4) **huit** conseillers de Languedoc

(5) **huit** juges de Toulouse

2.1.3. L'indéfini est un quantificateur de la totalité

Tout

(6) **tout** le public

(7) **tout** le reste des gens sensés et désintéressés

(8) dans **toute** l'Europe

Toutes

(9) **toutes** les trois

• **Cas délicat : *un* déterminant indéfini ou numéral ?**

(10) **un** vieux calviniste

2.2. L'indéfini est un pronom

2.2.1. Le pronom personnel indéfini *on*

(11) **On** rendit les filles à la mère

(12) **on** les vit toutes les trois [...]

(13) qu'**on** appelle en France dévotes

(14) **on** se servit [...]

(15) **on** inférait [...]

(16) **On** ne songeait pas [...]

(17) **On** ne croit pas [...]

(18) **on** pourrait croire [...]

2.2.2. Le pronom numéral *trois*

(19) on les vit toutes les **trois** [...]

2.2.3. L'indéfini est un adverbe

(20) on se servit **même** de cette expression

2.2.4. L'indéfini est un adjectif

(21) **Tel** était l'état de cette étonnante aventure

2.2.5. Cas délicats

Déterminant ou adjectif ?

(22) Ces **trois** généreux défenseurs des lois et de l'innocence

(23) celui des **autres** hommes

(24) par un **autre** fils

Dans l'un ou dans l'autre cas

(25) Dans **l'un** ou dans **l'autre** cas

2.2.6. En marge de l'étude

(26) **personnes** (deux occurrences)

(27) tout **le reste** des gens sensés et désintéressés

(28) **de même**

(29) **quand même**

3. INTRODUCTION

Comme l'a fait justement remarquer Moignet (1981, 176) :

> *Le chapitre des indéfinis est, de tous, celui qui dans les grammaires invite le moins à l'idée que la langue est un système. Effectivement, il n'y a pas de système des indéfinis, comme il y a un système de l'article, du pronom personnel, etc. Il y a une collection de termes*[1].

L'appellation traditionnelle d'indéfinis recouvre des éléments hétérogènes, tant sur le plan morphologique, que sur le plan syntaxique. Il conviendra de se poser la question des limites d'un tel regroupement, fondé sur un critère à la fois essentiellement sémantique et très large.

> ▷ Aux concours, on adoptera, de préférence, une conception large des « indéfinis », quitte à inclure, suivant en cela la tradition, des unités périphériques comme, par exemple, l'adverbe *même*.

En général, de nombreux indéfinis peuvent fonctionner comme déterminants, et/ou comme adjectifs, et/ou comme adverbes, et/ou comme pronoms. Il s'agit alors de savoir si l'on a affaire à une seule unité ou à plusieurs unités homonymes. C'est le problème soulevé, par exemple, par *tout* ou par *autre* (voir *infra*).

Au-delà de la diversité sémantique, qui rend délicate toute tentative de classement, on peut distinguer entre les déterminants et les pronoms indéfinis qui opèrent une quantification (précise ou imprécise) et ceux qui n'en opèrent pas.

1. Cité par Bentolila (1996, 9).

4. TRAITEMENT DE LA QUESTION

4.1. L'indéfini est un déterminant

Les déterminants permettent aux noms communs de fonctionner comme syntagmes nominaux. On dit également qu'ils actualisent les noms. Ils sont généralement obligatoires ; en français, ils sont antéposés aux noms, dont ils prennent les marques de genre et de nombre. Ils se subdivisent en deux grands ensembles :

- Les déterminants, dits spécifiques, qui s'excluent mutuellement : les articles, les démonstratifs, les possessifs et certains indéfinis comme, par exemple, *plusieurs*,
- Les déterminants, dits secondaires, qui ont la capacité de coexister entre eux ou avec un déterminant spécifique : les numéraux et certains indéfinis comme, par exemple, *tout*.

4.1.1. L'indéfini est un quantificateur à valeur imprécise

En (1 à 3), *quelques* et *plusieurs* actualisent des noms au pluriel, respectivement *ennemis, réflexions* et *personnes*. Ces déterminants opèrent une quantification imprécise sur des noms comptables, tout en indiquant un nombre supérieur à deux.

4.1.2. L'indéfini est un numéral

▷ Il conviendra de s'interroger sur la place à donner aux numéraux cardinaux, dans la mesure où tous les auteurs ne les incluent pas dans les indéfinis. Nous conseillons néanmoins aux candidats de les prendre en considération dans l'étude. Cette remarque vaut pour les déterminants et pour les pronoms numéraux.

Certains grammairiens n'accordent aux numéraux qu'une parenté avec les indéfinis (Arrivé *et al.*, 1986, 426-428). D'autres les classent parmi les indéfinis (Riegel *et al.*, 1994, 160 et 210), ou les reconnaissent comme tels (Martinet, 1979, 47). Il est alors considéré que les numéraux, à la manière de certains indéfinis, renvoient à un sous-ensemble d'éléments, comme le montre, par exemple, pour les pronoms, l'accompagnement des formes non sujets par *en* avec la valeur partitive de « d'entre eux » : *J'en ai vu trois / J'en ai vu certains* (cas non représentés).

Les numéraux cardinaux ont pour caractéristique d'apparaître dans plusieurs classes (déterminant, pronom, adjectif). Les occurrences (4) et (5) contiennent des déterminants numéraux qui actualisent les noms *conseillers* et *juges*. Ce sont des quantificateurs arithmétiques, qui identifient un sous-ensemble comportant huit membres, dont l'identité n'est pas précisée, parmi le corps des conseillers ou le corps des juges.

4.1.3. L'indéfini est un quantificateur de la totalité

Tout

En (6 à 8), *tout* coexiste avec un « déterminant spécifique » (Denis *et al.*, 1994, 192). Pour cette raison, certains auteurs le rangent dans les « déterminants secondaires » (Denis *et al.*, 1994, 192), ou « déterminants facultatifs » (Riegel *et al.*, 1994, 153), et d'autres auteurs dans les adjectifs (Grevisse, 1988, 981 ; Wagner *et al.*, 1962, 115). *Tout* se singularise à l'intérieur des déterminants secondaires par son antéposition obligatoire aux déterminants spécifiques, ce qui explique que certains grammairiens le nomment également « prédéterminant », ou « préarticle » (Arrivé *et al.*, 1986, 329). *Tout* s'accorde en genre et en nombre avec le nom sur lequel il porte : il est au masculin singulier en (6, 7) et au féminin singulier en (8). Il exprime la globalité du référent d'un nom qui est collectif dans les trois occurrences du texte : (6) ***tout** le public* peut être paraphrasé par *l'ensemble du public.*

Toutes

Toutes, à la manière de *tout,* peut s'analyser comme un prédéterminant. Il coexiste avec l'article défini *les* pour porter sur le pronom numéral *trois. Trois*, en tant que numéral supérieur à *un,* impose de par son sens un accord au pluriel à ses déterminants. On notera cependant que *toutes* dicte la structure de la phrase, de la même façon que lorsqu'il est pronom : (9) *On les vit **toutes** les trois [...], on les vit toutes.* En effet, *toutes* et *toutes les trois* ne peuvent pas fonctionner en tant que compléments d'objet directs : **on vit toutes, *on vit toutes les trois* vs *on vit les trois.* Contrairement à *tout* au singulier, *toutes* n'exprime pas la totalité dans l'unité, mais la totalité dans le nombre.

4.1.4. Cas délicat : *un* déterminant indéfini ou numéral ?

On pourrait légitimement hésiter en (10), ***un** vieux calviniste,* sur la valeur, indéfinie ou numérique, de *un.* Nous optons pour le numéral cardinal de l'unicité en raison de l'emploi contrastif avec le numéral *huit : il valait mieux laisser rouer **un** vieux calviniste innocent que d'exposer **huit** conseillers de Languedoc [...].* Cette analyse est confirmée par la possibilité d'insérer *seul* après *un : un seul vieux calviniste.* On peut en outre se demander si l'on a affaire à une même unité, dotée de deux valeurs (c'est la solution adoptée notamment par Arrivé *et al.*, 1986, 74), ou bien, selon la valeur, à deux unités (Martinet, 1979, 43).

4.2. L'indéfini est un pronom

Le pronom relève de l'une des neuf parties du discours de la grammaire traditionnelle (🕮 **Pronoms**). Or, cette classe comporte des éléments hétérogènes, tant sur les plans morphologique que sémantico-référentiel : les pronoms indéfinis se distinguent des pronoms personnels, possessifs, démonstratifs, interrogatifs, relatifs. On peut choisir d'inclure dans les pronoms indéfinis les numéraux (voir § 4.2.2). Comme les autres pronoms, les pronoms indéfinis exercent les mêmes fonctions que les noms.

4.2.1. Le pronom personnel indéfini *on*

Tous les grammairiens ne s'accordent pas sur le classement du pronom *on*, rangé parfois parmi les pronoms personnels (Arrivé *et al.*, 1986, 499 ; Bonnard, 1981, 174 ; Martinet, 1979, 52 ; Riegel *et al.*, 1994, 196), parfois parmi les pronoms indéfinis (Grevisse, 1988, 1139 ; Soutet, 1989, 30 ; Wagner *et al.*, 1962, 202).

Le pronom personnel indéfini *on* est issu du latin classique *homo, hominis,* signifiant « tout homme en général ». C'est en raison de son sémantisme qu'il est d'usage de le verser dans les indéfinis. Il peut exercer seulement une fonction sujet. Dans la mesure où il désigne toujours un animé, sa référence s'établit en partie par défaut. Il est invariable et il impose l'accord du verbe à la troisième personne du singulier, ce que vérifient toutes les occurrences du texte (11 à 18).

Le pronom *on* a pour particularité de pouvoir recouvrir toutes les personnes. Par énallage, *on* a la capacité de se substituer à des pronoms déictiques. Dans le texte, le pronom *on* désigne une troisième personne, qu'il s'agisse d'un pluriel évoquant divers petits groupes d'individus dont l'identité n'est pas précisée, comme en (11, 12, 14, 15), ou que l'opposition entre singulier et pluriel soit neutralisée par la valeur générique, comme en (13, 17). Les occurrences (16, 18) sont susceptibles de recevoir les deux lectures.

4.2.2. Le pronom numéral *trois*

À la suite des éléments présentés en introduction, on prend en considération le pronom numéral cardinal *trois* dans l'occurrence (19) : *on les vit toutes les* ***trois*** *[...] en faire répandre à leurs juges. Trois* indique la quantité de façon précise. Le syntagme *les trois* reprend le groupe des trois femmes Calas (la mère et les deux filles). La valeur anaphorique est liée à la présence du déterminant défini *les.* Indiquons que, hors contexte, *trois,* indéfini, identifie un sous-ensemble comportant trois membres.

Si l'on s'appuie sur l'analyse développée au § 4.1.3, où *trois* est un pronom numéral déterminé par *toutes* et par *les,* il convient de se demander quelle est la fonction de *toutes les trois* dans la phrase : *on* ***les*** *vit* ***toutes les trois*** *[...] en faire répandre [...].* Comme on l'a vu également au § 4.1.3, la présence du pronom personnel *les* est obligatoire dans cette phrase, alors que celle de *toutes les trois* est facultative. Autrement dit, c'est *toutes les trois* qui réclame le pronom personnel *les* pour être rattaché à la structure. On pourra voir dans *toutes les trois* une apposition au pronom *les.* Ajoutons que le pronom personnel atone *les* revêt la forme propre au complément d'objet direct, fonction qu'il exerce vis-à-vis du verbe principal *voir.* Il est également sujet du verbe pivot de la subordonnée infinitive *répandre*[1].

---

1. Le choix du pivot de la subordonnée infinitive découle de l'analyse proposée pour la séquence *faire répandre.* Soit on verra dans la séquence une périphrase verbale diathétique, dont le noyau sera *répandre* ; soit on verra dans *faire* le pivot de la subordonnée infinitive et dans *répandre* son complément d'objet direct (🕮 **Infinitif,** 🕮 **Périphrases verbales**).

4.3. L'indéfini est un adverbe

En (20), *même* est un adverbe incident au verbe *se servir*, comme le montre sa postposition immédiate à ce dernier. À la manière de tous les adverbes, il est invariable ; on veillera à ne pas le confondre avec l'adjectif homonyme *même*, qui s'accorde avec le nom sur lequel il porte (*les mêmes généraux, les médecins mêmes*, cas non représentés). Cet adverbe a une valeur intensive : il confère à un argument un poids plus important qu'à ceux évoqués précédemment.

4.4. L'indéfini est un adjectif

En (21), ***Tel*** *était l'état de cette étonnante aventure*, *tel* fonctionne comme un adjectif attribut du sujet *état*, avec lequel il s'accorde en genre et en nombre. Il revêt une valeur anaphorique globale, identifiant et résumant le contexte antérieur. À la différence des autres adjectifs attributs, il se place volontiers en tête de phrase. Cette thématisation va de pair avec sa valeur anaphorique.

4.5. Cas délicats

4.5.1. Déterminant ou adjectif ?

4.5.1.1. Le cas du numéral cardinal coexistant avec un déterminant

En (22), *Ces* ***trois*** *généreux défenseurs des lois et de l'innocence*, le numéral cardinal *trois* peut être analysé comme un adjectif (Martinet, 1979, 47), dans la mesure où il porte sur le nom *défenseurs* en coexistant avec le déterminant démonstratif *ces*. Il peut également être considéré comme un déterminant secondaire (Arrivé *et al.*, 1986, 426-427 ; Denis *et al.*, 1994, 368 ; Mahmoudian, 1976, 290-291 ; Riegel *et al.*, 1994, 160), puisque, bien que compatible avec un déterminant, il est susceptible d'actualiser le nom : *trois généreux défenseurs [...].* On notera que, comme tout numéral cardinal, *trois* ne peut être accompagné que d'un déterminant défini, dans la mesure où il est lui-même indéfini : *Ces* ***trois*** *défenseurs... abandonnèrent à la veuve le profit [...]* vs **Des trois défenseurs ... abandonnèrent à la veuve le profit [...].*

4.5.1.2. Le cas de autre

La tradition grammaticale range *autre* parmi les indéfinis, en raison de son sémantisme, puisqu'il distingue un ou plusieurs membres d'un ensemble par rapport aux autres du même ensemble (24, le fils par rapport aux autres fils) ou à ceux d'un autre ensemble (23, les juges par rapport aux non-juges). Il peut coexister avec les déterminants (respectivement l'article défini, amalgamé à la préposition *de*, en (23) et l'article indéfini en (24)) et admet deux analyses :

- Certains auteurs le considèrent comme un déterminant secondaire (Arrivé *et al.*, 1986, 325 ; Denis *et al.*, 1994, 247), et non comme un adjectif, dans la mesure où il ne peut pas être postposé au nom[1],
- D'autres le traitent comme un adjectif, épicène, qui s'accorde en nombre avec le nom sur lequel il porte (Grevisse, 1988, 988 ; Wagner *et al.*, 1962,

1. *Autre* peut, en revanche, être postposé à un pronom personnel : *nous autres.*

118), et non comme un déterminant, car il ne saurait apparaître seul devant le nom[1] (**autres hommes, *autre fils*).

4.5.2. *Dans l'un ou dans l'autre cas*

Le couple *l'un... l'autre* exprime une opposition et opère la « discrimination d'un élément par rapport à un autre, les deux [membres] étant considérés ensemble, avec des propriétés différentes » (Charaudeau, 1992, 296), comme c'est le cas en (25). Notons cependant que, dans le texte, Voltaire n'évoque cette opposition que pour mieux la neutraliser, puisque les termes de l'alternative sont tous deux présentés comme une émanation du fanatisme religieux.

Quand on a affaire à une séquence telle que *l'un et (ou) l'autre,* immédiatement suivie d'un nom, Denis *et al.* (1994, 247) proposent d'analyser *l'un et l'autre* comme un déterminant indéfini. Or, il semble difficile de voir en *l'un et l'autre* une unité, dans la mesure où une préposition peut être insérée avant *l'autre,* comme c'est le cas en (25) *dans l'un ou **dans** l'autre cas.* En outre, il n'existe qu'une analogie apparente entre *l'un* et *l'autre,* car on ne pourrait avoir séparément **l'un cas,* alors qu'il est possible de trouver *l'autre cas.* Autrement dit, *l'un,* contrairement à *l'autre,* ne saurait être qu'un pronom. La présence du coordonnant *ou* est trompeuse, puisque seul *l'autre* entre en relation avec le nom *cas.*

4.6. En marge de l'étude

> ▷ Il conviendra d'évoquer rapidement les cas en marge de l'étude, que l'on écartera du relevé et du traitement, après avoir donné les raisons de ce rejet.

• Les occurrences (26) et (27) seront versées dans le lexique. On ne confondra pas le nom *personne(s)* et le pronom indéfini homonyme, malgré leurs affinités sémantiques. Il semble difficile de considérer *le reste* comme un déterminant, dans la mesure où il est lui-même déterminé par *tout.*

• (28) et (29) comportent l'indéfini *même.* Cependant, il s'agit de composés (respectivement adverbe et subordonnant), dans lesquels *même* n'est plus analysable de façon isolée.

5. CONCLUSION

• De la syntaxe à la stylistique

Dans ce passage, Voltaire utilise les indéfinis à des fins essentiellement argumentatives. Il tire parti de leur valeur soit générique, soit imprécise, pour désigner de manière délibérément opaque les détracteurs de la famille Calas (*on, plusieurs, quelques, autres*). Alors que les conseillers et les juges reçoivent une

1. À l'exception de certaines expressions figées : *autre chose.*

quantification numériquement précise et basse, Voltaire teinte le plaidoyer d'un certain optimisme en accordant le bénéfice de la totalité aux victimes et aux personnes qui les soutiennent (*tout le public, toutes les trois, toute l'Europe*).

Section 2

Autour des fonctions

Chapitre 1
La fonction sujet

***Le Planétarium*,**
Nathalie Sarraute.

[…] la porte s'ouvre… « Ah, c'est toi… » Il avait oublié ce regard sous les paupières usées, fardées, un bon regard d'où ruisselle une tendre émotion… « C'est toi, Pierre… Mais bien sûr que tu ne me déranges pas… Je suis contente de te voir, tu viens si rarement… Mais fais voir un peu, que je te regarde, que je regarde un peu la mine que tu as. Mais tu as une mine superbe, dis-moi, tu sais que tu es un phénomène… tu ne changes pas, tu vivras jusqu'à cent ans, tu seras comme grand-maman Bouniouls… – Grand-maman Bouniouls… non, ma petite Berthe, je ne crois pas, je crois plutôt que j'ai pris un bon coup de vieux ces derniers temps. » Tandis qu'elle le précède à travers l'entrée, le salon, il regarde sans pouvoir en détacher les yeux sa vieille nuque fragile, le petit creux livide entre les deux tendons saillants un peu plus creusé encore… un endroit très vulnérable, s'offrant innocemment, où plongerait sans rencontrer de résistance le poignard de l'assassin… Il a envie de s'en aller, comment a-t-il pu accepter ?… Elle glisse une main caressante le long de son bras… « Allons, mais assieds-toi donc, mets-toi donc là… tu as l'air tout empêtré… » Il rougit, il se baisse pour cacher son visage, il se penche, il fixe les yeux sur le coin du tapis qu'il a retourné en passant, il le saisit entre ses doigts, il faut se donner une contenance, gagner du temps… Voilà, il le retourne, il l'aplatit, c'est fait, le mal est réparé. Elle le regarde d'un air soupçonneux et comme un peu vexé : « Ça n'a pas d'importance, voyons… Laisse donc ça… » Il y a comme un reproche attristé dans sa voix…

(© Gallimard, 1959, p. 140)

1. Question

► **Syntaxe** : étudiez la fonction sujet dans le texte.

2. Relevé des occurrences

▷ Nous adoptons un classement morphosyntaxique selon la nature du syntagme ou du morphème assumant la fonction sujet dans le texte.

2.1. Le sujet est un syntagme nominal

(1) **La porte** s'ouvre

(2) d'où ruisselle **une tendre émotion**

(3) où plongerait [...] **le poignard de l'assassin**

(4) **le mal** est réparé

2.2. Le sujet est un pronom personnel de 1re personne

(5) **Je** suis contente de te voir

(6) **Je** te regarde, que **je** regarde [...] la mine

(7) **Je** ne crois pas, **je** crois [...]

(8) **J**'ai pris un bon coup de vieux

2.3. Le sujet est un pronom personnel de 2e personne

(9) **Tu** ne me déranges pas

(10) **tu** viens si rarement

(11) la mine que **tu** as, **tu** as une mine superbe

(12) **tu** sais

(13) **tu** es un phénomène

(14) **tu** ne changes pas

(15) **tu** vivras jusqu'à cent ans

(16) **tu** seras comme grand-maman Bouniouls

(17) **tu** as l'air tout empêtré

2.4. Le sujet est un pronom personnel de 3e personne

(18) **il** avait oublié ce regard

(19) **elle** le précède

(20) **il** regarde [...] sa vieille nuque fragile

(21) **Il** a envie de s'en aller

(22) comment a-t-**il** pu accepter ?

(23) **Elle** glisse une main caressante

(24) **Il** rougit

(25) **il** se baisse

(26) **il** se penche

(27) **il** fixe les yeux [...]

(28) le coin du tapis qu'**il** a retourné

(29) **il** le saisit

(30) **il** le retourne

(31) **il** l'aplatit

(32) **Elle** le regarde

2.5. Le sujet est un pronom démonstratif neutre

(33) **c**'est fait

(34) **Ça** n'a pas d'importance

2.6. Cas délicats dont l'analyse varie selon les théories

2.6.1. Le sujet est un pronom impersonnel

(35) **il** faut se donner une contenance

2.6.2. Le cas du présentatif

(36) c'est toi [...] C'est toi, Pierre

(37) il y a comme un reproche attristé

2.6.3. Le cas de l'impératif

(38) fais voir

(39) dis-moi

(40) Allons

(41) assieds-toi

(42) mets-toi [...] là

(43) voyons

(44) Laisse donc ça

2.6.4. Le cas de l'infinitif

(45) il regarde sans pouvoir en détacher les yeux

2.6.5. Le cas du participe

(46) un endroit [...], s'offrant innocemment

3. Traitement de la question

3.1. Introduction

La fonction sujet, en français moderne, est une fonction obligatoire qui accompagne toujours le verbe. Dans le cadre de la phrase canonique à pivot verbal, c'est la seule fonction nécessairement présente. Le verbe n'exerce pas à proprement parler de fonction, il est l'élément central par rapport auquel les fonctions sont marquées. La fonction sujet, qui n'est pas effaçable et qui n'est pas facilement déplaçable, est généralement rangée dans les arguments, compléments étroitement liés au verbe, par opposition aux circonstants. Elle y occupe une place à part, dans la mesure où, contrairement, par exemple, au complément d'objet direct, elle n'est pas une fonction spécifique – elle apparaît avec tous les verbes – et elle n'appartient pas au syntagme verbal[1]. Dans une analyse en constituants immédiats, le SN sujet se situe au même niveau que le SV : P → SN + SV.

Il convient de distinguer dans l'analyse les définitions sémantiques, issues de la tradition grammaticale, de la définition syntaxique proposée par la linguistique et reposant sur l'examen d'un faisceau de critères.

3.2. Définitions sémantiques

Le sujet est ce dont on parle.

C'est une définition issue de la logique classique, qui oppose sujet à prédicat, première distinction opérée par les philosophes grecs (Platon, Aristote). Dans cette perspective, le sujet est ce dont parle le reste de la phrase, le prédicat. En (23), ***Elle** glisse une main caressante le long de son bras, **Elle*** est le sujet de la phrase et *glisse une main caressante le long de son bras*, le prédicat. Cette distinction recoupe largement la dichotomie thème/propos retenue par l'analyse communicative des énoncés.

Le sujet est l'être ou la chose qui fait ou qui subit l'action exprimée par le verbe ou qui est dans l'état exprimé par le verbe.

C'est la définition proposée majoritairement par les grammaires traditionnelles. Cette définition alimente la confusion entre sujet de la phrase et rôle sémantique d'agent d'un procès (32, ***Elle** le regarde*), entre sujet et patient, ou entre sujet et expérimenteur (5, ***Je** suis contente de te voir*). De plus, cette définition est trop limitative, car elle ne rend pas compte de la palette de rôles sémantiques assumés par le sujet syntaxique. On peut, en effet, attribuer au sujet d'autres rôles sémantiques, comme celui de siège animé d'un processus physique (24, ***Il** rougit*), ou de locatif, ou encore de bénéficiaire, pour ne retenir que les catégories les plus courantes.

1. En grammaire générative, la fonction sujet est appelée argument externe, précisément parce qu'elle se trouve en dehors du syntagme verbal.

3.3. Définition syntaxique

La définition syntaxique s'appuie sur différents critères qu'il convient d'appliquer conjointement afin de cerner les propriétés de la fonction sujet. On soulignera que tous ces critères ne convergent pas nécessairement. L'identification de la fonction sujet ne va pas toujours de soi et requiert une présentation hiérarchisée des critères définitoires.

3.3.1. Critères formels

La place du sujet dans la phrase

Le sujet est le plus souvent antéposé au verbe et apparaît généralement en tête de phrase. La phrase française se caractérise par l'ordre SVO (Sujet-Verbe-Objet) : le pivot verbal de la phrase est précédé du sujet et suivi de l'objet, si ces deux fonctions sont exercées par des noms (le pronom objet se place avant le verbe, sauf dans le cas de l'impératif). Il existe cependant des phrases où le sujet n'est pas le premier terme : on appelle ce procédé l'inversion du sujet. On le rencontre de manière contrainte, tout au moins dans le registre soutenu, dans :

- Les interrogatives : (22) *comment a-t-**il** pu accepter ?* (🕮 **Interrogation**)
- Les incises (cas non représenté dans ce texte)
- Les phrases commençant par certains adverbes comme *peut-être, à peine...* (cas non représenté)
- Le sujet peut également être inversé pour des raisons stylistiques, comme dans les occurrences (2) et (3), *d'où ruisselle **une tendre émotion**, où plongerait sans rencontrer de résistance **le poignard de l'assassin*** : l'inversion est permise seulement si le verbe de la subordonnée relative est intransitif ou employé intransitivement.

La relation morphologique entre sujet et verbe

C'est le sujet qui impose l'accord en personne et en nombre du verbe. Ce phénomène morphosyntaxique souligne la cohésion du verbe et du sujet. L'accord se fait aussi en genre, lorsque le verbe est conjugué avec l'auxiliaire *être*. Par exemple, en (4), ***le mal** est réparé*, on remarque que l'accord du participe passé au masculin singulier est régi par le sujet. L'accord en personne et en nombre se vérifie dans tous les exemples du texte, y compris pour la construction impersonnelle ***il** faut* : le sujet est nécessairement une troisième personne (voir *infra*, § 3.4.1 pour une analyse détaillée de ce cas).

3.3.2. Critères structuraux

La reprise du sujet par une question

Le sujet est le terme qui sert de réponse à une question introduite par *qui ?*. C'est un critère largement utilisé dans l'enseignement, qu'il faut néanmoins manipuler avec précaution. En effet, à la différence de la phrase (20) ***il** regarde* : *qui regarde ? Pierre, le frère de Berthe*, il ne correspond à la phrase (35) ***il** faut se donner une contenance*, aucune question du type **Qui faut ?* portant sur le sujet.

La pronominalisation du sujet

La classe des pronoms personnels et celle des pronoms relatifs offrent une amorce de déclinaison (survivance des cas du latin) et donc des formes propres à la fonction sujet : (3) *où plongerait* ***le poignard de l'assassin****, où il plongerait, le poignard qui plongerait.*

L'extraction du sujet par la tournure présentative

Seul le sujet accepte l'extraction par la tournure présentative emphatique *c'est... qui* : (4) ***le mal*** *est réparé, c'est le mal qui est réparé.*

La passivation

Dans des phrases à pivot verbal transitif direct, le sujet de la phrase active devient le complément d'agent de la phrase passive correspondante : (32) ***Elle*** *le regarde, il est regardé par elle.*

L'incapacité du sujet à l'effacement

La fonction sujet est absolument obligatoire et ne peut être effacée : tout verbe (à un mode personnel) est en français moderne accompagné d'un sujet : **faut,* ***il*** *faut ; *le regarde,* ***elle*** *le regarde ; *est réparé,* ***le mal*** *est réparé.*

3.4. Cas délicats dont l'analyse varie selon les théories

3.4.1. Le sujet est un pronom impersonnel

Le pronom impersonnel *il* est référentiellement vide, mais peut être considéré comme le sujet car il répond à deux des critères formels exposés *supra*, celui de la place et celui de l'accord. Il conviendrait toutefois de distinguer les verbes essentiellement impersonnels et les constructions occasionnellement impersonnelles de certains verbes.

Pour les verbes essentiellement impersonnels, le seul sujet est le pronom impersonnel *il, il neige.* S'agissant des constructions occasionnellement impersonnelles, la grammaire traditionnelle oppose le sujet « apparent » au sujet « réel », *il tombe une neige épaisse :* le sujet « apparent » est le pronom impersonnel *il*, le sujet « réel » *une neige épaisse.* Certains grammairiens ne reconnaissent pas la présence de deux sujets, le sujet « réel » se rapprochant par certaines caractéristiques d'un complément (postposition au verbe, pronominalisation par un pronom personnel sous une forme telle que *le* ou par un pronom interrogatif comme *que*), et préfèrent donc à la dénomination de sujet « réel » celle de « séquence de l'impersonnel » (Wagner *et al.*, 1962, 277 ; Riegel *et al.*, 1994, 447). Cependant, à la différence de ce qui se produit pour les compléments, cette « séquence » peut être déplacée en position préverbale : *une neige épaisse tombe.*

Le verbe *falloir,* classé parmi les verbes essentiellement impersonnels, diffère néanmoins de la plupart d'entre eux en ce qu'il est (toujours) suivi d'une « séquence ». Il est impossible, en synchronie, de déplacer cette dernière, **Se donner une contenance faut.*

3.4.2. Le cas du présentatif

Les présentatifs (*c'est, il y a, voici, voilà*) sont constitués de plusieurs morphèmes, qui fonctionnent dans une perspective synchronique syntaxiquement et sémantiquement comme un morphème unique. Ainsi, on ne peut décomposer *il y a* en une structure du type *il* (pronom sujet) + *y* (adverbe de lieu) + *a* (verbe) et l'on ne saurait donc voir en *il* un sujet. Les phrases à tournure présentative ne correspondent pas au modèle canonique sujet + pivot verbal.

En (37), *il y a comme un reproche attristé dans sa voix*, on pourrait considérer que le pivot n'est pas verbal, mais qu'il est constitué par le syntagme nominal *un reproche attristé,* que le présentatif actualise. Il faut néanmoins souligner que de nombreux grammairiens s'interrogent sur le statut exact qu'il convient d'attribuer au syntagme nominal qui suit le présentatif. Certains y voient un régime du présentatif (Denis *et al.*, 1994, 450), d'autres le rapprochent d'un complément d'objet direct (Riegel *et al.*, 1994, 454 ; Le Goffic, 1993, 181), d'autres encore l'identifient à un niveau plus logique que syntaxique comme le thème (Gary-Prieur, 1985, 103).

3.4.3. Le cas de l'impératif

De nombreux grammairiens considèrent qu'une phrase impérative ne comporte pas de sujet explicite (Arrivé *et al.*, 1986, 319 ; Gary-Prieur, 1985, 103 ; Le Goffic, 1993, 126 ; Riegel *et al.*, 1994, 331). On admet généralement que le sujet est réalisé de façon prototypique par un nom ou un pronom, lequel impose au verbe une marque de personne. Dans le cas de l'impératif, seule apparaît la marque de personne sur le verbe (pour la deuxième personne, elle n'apparaît qu'à l'écrit) ; le pronom personnel est absent. Or, dans la mesure où, pour la deuxième personne, il correspond à une absence de signifiant un signifié stable, on peut parler de morphème à signifiant zéro et, par conséquent, conclure à la présence d'un sujet. Par exemple, en (41), *assieds-toi,* (42), *mets-toi [...] là,* (44), *Laisse [...] ça,* l'absence de marque à l'oral – et la marque de personne à l'écrit – indique à qui s'adresse, dans la situation d'énonciation, le locuteur (Berthe, dont les propos sont rapportés en discours direct, parle à son frère Pierre). Pour les autres personnes que l'on trouve à l'impératif (quatrième et cinquième), le sujet est un morphème dont le signifiant se réduit à la marque de personne sur le verbe, comme en (40), *Allons,* où le locuteur se prend également pour allocutaire dans un mouvement d'association, moi (Berthe) + toi (Pierre).

3.4.4. Le cas de l'infinitif

L'un des critères d'identification de la fonction sujet est l'accord que ce dernier impose au verbe conjugué. On peut se demander si l'infinitif, mode non personnel, a ou non un sujet, dans la mesure où il ne porte aucune marque de personne.

Pour la grammaire générative, tout infinitif possède un sujet propre, même en l'absence d'un sujet distinct exprimé (🕮 **Infinitif**). Dans ce cadre théorique, l'infinitif en (45), *il regarde sans pouvoir en détacher les yeux*, est doté d'un sujet phonétiquement nul – ou inaudible –, coréférentiel au sujet du verbe principal conjugué, comme le montre l'alternance de la construction infinitive avec la construction conjonctive *il regarde sans qu'il puisse en détacher les yeux.*

Certains grammairiens (Feuillard, 1996-1997) parlent de cumul des fonctions sur un même morphème et considèrent que le sujet du verbe principal assure également la fonction sujet de l'infinitif : dans notre exemple, le pronom personnel *il*, sujet du verbe *regarde*, est aussi sujet du verbe *pouvoir.*

3.4.5. Le cas du participe

Le participe, mode non personnel de même que l'infinitif, ne porte aucune marque de personne. Les analyses proposées pour l'infinitif valent également pour le participe. Le texte offre un autre cas de figure (susceptible de se présenter pour l'infinitif) : le participe possède un sujet propre exprimé, différent de celui du verbe principal, ***un endroit très vulnérable,*** *s'offrant innocemment* (46). Toutefois, il ne s'agit pas ici de ce que la grammaire traditionnelle nomme proposition participiale, car le participe est détaché.

3.5. Conclusion

- **De la syntaxe à la stylistique**

En raison de l'insertion du dialogue dans la trame narrative, ce texte offre une large palette de pronoms déictiques (*je* vs *tu*). L'auteur cherche à saisir la pensée ou la parole au moment où elle naît, ce qui est noté par l'emploi des présentatifs ou des formes neutres des démonstratifs, qui semblent alors un calque d'oralité.

La fonction sujet est majoritairement assurée dans ce texte par des pronoms personnels et non par des substantifs. Le pronom sujet permet de présenter les personnages dans leurs relations avec les autres, soit dans la relation déictique (couple *je* vs *tu*), soit dans une forme mixte, propre au nouveau roman, hésitant entre discours indirect libre et récit intériorisé (pronom *il*).

Chapitre 2
La fonction objet direct

***Pensées*, Fragment 230,**
Blaise Pascal, 1670.

Bornés en tout genre, cet état qui tient le milieu entre deux extrêmes se trouve en toutes nos puissances. Nos sens n'aperçoivent rien d'extrême. Trop de bruit nous assourdit, trop de lumière éblouit, trop de distance et trop de proximité empêche[1] *la vue. Trop de longueur et trop de brièveté de discours l'obscurcit, trop de vérité nous étonne. J'en sais qui ne peuvent comprendre que qui de zéro ôte quatre reste zéro. Les premiers principes ont trop d'évidence pour nous. Trop de plaisir incommode, trop de consonances déplaisent dans la musique et trop de bienfaits irritent. Nous voulons avoir de quoi surpayer la dette. [...] Nous ne sentons ni l'extrême chaud, ni l'extrême froid, les qualités excessives nous sont ennemies et non pas sensibles, nous ne les sentons plus, nous les souffrons. Trop de jeunesse et trop de vieillesse empêche l'esprit, trop et trop peu d'instruction. Enfin les choses extrêmes sont pour nous comme si elles n'étaient point, et nous ne sommes point à leur égard, elles nous échappent ou nous à elles.*

Voilà notre état véritable. C'est ce qui nous rend incapables de savoir certainement et d'ignorer absolument. Nous voguons sur un milieu vaste, toujours incertains et flottants, poussés d'un bout vers l'autre. Quelque terme où nous pensions nous attacher et nous affermir, il branle et nous quitte.

1. Question

► Syntaxe : étudiez la fonction objet direct.

1. La leçon de l'édition Sellier (Paris, Classiques Garnier, 1991) diffère de celle de Brunschvicg (1904-1914), où le verbe prend l'accord de la troisième personne du pluriel : *empêchent.*

2. Relevé des occurrences

▷ Nous adoptons un classement morphosyntaxique selon la nature du syntagme ou du morphème assumant la fonction objet direct dans le texte.

2.1. L'objet est un syntagme nominal

(1) cet état qui tient **le milieu**

(2) trop de distance et trop de proximité empêche **la vue**

(3) les premiers principes ont **trop d'évidence**

(4) nous voulons avoir de quoi surpayer **la dette**

(5) Nous ne sentons ni **l'extrême chaud**, ni **l'extrême froid**

(6) Trop de jeunesse et trop de vieillesse empêche **l'esprit**

2.2. L'objet est un pronom personnel de 3e personne

(7) Trop de longueur et trop de brièveté de discours **l**'obscurcit

(8) nous ne **les** sentons plus

(9) nous **les** souffrons

(10) j'**en** sais qui ne peuvent comprendre que [...]

2.3. L'objet est un pronom personnel de 4e personne

(11) Trop de bruit **nous** assourdit

(12) trop de vérité **nous** étonne

(13) ce qui **nous** rend incapables

(14) il [...] **nous** quitte

Dans la construction pronominale

(15) nous pensions **nous** attacher et **nous** affermir

2.4. L'objet est un pronom indéfini

(16) Nos sens n'aperçoivent **rien d'extrême**

2.5. L'objet est un cardinal nom ou pronom[1]

(17) qui de zéro ôte **quatre** reste zéro

2.6. L'objet est un verbe à l'infinitif

(18) nous pensions nous **attacher** et nous **affermir**

2.7. L'objet est une subordonnée conjonctive complétive

(19) comprendre **que qui de zéro ôte quatre reste zéro.**

2.8. L'objet est une subordonnée relative

(20) nous voulons avoir **de quoi surpayer la dette**

2.9. Cas délicats dont l'analyse varie selon les théories

Le cas de la séquence suivant le présentatif

(21) Voilà **notre état véritable**

Le cas du pronom réfléchi du verbe pronominal

(22) cet état [...] **se** trouve en toutes nos puissances

Le cas de l'infinitif suivant les verbes pouvoir *et* vouloir *: complément d'objet direct ou pivot de périphrase verbale ?*

(23) qui ne peuvent **comprendre**

(24) nous voulons **avoir** de quoi surpayer la dette

3. Traitement de la question

3.1. Éléments d'introduction

On dit souvent du sujet que sa présence aux côtés d'un verbe est obligatoire. Cette caractéristique est également prêtée au complément d'objet. On verra (voir *infra*, § 3.3.2) que cette affirmation doit être nuancée.

Dans une analyse en constituants immédiats de la phrase, on considère que le verbe et son complément d'objet forment un syntagme verbal. On décomposera alors la phrase (2) *trop de distance et de trop de proximité empêche la vue* en SN (*trop de distance et trop de proximité*) + SV (*empêche la vue*). Le complément d'objet,

1. *Quatre* se comporte ici comme un nom propre de personne ou comme un pronom personnel. *Qui ôte quatre* rappelle *(celui) qui préfère Paul* ou *(celui) qui le préfère.* On s'inspire sur ce point de l'analyse proposée par Martinet (1979, 47).

qui fait partie du syntagme verbal, est rangé dans les arguments, compléments étroitement liés au verbe, par opposition aux circonstants.

Le complément d'objet direct (qui, à la différence du complément d'objet indirect, n'est pas introduit par une préposition) est réalisé sous les formes suivantes :

- Un syntagme nominal,
- Un pronom personnel de 3e personne,
- Un pronom personnel de 4e personne,
- Un pronom indéfini,
- Un cardinal,
- Un verbe à l'infinitif,
- Une subordonnée conjonctive complétive,
- Une subordonnée relative.

> ▷ Aux concours, on commentera rapidement les particularités de l'objet des verbes *comprendre* et *avoir*, constitué par des subordonnées, conjonctive et relative. On soulignera que ces dernières fonctionnent comme des syntagmes nominaux. Le segment *que qui de zéro ôte quatre reste zéro* (19) peut être remplacé par *ce calcul ;* de même, *de quoi surpayer la dette* (20) peut l'être par *de l'argent*.

Le traitement de la fonction objet direct doit susciter des réponses de deux types :

- Appliquer divers critères permettant de différencier la fonction objet direct de celles qui lui sont le plus proches comme le sujet (postposé), l'attribut, certains compléments circonstanciels.
- Procéder à l'inventaire classé de ses moyens d'expression dans le texte en réservant un examen attentif aux cas difficiles.

3.2. Définitions sémantiques

Les grammaires traditionnelles définissent le COD comme « la personne ou la chose sur laquelle passe l'action exprimée par le verbe et effectuée par le sujet : cette personne ou cette chose est donc l'objet de l'action » (Grevisse, 1988, 412-413). Elles précisent que « le COD [désigne] l'être qui est le terme de l'action, ou l'objet auquel l'action tend » (Grevisse, cité par Gary-Prieur, 1985, 107). On peut noter que le sens du verbe *passer,* utilisé dans ce contexte de façon métaphorique, est flou.

Une relation bijective est abusivement posée entre la fonction syntaxique d'objet direct et le rôle sémantique de patient. La relation entre le sujet et le COD est indûment envisagée comme action du premier sur le second. En fait, différents rapports sémantiques peuvent s'instaurer entre le sujet et le COD, lorsqu'il s'agit de noms ou de pronoms, que l'étude devra distinguer. Si le COD est bien le patient dans *Trop de bruit* ***nous*** *assourdit* (11) ou encore *nous pensions*

nous** attacher* (15), il désigne en revanche l'expérimenteur dans *trop de vérité **nous** étonne* (12), la source dans *il [le terme] **nous** quitte* (14). De plus, il semble difficile d'assigner un rôle sémantique à un infinitif ou une subordonnée conjonctive, comme dans les occurrences *nous pensions nous **attacher (18) et *qui ne peuvent comprendre **que qui de zéro ôte quatre reste zéro*** (19).

3.3. Définition syntaxique

La définition syntaxique s'appuie sur différents critères qu'il convient d'appliquer conjointement afin de cerner les propriétés de la fonction objet direct. On soulignera que tous ces critères ne convergent pas nécessairement. L'identification de la fonction objet direct ne va pas toujours de soi et requiert une présentation hiérarchisée des critères définitoires.

3.3.1. Critères formels

La place de l'objet direct dans la phrase

• Si la fonction objet direct est assurée par un nom, elle est le plus souvent immédiatement postposée au verbe : *Trop de jeunesse et trop de vieillesse empêche **l'esprit*** (6). On dit pour cette raison que la phrase française se caractérise par l'ordre SVO (Sujet-Verbe-Objet).

• Si la fonction objet est assurée par un pronom, ce dernier se place obligatoirement avant le verbe : *nous ne **les** sentons plus* (8).

L'impératif conserve dans tous les cas l'objet direct en position postverbale (cas non représenté dans l'extrait).

En général, l'objet direct n'est pas déplaçable dans la phrase : *cet état qui tient **le milieu*** (1), **cet état qui le milieu tient ; trop de bruit nous assourdit, *trop de bruit assourdit nous.*

La relation morphologique entre verbe et objet direct

Antéposé au verbe, l'objet direct impose l'accord en genre et en nombre du participe passé, lorsque le verbe est conjugué à un temps composé formé avec l'auxiliaire *avoir*, comme dans l'exemple *les pommes que j'ai mangées étaient bonnes* (cas non représenté).

L'accord se fait aussi en genre et en nombre dans les constructions pronominales où le pronom réfléchi est antéposé au verbe et analysable comme son objet direct. Ces cas, du type *elles se sont lavées*, n'étant pas représentés dans l'extrait, il n'est pas nécessaire de les développer dans l'étude.

3.3.2. Critères structuraux

La reprise de l'objet direct par une question (ou pronominalisation par un interrogatif)

L'objet direct est le terme qui sert de réponse à une question introduite par *qui ?* si l'objet est animé : *qui quitte-t-il ?* (14). La question est *que ?* ou *quoi ?* si l'objet est inanimé *: Que sentons-nous ? Nous ne sentons ni **l'extrême chaud**, ni **l'extrême froid*** (5). C'est un critère largement utilisé dans l'enseignement, qu'il faut néanmoins manipuler avec précaution. On voit que la distinction *qui ?* vs *que ?* est fondée sur un critère sémantique (trait animé *vs* trait inanimé), et non syntaxique comme c'est le cas pour les pronoms personnels ou relatifs (voir *infra*, le critère de la pronominalisation). Un syntagme animé sujet ou attribut est susceptible de répondre à une question introduite par *qui ? : qui sommes-nous ?*. Un syntagme inanimé attribut peut répondre à la question *que ?* : *que sommes-nous ? Nous ne sommes point (à leur égard).*

La pronominalisation de l'objet direct par un personnel ou un relatif

La classe des pronoms personnels et celle des pronoms relatifs offrent une amorce de déclinaison (survivance des cas du latin) et donc des formes propres à la fonction objet direct : *cet état qui tient **le milieu*** (1), *cet état qui le tient ; trop de distance et trop de proximité empêche **la vue*** (2), *la vue que trop de distance et trop de proximité empêche (sic).* Ces marques casuelles n'apparaissent plus en français moderne sur les noms.

L'extraction de l'objet direct par la tournure présentative

Seul l'objet direct accepte l'extraction par la tournure présentative emphatique *c'est... que* : *c'est l'esprit que trop de jeunesse et trop de vieillesse empêche* (*sic*).

La passivation

Dans des phrases à noyau verbal transitif direct, l'objet direct de la phrase active devient le sujet de la phrase passive correspondante : *trop de distance et trop de proximité empêche **la vue*** (2), *la vue est empêchée par trop de distance et trop de proximité.* On notera cependant que tous les verbes transitifs directs n'admettent pas la transformation passive, notamment le verbe *avoir* : *les premiers principes ont **trop d'évidence*** (3), **trop d'évidence est eue par les premiers principes.*

L'effacement

La fonction objet direct est une fonction obligatoire pour certains verbes, notamment pour le verbe *avoir : les premiers principes ont trop d'évidence* (3), **les premiers principes ont.* Les verbes *apercevoir, quitter, ôter* se comportent de même.

D'autres verbes admettent l'effacement de leur objet direct, sans subir de modifications sémantiques considérables : *Trop de bruit **nous** assourdit* (11), *trop de bruit assourdit* ; d'autres acquièrent un sens radicalement différent : *Nous ne sentons ni **l'extrême chaud**, ni **l'extrême froid*** (5), vs *nous sentons.*

3.4. Cas délicats dont l'analyse varie selon les théories

3.4.1. Le cas de la séquence suivant le présentatif

De nombreux grammairiens s'interrogent sur le statut exact qu'il convient d'attribuer au syntagme nominal qui suit le présentatif. Denis *et al.* (1994, 450) y voient un régime du présentatif, certains le rapprochent d'un complément d'objet direct (Riegel *et al.*, 1994, 454), d'autres l'identifient pleinement à un complément d'objet direct (Fournier, 1998, 106 ; Le Goffic, 1993, 181).

Or, les présentatifs (*c'est, il y a, voici, voilà*) sont constitués de plusieurs morphèmes, qui fonctionnent dans une perspective synchronique syntaxiquement et sémantiquement comme un morphème unique. Ainsi, en français moderne, on ne peut plus décomposer *voilà* en une structure du type *vois* (impératif du verbe *voir*) + *là* (adverbe de lieu). Entièrement figé, le présentatif *voilà* n'accepte aucune détermination temporelle ni modale. Il ne saurait de plus admettre de sujet : *je vois notre état véritable, *je voilà notre état véritable.* Il paraît donc difficile d'y voir une forme verbale qui constituerait le pivot de la phrase. En (21), on pourrait considérer que le pivot n'est pas *voilà*, mais qu'il s'agit du syntagme nominal *notre état véritable,* que le présentatif actualise.

3.4.2. Le cas du pronom réfléchi du verbe pronominal

En (22), *cet état* [...] ***se** trouve en toutes nos puissances*, on a affaire à une forme verbale, traditionnellement appelée pronominale, qui comporte un pronom personnel conjoint coréférentiel au sujet et dit réfléchi. On différenciera verbes pronominaux et construction pronominale d'un verbe. Les verbes pronominaux – ou « pronominaux lexicalisés » (Arrivé *et al.*, 1986, 575) – peuvent être encore subdivisés, d'une part, en verbes « toujours réfléchis » (Martinet, 1979, 165), ou « pronominaux permanents » (Arrivé *et al.*, 1986, 572), ou « essentiellement – ou intrinsèquement – pronominaux » (Riegel *et al.*, 1994, 255), lorsqu'ils sont seulement susceptibles de se réaliser sous forme pronominale, tel, par exemple, *s'évanouir*, et, d'autre part, en verbes « pronominaux autonomes » (Riegel *et al.*, 1994, 255). Dans ce dernier cas, qui correspond à l'occurrence (22), on ne retrouve pas dans la forme pronominale le sens associé à la forme verbale sans pronom réfléchi. Autrement dit, il n'existe pas de rapport sémantique systématique entre l'emploi pronominal et l'emploi non pronominal du verbe : *se trouver* signifie en (22) « exister » et non « rencontrer soi-même alors que l'on se cherchait ». Par conséquent, il apparaît dans ce cas justifié de considérer la combinaison pronom réfléchi + verbe simple comme une unité du lexique, plus précisément un composé. Or, dans la mesure où le réfléchi constitue une unité avec le verbe simple, il ne saurait exercer ici de fonction, et *a fortiori* de fonction objet direct, par rapport à ce dernier.

3.4.3. Le cas de l'infinitif suivant les verbes *pouvoir* et *vouloir* : complément d'objet direct ou pivot de périphrase verbale ?

Si l'on se fonde sur le critère d'altération sémantique, il convient de distinguer le cas où les verbes (*pouvoir, vouloir*) sont employés comme des verbes de sens plein, qui admettent alors un complément d'objet direct, de celui où ils sont des semi-auxiliaires modaux participant de périphrases verbales. Dans les occurrences (23) et (24), les deux verbes ont un sens plein ; ils expriment respectivement capacité et volition : *qui ne peuvent comprendre* (23), c'est-à-dire *qui ne sont pas capables de comprendre.* Dans le cas particulier de *vouloir*, cette analyse est corroborée par le caractère agentif du sujet : *nous voulons avoir de quoi surpayer la dette.* L'infinitif qui suit les deux verbes est donc complément d'objet direct de ces derniers[1] (pour un traitement approfondi, 🕮 **Périphrases verbales**).

3.5. Conclusion

• **De la syntaxe à la stylistique**

Sur un plan sémantico-stylistique, on observera le grand nombre de compléments d'objet directs : le verbe met explicitement en relation deux termes. Cette caractéristique structurelle participe à la précision de la pensée, laquelle s'appuie en même temps sur le champ lexical concret des sens (vue, toucher). On trouve là un bel exemple de la démarche empirico-déductive, qui rebondit du concret vers l'abstrait.

4. AUTRE SUJET : TRANSITIVITÉ ET INTRANSITIVITÉ VERBALES

Aux concours, la fonction objet peut être abordée sous différents angles :

- La fonction objet,
- Les compléments indirects du verbe,
- La transitivité verbale,
- La transitivité et l'intransitivité verbales.

> ▷ Il faut bien voir que ces questions ne sont pas exactement équivalentes et qu'une formulation différente appelle un traitement et une problématique différents.

4.1. Introduction

4.1.1. Éléments historiques

La notion de complément n'apparaît dans la vulgate grammaticale qu'au XVIIIe siècle. Auparavant, on raisonnait « en termes de *régime* », c'est-à-dire que l'on ramenait « les problèmes de construction à un rapport entre deux mots (un verbe et un nom ou une préposition et un nom) » (Gary-Prieur, 1985, 96). Cette conception mettait notamment l'accent sur la construction des verbes. D'un point de vue historique, la notion de transitivité est liée à celle de régime. De nos jours, les relations ne sont plus envisagées de mot à mot, mais dans le cadre de la phrase.

---

1. Certains grammairiens (Riegel et *al.*, 1994, 254) ne distinguent pas deux emplois pour le verbe *pouvoir*, dans lequel ils voient toujours un auxiliaire modal. Le verbe *comprendre* doit alors être analysé comme le pivot de la proposition relative.

4.1.2. Éléments de définition

Si l'on se réfère à l'étymologie, *transitivus,* issu de *transire,* signifie « passer sur un objet ». Les verbes sont traditionnellement séparés en transitifs (ou objectifs) et intransitifs (ou subjectifs). La transitivité désigne tantôt une propriété intrinsèque des verbes permettant d'en proposer un classement (« en langue »), tantôt un type de construction (« en discours »). Cette dichotomie pose quelques problèmes, dans la mesure où certains verbes peuvent apparaître dans les deux catégories. Les verbes *incommoder* et *éblouir,* décrits en langue comme transitifs, sont employés intransitivement dans le texte de la *Pensée 230* : *trop de plaisir incommode, trop de lumière éblouit.* La notion de transitivité appelle d'autres critiques. La définition selon laquelle le verbe transitif « fait passer sur son complément la relation qu'il indique », n'est pas opératoire et reste très floue sur le plan sémantique. De plus, la notion de transitivité n'est pas univoque : au sens strict, les verbes transitifs sont ceux qui se construisent avec un complément d'objet direct, alors qu'au sens large, il s'agit des verbes appelant un complément d'objet direct ou indirect.

4.2. Traitement de la question

Deux options se présentent :

4.2.1. Soit l'on conservera l'approche et la terminologie traditionnelles

4.2.1.1. Le corpus discriminera alors :

- Les verbes intransitifs (en langue), cf. par exemple *nous voguons.*
- Les verbes transitifs en emploi absolu (soit les verbes transitifs en langue et intransitifs en discours), cf. par exemple *trop de lumière éblouit.*
- Les verbes transitifs (en langue), directs ou indirects, cf. par exemple, respectivement, *cet état qui tient le milieu, elles nous échappent.*

> ▷ Aux concours, il conviendra bien évidemment d'établir un relevé exhaustif des occurrences entrant dans ces catégories.

4.2.1.2. Propriétés des verbes transitifs et intransitifs

On rappellera que les verbes transitifs, qui admettent un complément d'objet (direct ou indirect), se prêtent à l'auxiliarisation par *avoir (assourdir, avoir assourdi),* alors que les verbes intransitifs sont auxiliés tantôt par *être (*cas non représenté*)* tantôt par *avoir (voguer, avoir vogué).*

4.2.1.3. Examen détaillé des critères d'identification des fonctions

On présentera les propriétés des verbes transitifs directs en s'appuyant sur les critères d'identification de la fonction objet direct, indiqués au § 3.3.

On exposera les propriétés des verbes transitifs indirects en s'appuyant sur les critères d'identification de la fonction objet indirect. La fonction objet indirect est dotée dans une grande part des mêmes caractéristiques que l'objet direct. Dans une analyse en constituants immédiats de la phrase, le verbe et le complément d'objet indirect forment un syntagme verbal. Le complément d'objet indirect, en l'absence d'un complément d'objet direct, occupe généralement une position immédiatement postverbale ; il est difficilement effaçable et déplaçable. Néanmoins, la fonction objet indirect diffère de la fonction objet direct pour les critères suivants :

- Critère formel : relation morphologique au verbe

– L'objet indirect n'impose jamais l'accord en genre ou en nombre au verbe.

- Critères structuraux :

– Reprise de l'objet indirect par une question (ou pronominalisation par un interrogatif)

L'objet indirect est le terme qui sert de réponse à une question ouverte par les interrogatifs *qui* ? ou *quoi* ? précédés de la préposition introduisant l'objet indirect. Le texte n'offre qu'une occurrence de complément d'objet indirect, qui constitue un cas particulier, puisqu'il s'agit d'un complément d'attribution : *elles nous échappent, à qui échappent-elles ?*

– Pronominalisation de l'objet direct par un personnel ou un relatif

La classe des pronoms personnels et celle des pronoms relatifs offrent une amorce de déclinaison (survivance des cas du latin) et donc des formes propres à la fonction objet indirect, *lui*, *leur*, *en*, *y*. Dans l'occurrence du texte, *elles nous échappent*, on notera l'amalgame de la préposition et du pronom personnel : la forme du pronom personnel n'apparaît pas distincte de celle de l'objet direct. Cet amalgame est spécifique au complément d'attribution ; les autres compléments d'objet indirects conservent la préposition devant le pronom (*Paul pense à Marie, Paul pense à elle, *Paul lui pense*).

– Extraction de l'objet direct par la tournure présentative

Seul l'objet indirect accepte l'extraction par la tournure présentative emphatique *c'est* + Prép... *que* : *c'est à nous qu'elles échappent.*

– Passivation

Les verbes transitifs indirects n'admettent jamais la transformation passive, à de rares exceptions près non représentées dans le texte, comme celle du verbe *procéder* par exemple dans la langue juridique, *il a été procédé à la mise en examen.*

> ▷ Remarque sur la dénomination *complément d'objet second :*
> On évitera d'utiliser l'appellation *complément d'objet second.* Cette dénomination indique seulement la coexistence d'un complément d'objet direct et d'un complément indirect sans apporter de précisions sur le statut de ce dernier, qui peut être un complément d'attribution ou un complément d'objet indirect. En outre, tous les compléments d'attribution et compléments d'objet indirects ne sont pas seconds : *Pierre nuit à Marie, Pierre pense à Marie.*

4.2.2. Soit l'on choisira une approche par valences verbales

4.2.2.1. Le corpus discriminera alors :

- Les verbes avalents (cas non représentés).
- Les verbes monovalents, cf. par exemple *Nous voguons.*
- Les verbes bivalents, cf. par exemple *Nous ne sentons ni l'extrême chaud, ni l'extrême froid.*
- Les verbes trivalents (cas non représentés).

> ▷ Aux concours, il conviendra bien évidemment d'établir un relevé exhaustif des occurrences entrant dans ces catégories.

4.2.2.2. Propriétés des verbes selon leurs valences

Comme on l'a vu précédemment, la répartition entre verbes transitifs et verbes intransitifs demeure floue. On lui substituera donc volontiers un traitement par valences verbales, en se fondant sur la théorie avancée par Tesnière (1982).

La valence d'un verbe est définie comme le nombre d'arguments (nommés actants par Tesnière) susceptibles d'être régis par ce verbe. Le prime actant est le sujet, le second actant est l'objet, le tiers actant est le complément d'objet indirect. Ce régime actanciel permet de répertorier les verbes en avalents sans actant (*il pleut*), en monovalents à un seul actant, en bivalents à deux actants, et en trivalents à trois actants. Les verbes se distinguent selon le nombre d'actants (0, 1, 2, 3) et la construction, directe ou indirecte, de leurs compléments.

Cette typologie est susceptible de nombreux infléchissements, entre autres celui de la valence libre ou non saturée (*trop de lumière éblouit* vs *trop de lumière éblouit les yeux*). Rappelons que certains verbes changent de sens suivant leur valence (*sentir*, valence 1 : exhaler, répandre une odeur, mais *sentir,* valence 2 : percevoir par l'intermédiaire des sens).

Chapitre 3
L'attribut

Maxximes,
François de La Rochefoucauld, 1664-1678.

1

Ce que nous prenons pour des vertus n'est souvent qu'un assemblage de diverses actions et de divers intérêts, que la fortune ou notre industrie savent arranger ; et ce n'est pas toujours par valeur et par chasteté que les hommes sont vaillants, et que les femmes sont chastes.

2

L'amour-propre est le plus grand de tous les flatteurs.

6

La passion fait souvent un fou du plus habile homme, et rend souvent les plus sots habiles.

8

Les passions sont les seuls orateurs qui persuadent toujours. Elles sont comme un art de la nature dont les règles sont infaillibles ; et l'homme le plus simple qui a de la passion persuade mieux que le plus éloquent qui n'en a point.

9

Les passions ont une injustice et un propre intérêt qui fait qu'il est dangereux de les suivre, et qu'on s'en doit défier lors même qu'elles paraissent les plus raisonnables.

32

La jalousie se nourrit dans les doutes, et elle devient fureur, ou elle finit, sitôt qu'on passe du doute à la certitude.

195

Ce qui nous empêche souvent de nous abandonner à un seul vice est que nous en avons plusieurs.

199

Le désir de paraître habile empêche souvent de le devenir.

203

Le vrai honnête homme est celui qui ne se pique de rien.

206

C'est être véritablement honnête homme que de vouloir être toujours exposé à la vue des honnêtes gens.

246

Ce qui paraît générosité n'est souvent qu'une ambition déguisée qui méprise de petits intérêts, pour aller à de plus grands.

259

Le plaisir de l'amour est d'aimer ; et l'on est plus heureux par la passion que l'on a que par celle que l'on donne.

263

Ce qu'on nomme libéralité n'est le plus souvent que la vanité de donner, que nous aimons mieux que ce que nous donnons.

306

On ne trouve guère d'ingrats tant qu'on est en état de faire du bien.

405

Nous arrivons tout nouveaux aux divers âges de la vie, et nous y manquons souvent d'expérience malgré le nombre des années.

417

En amour celui qui est guéri le premier est toujours le mieux guéri.

457

Nous gagnerions plus de nous laisser voir tels que nous sommes, que d'essayer de paraître ce que nous ne sommes pas.

1. Questions

► Syntaxe :

- Étudiez la fonction attribut.
- Étudiez les attributs.

▷ Il conviendra de bien faire la distinction d'emblée entre l'étude de la fonction attribut et l'étude des attributs. Les deux formulations peuvent sembler équivalentes, mais c'est seulement pour la première qu'il est présupposé que l'attribut est une fonction. La première question relève d'une approche plus traditionnelle. La seconde permet un traitement plus large. En outre, elle situe explicitement sur un plan différent l'attribut du sujet et l'attribut de l'objet, et peut aussi amener à s'interroger plus volontiers, à l'intérieur dudit attribut du sujet, sur les différences entre les constructions avec *être* et celles avec les autres verbes d'état, tels *demeurer, devenir, paraître, rester, sembler...*

2. ÉLÉMENTS D'INTRODUCTION ET DE DÉFINITION

Certains grammairiens (par exemple, Feuillard, 1996-1997) sont d'avis que le terme attribut ne désigne pas toujours une fonction, dans la mesure où l'attribut peut être parfois considéré comme un élément central (dans une proposition non dépendante pour l'attribut du sujet, ou dépendante pour l'attribut de l'objet[1]), c'est-à-dire un pivot, par rapport auquel les fonctions sont marquées.

▷ L'attribut du sujet et l'attribut de l'objet ne partagent pas les mêmes propriétés. De ce fait, nous adoptons un classement distinguant ces deux attributs. Pour établir le relevé des occurrences, nous choisissons d'intégrer le corpus à l'étude. Dans chaque partie, nous fonderons la subdivision sur la classe dont relève le morphème attribut. À l'intérieur de la rubrique attribut du sujet, il sera judicieux de dissocier constructions avec *être* et constructions avec les verbes d'état sus-cités.

3. L'ATTRIBUT DU SUJET

3.1. Corpus intégré à l'étude

3.1.1. Constructions avec *être*

L'attribut est un nom

Max. 1 Ce que nous prenons pour des vertus n'est souvent qu'un **assemblage** de diverses actions et de divers intérêts

Max. 8 Les passions sont les seuls **orateurs**

Max. 246 Ce qui paraît générosité n'est souvent qu'une **ambition** déguisée

Max. 263 Ce qu'on nomme libéralité n'est le plus souvent que la **vanité** de donner

L'attribut est un adjectif

Max. 1 les hommes sont **vaillants**

Max. 1 les femmes sont **chastes**

1. Certains grammairiens (par exemple, Feuillard, 1988, 45-46) assimilent *je trouve ce film intéressant* à *je trouve que ce film est intéressant* et considèrent alors que l'attribut de l'objet est le pivot d'une proposition dépendante.

Max. 2 L'amour-propre est le plus **grand** de tous les flatteurs.

Max. 8 les règles sont **infaillibles**

Max. 9 il est **dangereux** de les suivre

Max. 259 l'on est plus **heureux**

L'attribut est un participe passé en emploi adjectival

Max. 417 En amour celui qui est **guéri** le premier est toujours le mieux **guéri**.

L'attribut est un pronom démonstratif

Max. 203 Le vrai honnête homme est **celui** qui ne se pique de rien.

L'attribut est un pronom relatif

Max. 457 Nous gagnerions plus de nous laisser voir tels que nous sommes, que d'essayer de paraître ce **que** nous ne sommes pas.

L'attribut est un infinitif

Max. 259 Le plaisir de l'amour est d'**aimer**

L'attribut est une conjonctive complétive

Max. 195 Ce qui nous empêche souvent de nous abandonner à un seul vice est **que nous en avons plusieurs**.

Cas délicats

Max. 8 Elles sont comme un art de la nature

Max. 206 C'est être véritablement honnête homme que de vouloir être toujours exposé à la vue des honnêtes gens.

Max. 306 On ne trouve guère d'ingrats tant qu'on est en état de faire du bien.

3.1.2. Constructions avec un verbe d'état autre que *être*

L'attribut est un nom sans déterminant

Max. 32 elle devient **fureur**

Max. 246 Ce qui paraît **générosité**

L'attribut est un adjectif

Max. 9 elles paraissent les plus **raisonnables**

Max. 199 Le désir de paraître **habile**

L'attribut est un pronom personnel

Max. 199 Le désir de paraître habile empêche souvent de **le** devenir.

L'attribut est un pronom démonstratif

Max. 457 Nous gagnerions plus de nous laisser voir tels que nous sommes, que d'essayer de paraître **ce** que nous ne sommes pas.

Cas délicats

Max. 405 Nous arrivons tout **nouveaux** aux divers âges de la vie

Max. 417 En amour celui qui est guéri le **premier** est toujours le mieux guéri.

3.2. Propriétés

> ▷ Il convient de distinguer dans l'analyse les définitions sémantiques, issues de la tradition grammaticale, de la définition syntaxique proposée par la linguistique et reposant sur l'examen d'un faisceau de critères.

3.2.1. Définitions sémantiques

Du point de vue de la logique classique, opposant sujet à prédicat (🕮 **Fonction sujet**), l'attribut participe du prédicat qui est le commentaire du sujet. Dans la Maxime 2, *L'amour-propre* est le sujet et *est le plus grand de tous les flatteurs*, le prédicat.

L'attribut indique la manière d'être du sujet.

Les grammaires traditionnelles définissent ainsi la relation attributive. Sans être totalement inexacte, cette définition est trop restrictive. Elle présuppose que le rôle d'attribut est exercé par un adjectif qualificatif. En outre, elle vaut préférentiellement pour un sujet animé, *Un homme d'esprit serait souvent bien* ***embarrassé*** *sans la compagnie des sots* (Max. 140, non retenue dans le corpus). Dans les *Maximes*, les sujets abstraits entrant dans la construction attributive sont fréquemment personnifiés : *L'amour-propre est le plus* ***grand*** *de tous les flatteurs* (Max. 2).

La définition d'ordre sémantique est étroitement dépendante de la classe de l'attribut

- Si l'attribut est un **adjectif** (ou un nom sans déterminant, ce qui, en termes de constituants, est l'équivalent d'un adjectif), la relation sémantique instaurée entre l'attribut et le sujet est dite de caractérisation : *les hommes sont* ***vaillants****, les femmes sont* ***chastes*** (Max. 1). La caractérisation est de plus modalisée si le verbe n'est pas *être* : *elles paraissent les plus* ***raisonnables*** (Max. 9), vs *elles sont les plus raisonnables.* Dans l'occurrence *elle devient* ***fureur*** (Max. 32), la relation qui s'établit entre le sujet et l'attribut, nom sans déterminant, est bien de caractérisation modalisée. Dans les *Maximes*, cette caractérisation, qui comporte une tonalité ironique, est le plus souvent dysphorique.
- Si l'attribut est un **nom**, la relation sémantique entre l'attribut et le sujet est dite d'égalité (Arrivé *et al.*, 1986, 86) ou d'équivalence référentielle (Riegel *et al.*, 1994, 238) : *Les passions sont les seuls* ***orateurs*** *qui persuadent toujours* (Max. 8) ; l'inversion du sujet et de l'attribut produit une paraphrase : *Les seuls orateurs qui persuadent toujours sont les passions.* La relation sémantique instaurée entre le sujet et l'attribut se fondant sur une analyse syntaxique

en constituants, ce qui est mis en regard, ce sont les syntagmes et non les noyaux de ces syntagmes : ***Les passions** sont **les seuls orateurs qui persuadent toujours***, et non *passion(s)* et *orateur(s)*. Plus précisément, il s'agit des référents des syntagmes. On notera qu'en réalité, dans de nombreux cas, cette relation n'est pas d'égalité. Lorsque le sujet n'est pas un nom, mais, en termes de constituants, une proposition, l'inversion est impossible, car il n'y a plus égalité : *Ce qui paraît générosité n'est souvent qu'une* ***ambition*** *déguisée* (Max. 246), vs *Une ambition déguisée n'est souvent que ce qui paraît générosité* (la phrase n'est pas agrammaticale mais asémantique). De plus, cette relation dépend de la nature du verbe d'état. Seul *être*, notionnellement vide, permet cette relation d'égalité. Si le verbe d'état est autre, il exprime une modalisation, d'ordre aspectuel (*elle devient* ***fureur***, Max. 32) ou épistémique (*[Ce] qui paraît* ***générosité***, Max. 246).

3.2.2. Définition syntaxique

Les verbes introduisant l'attribut du sujet

Pour la grammaire traditionnelle, les verbes introduisant l'attribut du sujet sont appelés « verbes d'état » (*être*, *demeurer*, *devenir*, *paraître*, *rester*, *sembler*, etc.), car elle considère qu'ils renvoient à l'« état » dans lequel le sujet se trouve (*être*), se trouve toujours (*rester*, *demeurer*), se trouvera (*devenir*), semble se trouver (*paraître*, *sembler*). Cette étiquette sémantique est ambiguë[1] et de surcroît floue, dans la mesure où l'état décrit peut certes être passager, mais aussi permanent jusqu'à l'essence, comme c'est le cas dans la Maxime 2 : *L'amour-propre est le plus* ***grand*** *de tous les flatteurs*. Certains auteurs, par souci de transparence, parlent de verbes attributifs (Riegel *et al.*, 1994, 235). Nous préférons la dénomination de copule, qui permet de dissocier clairement *être*, copule vide, des autres verbes (*demeurer*, *devenir*, *paraître*, *rester*, *sembler*, etc.), copules pleines.

Quelle unité d'analyse retenir ?

Suivant l'unité retenue (mot *vs* morphème), l'analyse variera :

- Si l'unité est le **mot**, on considère que trois éléments entrent dans la construction attributive : le sujet, le verbe attributif, l'attribut. On peut dire alors que l'attribut est subordonné au verbe (on utilise ici subordonné au sens de Tesnière, 1959), lequel est toujours le pivot de la phrase.
- Si l'unité est le **morphème**, on sera amené à dissocier des autres constructions la construction comportant *être*, car ce dernier élément, notionnellement vide, ne saurait être traité comme un morphème. C'est pourquoi l'on parle de copule vide, qui sert uniquement à indiquer la relation entre sujet et attribut. Dans cette construction à deux termes, l'attribut peut être vu comme le pivot de la phrase. En revanche, la construction demeure à trois termes lorsque la copule est pleine ; dans ce cas, le pivot est bien le verbe et l'attribut, son subordonné. On voit que,

1. Vendler, Zeno (« Verbs and Times », *Linguistics in Philosophy*, 1967, pp. 97-121), du point de vue de l'aspect lexical, classe les verbes en quatre catégories principales, verbes d'état, verbes d'activité, verbes d'accomplissement, verbes d'achèvement, sans que la première catégorie recouvre les verbes de même nom de la grammaire traditionnelle.

lorsque l'unité est le morphème, la notion d'attribut désigne deux réalités syntaxiques différentes : pivot et subordonné.

▷ Si la formulation retenue pour le sujet est « la fonction attribut », l'étudiant devra remettre en cause le présupposé contenu dans l'intitulé.

Sous quelles formes se réalise l'attribut ?

- Dans une analyse en constituants immédiats de la phrase, on peut considérer que le verbe et l'attribut, de même que le verbe et le complément d'objet, forment un syntagme verbal. On décomposera alors la phrase tirée de la Maxime 9, *elles paraissent les plus* ***raisonnables,*** en SN (*elles*) + SV (*paraissent les plus raisonnables*).
- De même que le complément d'objet direct, l'attribut peut être réalisé sous les formes suivantes :
  - Un syntagme nominal,
  - Un pronom personnel de 3e personne,
  - Un pronom démonstratif,
  - Un verbe à l'infinitif,
  - Une subordonnée conjonctive complétive.
- En revanche, contrairement au complément d'objet direct, l'attribut peut apparaître sous la forme :
  - D'un nom sans déterminant,
  - Et d'un adjectif[1].

On soulignera l'incapacité de cette dernière classe à exercer la fonction de complément d'objet. On notera de nouveau que le nom sans déterminant se comporte, non pas comme un syntagme nominal, mais comme un adjectif.

▷ La définition syntaxique s'appuie sur différents critères qu'il convient d'appliquer conjointement afin de cerner les propriétés de l'attribut. On soulignera que tous ces critères ne convergent pas nécessairement. L'identification de l'attribut ne va pas toujours de soi et requiert une présentation hiérarchisée des critères définitoires.

3.2.2.1. Critères formels

La place de l'attribut du sujet dans la phrase

L'attribut est le plus souvent immédiatement postposé au verbe, quelle que soit la classe dont il relève, sauf lorsqu'il est représenté par un pronom personnel ; il est alors antéposé au verbe : *Le désir de paraître habile empêche souvent de* ***le*** *devenir* (Max. 199). On peut rapprocher cette position de celle du complément d'objet direct.

1. Selon les occurrences du texte, l'étudiant portera son attention sur les caractéristiques de l'adjectif, dans la mesure où cette classe est considérée comme exerçant prototypiquement le rôle syntaxique d'attribut (🕮 **Adjectif**).

On trouve néanmoins des phrases dans lesquelles l'attribut est le premier terme, par exemple dans des tournures emphatiques, *Grande fut ma joie*, ou sans verbe, *Superbe, ce paysage !* (procédé non représenté dans le texte).

En général, l'attribut est difficilement déplaçable lorsqu'il est nominal, plus facilement lorsqu'il est adjectival.

La relation morphologique entre sujet et attribut du sujet

L'attribut s'accorde en nombre et en genre avec le sujet lorsque c'est un adjectif. Dans le cas où l'attribut est un nom, l'accord se fait moins souvent en nombre et rarement en genre : *Les passions sont les seuls* ***orateurs*** *qui persuadent toujours, elles sont comme un* ***art*** *de la nature* (Max. 8).

3.2.2.2. Critères structuraux

La reprise de l'attribut du sujet par une question

L'attribut est le terme qui sert de réponse à une question introduite par *qui ?*, *que / quoi ?*, *quel ?*, *comment ?*, *combien ?*. Rappelons que ce critère, largement utilisé dans l'enseignement, est à manipuler avec grande précaution. En effet, l'objet direct répond également aux interrogatifs *qui ?* et *que / quoi ?*, ce qui peut amener à confondre attribut et objet direct. De même, le complément circonstanciel de manière répond à l'interrogatif *comment ?* ; il faudra prendre garde à bien le dissocier de l'attribut.

La distinction *qui ?* vs *que* ? est fondée sur un critère sémantique (trait animé *vs* trait inanimé), et non syntaxique. Un syntagme animé attribut est susceptible de répondre à une question introduite par *qui ? : qui es-tu ?*. Un syntagme inanimé attribut peut répondre à la question *que ?* : *que sont les passions ?* (Max. 8).

La pronominalisation de l'attribut du sujet

L'attribut se remplace par le pronom personnel *le*, invariable en genre et en nombre, souvent appelé pronom « neutre » ; il s'agit en réalité de la forme masculine, non marquée en français : *elle [la jalousie] devient* ***fureur****, elle le devient* (Max. 32).

La passivation

L'attribut entre dans des constructions dont les verbes ne supportent jamais la passivation, à la différence de ce qui se produit pour le complément d'objet direct.

L'incapacité de l'attribut du sujet à l'effacement

On note d'emblée le caractère obligatoire de l'attribut : *elle [la jalousie] devient* ***fureur*** vs **elle devient* (Max. 32).

Dans certains cas, si l'on essaie d'effacer l'attribut, la phrase peut rester grammaticale, mais le verbe subit alors une modification sémantique considérable, à tel point que l'on n'a plus affaire à la même unité : *Le vrai honnête homme est* ***celui*** *qui ne se pique de rien* vs *Le vrai honnête homme est,* c'est-à-dire *Le vrai honnête homme existe.*

3.2.3. Commentaire détaillé des occurrences délicates

3.2.3.1. Avec être

L'attribut du sujet prend la forme d'un syntagme prépositionnel

Max. 306 *On ne trouve guère d'ingrats tant qu'on est* ***en état de faire du bien****.*

On note pour cette occurrence que l'attribut n'est ni nominal ni adjectival. Cependant, le syntagme prépositionnel se comporte ici comme un adjectif. Sémantiquement, il décrit une disposition du sujet. Syntaxiquement, il reste pronominalisable par le pronom personnel de troisième personne sous la forme *le.*

L'attribut du sujet ne semble pas construit directement

Max. 8 *Elles sont comme un* ***art*** *de la nature*

Dans cette occurrence, le morphème *comme* n'est plus une préposition ou un subordonnant, mais a été transféré dans les adverbes, ce que montre sa capacité à l'effacement : *Elles sont un art de la nature* (🕮 **Syntagmes prépositionnels**).

La copule est à l'infinitif, son sujet semble absent

Max. 199 *Le désir de paraître* ***habile*** *empêche souvent de le devenir.*

Max. 206 *C'est être véritablement* ***honnête homme*** *que de vouloir être toujours exposé à la vue des honnêtes gens.*

Dans ces deux occurrences, la copule à l'infinitif ne semble pas avoir de sujet et l'on peut en effet tout à fait considérer que le sujet est absent. On notera cependant que la grammaire générative propose une autre analyse, où le sujet est présent mais « inaudible » (Tellier, 1995, 119). Ainsi, la Maxime 199, *Le désir* [*de* [PRO_{arb} *paraître habile*]], comporterait un pronom, désigné par PRO[1], l'indice $_{arb}$, qui signifie arbitraire, indiquant que l'interprétation de PRO est générique. Par ailleurs, on remarque que le genre textuel de la maxime, proche de la définition lexicographique, privilégie l'interprétation générique.

3.2.3.2. Avec un verbe autre que être

La construction attributive facultative

Max. 405 *Nous arrivons tout* ***nouveaux*** *aux divers âges de la vie*

Max. 417 *En amour celui qui est guéri le* ***premier*** *est toujours le mieux guéri.*

Dans cette construction avec un verbe autre qu'une copule (« verbe occasionnellement attributif », Riegel *et al.*, 1994), l'adjectif qui suit le verbe s'accorde avec le sujet et le caractérise à la manière d'un attribut du sujet : *nous sommes tout nouveaux, il est le premier.* À la différence de ce qui se produit pour l'attribut du sujet, l'effacement est possible (Le Goffic, 1993, parle d'attribut accessoire), *nous arrivons aux divers âges de la vie*, et la pronominalisation par *le* ne l'est pas, **celui qui l'est guéri.*

---

1. L'abréviation PRO, en lettres majuscules, est réservée, en grammaire générative, à la notation du pronom sujet sous-entendu de l'infinitif.

4. L'ATTRIBUT DE L'OBJET

4.1. Corpus intégré à l'étude

4.1.1. L'attribut de l'objet est un nom

Construit sans préposition

Max. 203 Ce qu'on nomme **libéralité**

Construit avec préposition

Max. 1 Ce que nous prenons pour des **vertus**

4.1.2. L'attribut de l'objet est un adjectif

Max. 6 [la passion] rend [...] les plus sots **habiles**

4.1.3. Cas délicats

Max. 6 La passion fait souvent un fou du plus habile homme

Max. 457 Nous gagnerions plus de nous laisser voir tels que nous sommes

4.2. Définition syntaxique

On parle d'attribut du complément d'objet direct lorsque la relation ne s'établit plus entre l'attribut et le sujet, mais entre l'attribut et l'objet : *[la passion] rend* ***les plus sots habiles*** (Max. 6).

Il convient de distinguer deux types de verbes introduisant un attribut de l'objet :

- Ceux qui n'admettent pas d'être suivis par une proposition conjonctive : *[la passion] rend les plus sots* ***habiles****, *[la passion] rend que les plus sots sont habiles.*
- Ceux qui admettent d'être suivis par une proposition conjonctive : (a) *Nous gagnerions plus de nous laisser voir* ***tels*** *que nous sommes* (Max. 457) ; (b) *Nous gagnerions plus de laisser voir [que] nous [sommes] tels que nous sommes.* L'objet et l'attribut de l'objet de l'occurrence (a) sont mis en relation par la copule *être* en (b), à l'intérieur de la proposition conjonctive. La grammaire générative considère, dans ses travaux récents, que l'objet et l'attribut de l'objet forment une « proposition réduite [qui s'analyse comme] un seul constituant sélectionné par le verbe » (Tellier, 1995, 68) :

  – Lorsque la paraphrase par une proposition conjonctive est possible, on notera qu'elle s'appuie généralement sur la copule *être.* C'est la raison pour laquelle l'analyse sémantique développée *supra* pour l'attribut du sujet s'applique de la même manière.

  – Comme la copule suppléée est *être,* certains grammairiens (Feuillard, 1988) reconnaissent en l'attribut de l'objet le pivot d'une proposition dépendante et parlent, d'un point de vue syntaxique, de « prédicat second ».

L'attribut de l'objet peut être réalisé, directement ou indirectement (c'est-à-dire par l'intermédiaire d'une préposition, *Ce que nous prenons pour des* ***vertus***, Max. 1), sous la forme d'un syntagme nominal, d'un nom sans déterminant (*Ce qu'on nomme* ***libéralité***, Max. 203) et d'un adjectif (*[la passion] rend [...] les plus sots* ***habiles***, Max. 6).

4.2.1. Critères formels

La place de l'attribut de l'objet dans la phrase

L'attribut est le plus souvent immédiatement postposé au complément d'objet direct, sauf lorsque ce dernier est représenté par un pronom personnel : *la passion les* (objet) *rend* ***habiles*** (attribut), Max. 6.

Dans le cas où l'attribut adjectival est contigu au complément d'objet direct, il risque d'être confondu avec une épithète.

La relation morphologique entre objet et attribut de l'objet

L'attribut de l'objet s'accorde en nombre et en genre avec le complément d'objet direct lorsque l'attribut est un adjectif : *La passion [...] rend souvent les plus sots* ***habiles*** (Max. 6). Dans le cas où l'attribut est un nom, l'accord se fait moins souvent en nombre et rarement en genre : *La passion fait souvent un fou du plus habile homme* (Max. 6).

4.2.2. Critères structuraux

La reprise de l'attribut de l'objet par une question

L'attribut de l'objet peut répondre à une question introduite par *comment.* Il ne devra pas être confondu avec un complément circonstanciel de manière.

La pronominalisation de l'attribut de l'objet

Contrairement à l'attribut du sujet, l'attribut de l'objet ne peut pas être pronominalisé, sans doute parce qu'il serait alors remplacé par un pronom à la même personne et au même cas que le substitut admis par le complément d'objet direct avec lequel il est en relation. Ainsi, on contrastera **La passion les le rend* et une phrase du type *Pierre le lui rend* (qui correspondrait par exemple à *Pierre rend ce livre à Paul*), où les pronoms sont à deux cas différents.

L'incapacité de l'attribut de l'objet à l'effacement

On note d'emblée le caractère obligatoire de l'attribut de l'objet : *La passion [...] rend souvent les plus sots* ***habiles*** (Max. 6) vs **La passion [...] rend souvent les plus sots.*

Dans certains cas, si l'on essaie d'effacer l'attribut de l'objet, la phrase peut rester grammaticale, mais le verbe subit alors une modification sémantique considérable, à tel point que l'on n'a plus affaire à la même unité : *Ce que nous prenons pour des* ***vertus*** *n'est souvent qu'un assemblage de diverses actions [...]* vs *Ce que nous prenons n'est souvent qu'un assemblage de diverses actions [...].*

4.3. Commentaire détaillé des cas délicats

4.3.1. Attribut de l'objet ou complément d'objet direct ?

Max. 6 *La passion fait souvent un fou du plus habile homme, et rend souvent les plus sots habiles.*

Deux analyses sont possibles pour cette occurrence :

- *(un) fou* apparaît comme l'objet, construit directement après le verbe *faire*, dont le sens, alors très concret, se rapprocherait de celui de *fabriquer*. On remarque, à l'appui de cette analyse, que le syntagme nominal *un fou* ne saurait être remplacé par l'adjectif *fou*, **La passion fait souvent fou du plus habile homme* [...] ; or, un adjectif, s'il peut être attribut, ne peut être complément d'objet direct.
- On est tenté de voir dans *(un) fou* un attribut de *homme*, bien que ce dernier ne soit pas un complément d'objet direct. On peut en effet paraphraser par *La passion fait souvent que le plus habile homme est un fou*, ou même, comme nous y invite ce qui suit, *La passion rend souvent le plus habile homme fou*, en notant que *fou*, à la manière de nombreux attributs de l'objet, exerce le rôle sémantique de résultatif. On ajoutera que le statut de *homme* est ambigu, aux limites entre complément indirect et complément d'objet direct, comme le montre ce vers contemporain : *Je vous fais notre arbitre [, et vous nous jugerez]*[1].

4.3.2. L'attribut de l'objet est un adjectif indéfini

Max. 457 *Nous gagnerions plus de nous laisser voir* ***tels*** *que nous sommes*

On pourrait voir dans *tel* soit un pronom, soit un adjectif, mais non un adverbe en raison de l'accord en genre et en nombre avec l'objet. Nous retenons la deuxième analyse dans la mesure où *tel* est suivi d'une subordonnée comparative (ou « proposition corrélative », Grevisse, 1988, 986), et non d'une relative. Il s'agit d'une comparaison d'égalité, comme le montre la paraphrase *Nous gagnerions plus de nous laisser voir comme nous sommes.*

5. CONCLUSION

- **Considérations syntaxiques**

Dans une perspective diachronique, on note que la syntaxe de l'attribut ne connaît depuis le XVIIe siècle que peu de modifications, sinon formelles, portant sur l'accord entre sujet et attribut. La langue classique permettait plus facilement l'accord par syllepse (cas non représenté dans le texte, voir Fournier, 1998, 30 et 45).

1. Racine, *Britannicus*, vers 1302.

• De la syntaxe à la stylistique

Les constructions attributives sont très fréquentes dans les *Maximes*, genre moral qui s'intéresse aux vices et aux vertus humaines et qui s'apparente à la définition pseudo-lexicographique.

Chapitre 4
L'apposition

Alcools, « Zone »,
Guillaume Apollinaire.

À la fin tu es las de ce monde ancien

Bergère ô tour Eiffel le troupeau des ponts bêle ce matin

Tu en as assez de vivre dans l'antiquité grecque et romaine

Ici même les automobiles ont l'air d'être anciennes
La religion seule est restée toute neuve la religion
Est restée simple comme les hangars de Port-Aviation

Seul en Europe tu n'es pas antique ô Christianisme
L'Européen le plus moderne c'est vous Pape Pie X
Et toi que les fenêtres observent la honte te retient
D'entrer dans une église et de t'y confesser ce matin
Tu lis les prospectus les catalogues les affiches qui chantent tout haut
Voilà la poésie ce matin et pour la prose il y a les journaux
Il y a les livraisons à 25 centimes pleines d'aventures policières
Portraits des grands hommes et mille titres divers

J'ai vu ce matin une jolie rue dont j'ai oublié le nom
Neuve et propre du soleil elle était le clairon
Les directeurs les ouvriers et les belles sténo-dactylographes
Du lundi matin au samedi soir quatre fois par jour y passent
Le matin par trois fois la sirène y gémit
Une cloche rageuse y aboie vers midi
Les inscriptions des enseignes et des murailles
Les plaques les avis à la façon des perroquets criaillent
J'aime la grâce de cette rue industrielle
Située à Paris entre la rue Aumont-Thiéville et l'avenue des Ternes

Voilà la jeune rue et tu n'es encore qu'un petit enfant
Ta mère ne t'habille que de bleu et de blanc
Tu es très pieux et avec le plus ancien de tes camarades René Dalize
Vous n'aimez rien tant que les pompes de l'Église
Il est neuf heures le gaz est baissé tout bleu vous sortez du dortoir en cachette

Vous priez toute la nuit dans la chapelle du collège
Tandis qu'éternelle et adorable profondeur améthyste
Tourne à jamais la flamboyante gloire du Christ
C'est le beau lys que tous nous cultivons
C'est la torche aux cheveux roux que n'éteint pas le vent
C'est le fils pâle et vermeil de la douloureuse mère
C'est l'arbre toujours touffu de toutes les prières
C'est la double potence de l'honneur et de l'éternité
C'est l'étoile à six branches
C'est Dieu qui meurt le vendredi et ressuscite le dimanche
C'est le Christ qui monte au ciel mieux que les aviateurs
Il détient le record du monde pour la hauteur

Pupille Christ de l'œil
Vingtième pupille des siècles il sait y faire
Et changé en oiseau ce siècle comme Jésus monte dans l'air
Les diables dans les abîmes lèvent la tête pour le regarder
Ils disent qu'il imite Simon Mage en Judée
Ils crient s'il sait voler qu'on l'appelle voleur
Les anges voltigent autour du joli voltigeur
Icare Énoch Élie Apollonius de Thyane
Flottent autour du premier aéroplane
Ils s'écartent parfois pour laisser passer ceux que transporte la Sainte-Eucharistie
Ces prêtres qui montent éternellement élevant l'hostie
L'avion se pose enfin sans refermer les ailes
Le ciel s'emplit alors de millions d'hirondelles
À tire-d'aile viennent les corbeaux les faucons les hiboux
D'Afrique arrivent les ibis les flamants les marabouts
L'oiseau Roc célébré par les conteurs et les poètes
Plane tenant dans les serres le crâne d'Adam la première tête
L'aigle fond de l'horizon en poussant un grand cri
Et d'Amérique vient le petit colibri
De Chine sont venus les pihis longs et souples
Qui n'ont qu'une seule aile et qui volent par couples
Puis voici la colombe esprit immaculé
Qu'escortent l'oiseau-lyre et le paon ocellé
Le phénix ce bûcher qui soi-même s'engendre
Un instant voile tout de son ardente cendre
Les sirènes laissant les périlleux détroits
Arrivent en chantant bellement toutes trois
Et tous aigle phénix et pihis de la Chine
Fraternisent avec la volante machine
[...]

(© Gallimard, 1920, pp. 7-14)

1. Questions

► Syntaxe :

- Étudiez la fonction apposition dans l'extrait.
- Étudiez l'apposition dans l'extrait.

2. Relevé des occurrences

▷ Nous adoptons un classement distinguant les appositions selon leur origine de classe[1] : apposition nominale *vs* apposition adjectivale. Les appositions nominales sont subdivisées suivant leur mode de rattachement au point d'incidence, lié *vs* détaché. Le corpus pris dans son entier reflète une conception large de l'apposition. Ne retenir que l'apposition nominale reviendrait à adopter une conception restreinte. En effet, l'apposition adjectivale, mieux connue sous le nom d'« épithète détachée », relève pour certains auteurs de l'étude de l'adjectif (🕮 **Adjectif**). Dans ce chapitre, nous relevons et traitons les occurrences en termes de constituants.

2.1. Apposition nominale

2.1.1. Apposition nominale liée

(1) Pape **Pie X** (ou **Pape** Pie X)

(2) L'oiseau **Roc**

(3) tour **Eiffel**

(4) la rue **Aumont-Thiéville** et l'avenue **des Ternes**

2.1.2. Apposition nominale détachée

(5) le plus ancien de tes camarades **René Dalize**

(6) **éternelle et adorable profondeur améthyste** //
Tourne à jamais la flamboyante gloire du Christ

(7) Pupille **Christ de l'œil**

(8) **Vingtième pupille des siècles** il sait y faire

(9) le crâne d'Adam **la première tête**

1. Un autre classement est envisageable, qui prendrait en considération la nature du point d'incidence de l'apposition : nom, pronom, proposition, verbe à l'infinitif, etc. (pour un exemple de corpus classé en fonction du point d'incidence, 🕮 **Syntagmes prépositionnels**).

(10) la colombe **esprit immaculé**

(11) Le phénix **ce bûcher qui soi-même s'engendre**

(12) Et tous **aigle phénix et pihis de la Chine** //
Fraternisent avec la volante machine

2.2. Apposition adjectivale (détachée)

(13) **Seul en Europe** tu n'es pas antique ô Christianisme

(14) **Neuve et propre** du soleil elle était le clairon

(15) Et **changé en oiseau** ce siècle comme Jésus monte dans l'air

(16) [L'oiseau Roc] Plane **tenant dans les serres le crâne d'Adam la première tête**

2.3. Cas délicats

2.3.1. Aux frontières de l'apposition et de l'apostrophe

(17) Bergère ô tour Eiffel

(18) c'est vous Pape Pie X

(19) Et toi [...] la honte te retient

2.3.2. Syncrétisme lié à l'absence de ponctuation du texte

2.3.2.1. Segmentation : problème des appositions en cascade

(20) Pupille Christ de l'œil // Vingtième pupille des siècles il sait y faire

2.3.2.2. Syncrétisme entre épithète détachée et attribut

(21) La religion seule est restée toute neuve

(22) le gaz est baissé tout bleu

2.3.2.3. Syncrétisme entre épithète et apposition adjectivale

(23) Il y a les livraisons à 25 centimes pleines d'aventures policières

(24) le fils pâle et vermeil de la douloureuse mère

(25) L'oiseau Roc célébré par les conteurs et les poètes

2.3.2.4. Le phénomène morphologique de la composition

(26) Port-Aviation

(27) Aumont-Thiéville

(28) René Dalize

(29) Simon Mage

(30) l'oiseau-lyre

2.3.3. « Faux amis »

(31) Tu lis les prospectus les catalogues les affiches qui chantent tout haut

(32) À tire-d'aile viennent les corbeaux les faucons les hiboux

3. ÉLÉMENTS DE PROBLÉMATIQUE

▷ Pour aborder cette question, il serait judicieux de réfléchir particulièrement à trois aspects qui en constitueront la problématique et participeront de la définition de l'apposition :

– L'apposition est-elle une fonction ?

– Dans quelle mesure l'apposition se rapproche-t-elle de l'attribut[1] ?

– Des diverses conceptions de l'apposition, laquelle retenir : l'apposition est-elle seulement nominale, ou est-elle nominale et adjectivale ; est-elle exclusivement détachée ?

▷ L'apposition est appréhendée différemment par les grammairiens qui ne semblent pas s'entendre sur une définition. Dans un premier temps, on sera donc amené à cerner cette notion, floue et plurivoque, à l'aide des outils généralement utilisés, mais il conviendra, dans un deuxième temps, de proposer d'autres critères qui paraissent plus opératoires.

4. ÉLÉMENTS DE DÉFINITION GÉNÉRALE

4.1. L'apposition est-elle une fonction ?

Il conviendra de bien faire la distinction d'emblée entre l'étude de la fonction apposition et l'étude de l'apposition, dans la mesure où il est tout à fait discutable que l'apposition soit une fonction :

- La grammaire latine considérait l'apposition comme une fonction du nom. Le nom apposé était, en latin, au même cas que son point d'incidence et, comme l'indique son étymologie, « posé à côté ». L'apposition a pour particularité d'avoir un point d'incidence nominal, alors que la plupart des fonctions portent sur le verbe ou sur la phrase.
- L'apposition n'est pas une fonction si l'on pense qu'un rapport d'interdépendance s'instaure entre le point d'incidence et l'élément apposé, rapport paraphrasable par une proposition relative dans laquelle la copule

1. Dans une perspective structuraliste, toute notion est définissable par rapport à des notions voisines. Il s'agira alors d'une comparaison (convergences et divergences) entre les diverses notions.

suppléée est *être* : (5) *le plus ancien de tes camarades* ***René Dalize****, le plus ancien de tes camarades qui est René Dalize* (un parallèle peut être établi avec l'attribut introduit par *être*, 🕮 **Attribut**). L'apposition se comporte donc comme un prédicat – ou pivot – second ; elle est dans la proposition dépendante l'élément central par rapport auquel d'autres fonctions sont éventuellement marquées.

On peut considérer que la spécificité de l'apposition réside dans cette double caractéristique d'élément subordonné et de prédicat – ou pivot – second.

4.2. Dans quelle mesure l'apposition se rapproche-t-elle de l'attribut ?

▷ Nous partirons de considérations sémantiques largement développées par la grammaire traditionnelle, pour aboutir à une description syntaxique.

De nombreux grammairiens rapprochent apposition et attribut : « Entre le nom en apposition et un autre syntagme nominal, il existe une relation identique à celle qui lie l'attribut et le terme auquel il renvoie » (Arrivé *et al.*, 1986, 69). Interrogeons-nous d'abord sur la nature de cette relation. Lorsque l'on parle d'identité de valeur entre respectivement le point d'incidence et le segment apposé, et le sujet et l'attribut, on se situe sur un plan logique. Dans les deux cas, la relation établie est du type *x est y*, de façon explicite pour l'attribut (*tu n'es pas antique*), de façon implicite pour l'apposition : (9) *le crâne d'Adam* ***la première tête***. La relation appositive peut être rendue par une paraphrase s'appuyant sur la copule *être* : *le crâne d'Adam est la première tête.*

4.2.1. Considérations sémantiques

L'analyse sémantique développée pour l'attribut du sujet s'applique de la même manière (🕮 **Attribut**, § 3.2.1). Comme pour l'attribut, la définition d'ordre sémantique est étroitement dépendante de la classe de l'apposition :

- Si l'apposition est un **adjectif**, la relation sémantique instaurée entre le point d'incidence et le segment apposé est dite de caractérisation : (14) ***Neuve et propre*** *du soleil elle était le clairon.*
- Si l'apposition est un **nom**, la relation sémantique entre le point d'incidence et l'apposition est dite d'identité référentielle (Riegel *et al.*, 1994, 190) : (9) *le crâne d'Adam* ***la première tête***.
- Si l'apposition est un **nom sans déterminant**, on remarquera, à la suite de Riegel *et al.* (1994, 164-165), que « l'absence de déterminant [apparaît] comme la marque d'actualisation incomplète du nom, le GN [groupe nominal] ayant alors une valeur attributive et non référentielle (cas des attributs et des appositions [...]) ». Le nom sans déterminant se rapproche de l'adjectif. En outre, « toutes les énumérations exhaustives, en particulier celles qui sont en apposition à *tout* (qui a précisément pour rôle de constituer l'énumération en une totalité), peuvent entraîner l'effacement de

déterminants définis restituables » : (12) *Et tous* ***aigle phénix et pihis de la Chine*** *// Fraternisent avec la volante machine.*

4.2.2. Considérations syntaxiques

D'un point de vue syntaxique, toutefois, la relation qui s'établit entre point d'incidence et apposition est nécessairement de prédication seconde, dans la mesure où elle est paraphrasable par une proposition relative (voir *supra*, § 4.1), alors que l'attribut peut être prédicat (premier), c'est-à-dire pivot de la phrase (🕮 **Attribut**).

> ▷ La comparaison entre attribut et apposition est parfois explicite, de par le libellé même du sujet proposé aux concours. Une question possible serait : *étude de la fonction attribut et de la fonction apposition dans le texte*. Il s'agirait dans un premier temps d'établir un parallèle entre attribut et apposition (voir § 4.2 de ce chapitre), de s'interroger ensuite sur la validité du concept de fonction appliqué à ces deux notions (voir § 4.1 de ce chapitre et § 3.2.2 du chapitre sur l'attribut), afin de développer dans le corps du devoir les convergences et les divergences entre attribut et apposition sur un plan sémantique et sur un plan syntaxique. La conclusion pourrait montrer que les similitudes sont d'ordre plus sémantique que syntaxique.

4.3. Laquelle des diverses conceptions de l'apposition retenir ?

La notion d'apposition est extrêmement large ; selon les auteurs, elle recouvre les éléments suivants :

- Nom détaché
- Nom détaché, nom lié
- Nom détaché, nom lié, adjectif détaché
- Nom détaché, adjectif détaché.

Parmi ces différentes conceptions, laquelle retenir ? À quels présupposés correspondent-elles ?

4.3.1. Conception référentielle de l'apposition

La grammaire traditionnelle spécialise les classes dans certains rôles syntaxiques, et réserve ainsi (s'appuyant sur le critère référentiel) l'appellation d'apposition au nom et celle d'épithète à l'adjectif. Remarquons d'ailleurs que ces deux termes – apposition et épithète –, d'étymologie respectivement latine et grecque, signifient « posé à côté ».

Les deux premières conceptions découlent de l'application du critère référentiel. Le segment apposé désigne la même réalité que le point d'incidence. On dit qu'ils sont tous deux coréférentiels : (7) *Pupille* ***Christ de l'œil***. Notons bien que cette identité référentielle est établie entre deux syntagmes, dans la mesure où le nom hors discours n'a qu'une extension et ne réfère pas. La définition proposée par Grevisse (1988, 553), par exemple, s'appuie sur ce critère : « il y a une sorte d'identité, de consubstantialité, – puisqu'ils désignent la même réalité – entre le nom et son apposition ».

C'est la primauté accordée au critère référentiel qui conduit à l'éviction de l'adjectif de cette catégorie, dans la mesure où l'adjectif ne désigne pas, mais caractérise : (13) ***Seul en Europe*** *tu n'es pas antique* ; il énonce une propriété, ici la solitude, qui qualifie le point d'incidence, sans le représenter intégralement.

Le nom lié : une apposition ?

La suprématie du critère référentiel conduit à considérer des noms liés comme des appositions. Le texte n'offre pas d'occurrences du type *la ville de Paris*, traditionnellement analysé comme une apposition, parce que *la ville* et *Paris* coréfèrent dans une certaine mesure, ce que montre la paraphrase attributive *la ville est Paris*. De nombreux auteurs contestent la notion d'apposition liée ; ils ne reconnaissent à cette construction aucune spécificité sur le plan syntaxique et traitent le deuxième segment comme un complément de nom.

Le texte présente des séquences (Déterminant +) Nom commun + Nom propre, (1) *Pape* ***Pie X***, (2) *L'oiseau* ***Roc***. Le point d'incidence peut exprimer « l'état, le rang, la qualité, la profession ou un autre titre officiel » (Bonnard, 1981, 275-276), le nom propre apposé est coréférentiel. Le cas de l'occurrence (3), *tour* ***Eiffel***, qui paraît formellement identique à cause de l'absence de préposition, diffère en réalité car les deux termes ne peuvent participer d'une paraphrase attributive, **la tour est Eiffel*. Certains grammairiens (Riegel *et al.*, 1994, 186) voient dans le deuxième nom une épithète dont « la caractérisation véhiculée équivaut à celle d'un adjectif qualificatif ». D'autres grammairiens (Martinet, 1979, 246) assimilent la séquence Nom commun + Nom propre à un composé.

4.3.2. Pour une conception non référentielle de l'apposition

Si l'on fait abstraction du critère référentiel et si l'on se cantonne au niveau syntaxique, « épithète détachée » équivaut pour un adjectif à « apposition ». Dans le cadre de ce travail, on tentera de montrer que la dernière acception (nom détaché, adjectif détaché) semble la plus pertinente sur le plan syntaxique.

5. Traitement de la question

5.1. Éléments de définition syntaxique

À la différence de l'attribut qui est introduit par une copule explicite, la relation entre le point d'incidence et l'apposition n'est pas établie par un verbe : (5) *le plus ancien de tes camarades* ***René Dalize***.

Dans une analyse en constituants immédiats, on peut considérer que le verbe et l'attribut forment un syntagme verbal, alors que l'apposition, qui se situe à l'extérieur du syntagme verbal, forme avec son point d'incidence un syntagme nominal. Autrement dit, ce dernier est décomposable en un autre syntagme nominal (dont le noyau est le point d'incidence de l'élément apposé) et une expansion (l'élément apposé) : (9) *le crâne d'Adam* ***la première tête*** s'analyse en *le crâne d'Adam* (SN) *la première tête* (SN, ici expansion). Il est toujours possible d'effacer cette expansion, le syntagme nominal comportant le point d'incidence étant conservé.

5.1.1. Quels éléments peuvent être apposés ?

L'apposition peut être réalisée sous la forme suivante :

- Un syntagme nominal, (9), *le crâne d'Adam* ***la première tête*** : Dét + Adj + Nom ; (5), *le plus ancien de tes camarades* ***René Dalize*** : Nom propre,
- Un nom sans déterminant, (10), *la colombe* ***esprit immaculé***,
- Un adjectif, (13), ***Seul en Europe*** *tu n'es pas antique*,
- Un participe passé, (15), ***changé en oiseau*** *ce siècle comme Jésus*,
- Un participe présent, (16), [*L'oiseau Roc*] *Plane* ***tenant dans les serres*** *[...]*,
- Un verbe à l'infinitif (cas non représenté),
- Une subordonnée conjonctive complétive (cas non représenté).

Parmi les douze appositions détachées du poème, on compte deux noms propres, deux noms avec déterminant, quatre noms sans déterminant, deux adjectifs, un participe passé et un participe présent. Dans ce corpus littéraire, l'absence de déterminant pour l'apposition est fréquente, constatation qui rejoint les conclusions de travaux antérieurs (Forsgren, 1988, 146).

On notera, d'après la problématique posée en 4.2, que les éléments précédents (à l'exception du participe présent) sont susceptibles d'être attributs, ce qui souligne la convergence entre apposition et attribut.

Dans le prolongement du point 4.2.1, on rappellera que le nom sans déterminant (lorsqu'il ne s'agit pas d'un nom propre) se comporte plus comme un adjectif que comme un syntagme nominal (*la colombe* ***esprit immaculé***).

5.1.2. Quels éléments peuvent être points d'incidence de l'apposition ?

Le point d'incidence de l'apposition peut être :

- Un nom (occurrences 1 à 7, 9 à 11, 15, 16),
- Un pronom (8, 12 à 14),
- Un verbe à l'infinitif (cas non représenté dans le texte),
- Une phrase (cas non représenté).

Le point d'incidence de l'apposition ne saurait être un verbe conjugué, ni un adjectif ni un adverbe. En effet, il a été remarqué (Aymard-Feuillard, 1975, 142) que le point d'incidence peut être assimilé à une sorte de « sujet », dans la mesure où il ancre dans la phrase un prédicat – ou pivot – second. Par conséquent, sont exclus du rôle syntaxique de point d'incidence, parce qu'ils ne peuvent être sujets, le verbe conjugué, l'adjectif et l'adverbe.

Notons que le point d'incidence de l'apposition peut exercer diverses fonctions, tels dans le texte fonction sujet (2, 6, 11 à 16), fonction objet direct (9), complément circonstanciel (4, 5). Dans le poème, les appositions adjectivales (13 à 16) ont exclusivement pour point d'incidence une fonction sujet.

▷ Afin de développer la problématique exposée en 4.3, nous opterons pour une présentation conjointe des occurrences d'apposition nominale et d'apposition adjectivale, auxquelles nous appliquerons successivement les critères formels et structuraux.

5.2. Critérologie syntaxique

5.2.1. Critères formels

La place de l'apposition

L'apposition, lorsqu'elle a la forme d'un syntagme nominal, est immédiatement postposée à son point d'incidence : (11) *Le phénix* ***ce bûcher*** *[...].* Une permutation s'accompagnerait d'un changement de fonction : dans *ce bûcher [...]* ***le phénix***, c'est le deuxième élément qui devient apposition.

Sur les huit occurrences d'apposition nominale détachée, deux présentent l'ordre apposition + point d'incidence (6, 8), l'ordre le plus fréquent étant point d'incidence + apposition. En (6) et en (8), l'antéposition est rendue possible par l'absence de déterminant.

L'apposition adjectivale ou réalisée par un nom commun sans déterminant est bien plus mobile : (10) *la colombe* ***esprit immaculé*** vs *esprit immaculé la colombe ;* (14) ***Neuve et propre*** *du soleil elle était le clairon* vs *du soleil elle était neuve et propre le clairon,* etc. On voit là encore que le nom commun sans déterminant se rapproche de l'adjectif.

Dans un parallèle avec l'attribut, remarquons que ce dernier est difficilement déplaçable lorsqu'il est nominal, plus facilement lorsqu'il est adjectival.

La relation morphologique entre point d'incidence et apposition

L'apposition adjectivale s'accorde en nombre et en genre avec le point d'incidence : (14) ***Neuve et propre*** *du soleil elle était le clairon.* En raison de l'identité référentielle impliquée par la relation d'apposition entre deux noms, l'élément apposé nominal s'accorde généralement en nombre avec son point d'incidence, et plus rarement en genre dans la mesure où peu de noms connaissent l'opposition entre masculin et féminin : (10) *la colombe* ***esprit immaculé***.

La ponctuation

La virgule, qui sépare à l'écrit le segment apposé de son point d'incidence, est censée marquer entre ces deux éléments une relation d'interdépendance. Elle est souvent donnée comme critère d'identification de l'apposition. En fait, elle ne vaut qu'en tant qu'indicateur d'une pause à l'oral, laquelle est le véritable critère définitoire. Dans le poème d'Apollinaire, l'absence de ponctuation ne gêne pas le repérage des segments apposés.

5.2.2. Critères structuraux

La reprise de l'apposition par une question

On notera l'impossibilité de reprise de l'apposition par une question, contrairement à ce qui se produit pour l'attribut.

La pronominalisation de l'apposition

L'apposition n'est pas pronominalisable, contrairement à ce qui se produit pour l'attribut.

Remarquons que dans la séquence Point d'incidence + **Apposition**, c'est uniquement le point d'incidence qui est pronominalisé : (9) *[L'oiseau Roc] Plane tenant dans les serres le crâne d'Adam* ***la première tête****, [L'oiseau Roc] Plane le tenant dans les serres.*

La passivation

L'apposition n'étant pas reliée à son point d'incidence par un verbe, le procédé de la passivation n'est pas pertinent.

L'effacement

L'effacement de l'apposition

L'apposition a toujours un caractère facultatif, que l'on opposera au caractère obligatoire de l'attribut. L'effacement de l'apposition préserve la grammaticalité de la phrase : (6) [...] ***éternelle et adorable profondeur améthyste*** *// Tourne à jamais la flamboyante gloire du Christ,* vs *[...] Tourne à jamais la flamboyante gloire du Christ.*

Cependant, l'effacement de l'apposition liée diffère de celui de l'apposition détachée, en raison de la valeur restrictive de la première : (2) *L'oiseau* ***Roc*** *[...] plane,* vs *L'oiseau plane.* Dans ce cas, bien que la phrase reste grammaticale, elle subit une forte déperdition référentielle.

L'effacement du point d'incidence

L'effacement du point d'incidence semble discriminer les segments dits apposés. Ce critère, rarement utilisé, nous paraît opératoire. En effet, toutes les occurrences ne supportent pas de la même façon l'effacement de leur point d'incidence. Ainsi, l'apposition adjectivale a besoin pour s'intégrer à la phrase de son point d'incidence : (13) ***Seul en Europe*** *tu n'es pas antique,* vs **Seul en Europe n'es pas antique.* L'apposition à noyau nominal sans déterminant nécessite également son point d'incidence : (10) *Puis voici la colombe* ***esprit immaculé****,* vs **Puis voici esprit immaculé.* En revanche, un syntagme nominal apposé peut prendre le relais de son point d'incidence : (11) *Le phénix* ***ce bûcher qui soi-même s'engendre*** *// Un instant voile tout de son ardente cendre,* vs *ce bûcher qui soi-même s'engendre un instant voile tout de son ardente cendre.* Dans ce dernier cas, le segment dit apposé semble exercer la même fonction que son point d'incidence, de manière parallèle, mais non conjointe comme dans le cadre de la coordination (Aymard-Feuillard, 1975, 140).

5.3. Commentaire détaillé des occurrences délicates

5.3.1. Aux frontières de l'apposition et de l'apostrophe

Les segments (17, *Bergère ô tour Eiffel*), (18, *c'est vous Pape Pie X*) et (19, *Et toi [...] la honte te retient*) comportent des noms ou des pronoms déictiques, qui désignent des allocutaires et sont coréférentiels. Deux analyses sont possibles : soit l'un des deux termes est apposé au second (*Pape Pie X* est apposé à *vous*), et l'on reste dans la même phrase, soit il s'agit d'une apostrophe, qui ne peut être syntaxiquement rattachée au reste. Dans l'occurrence (17), *bergère* sera donc vu comme apposé à *tour Eiffel*, ou bien *bergère* et *tour Eiffel* seront considérés comme deux apostrophes.

5.3.2. Syncrétisme lié à l'absence de ponctuation du texte

5.3.2.1. Segmentation : problème des appositions en cascade

Dans l'occurrence (20, *Pupille Christ de l'œil // Vingtième pupille des siècles il sait y faire*), l'absence de ponctuation rend encore plus délicate la segmentation en phrases. Soit les deux vers participent d'une même phrase, et l'on trouve trois appositions au pronom *il*, les deux premières étant séparées du reste de la phrase par un enjambement. Soit il y a adéquation entre phrase et vers, le premier étant une phrase nominale dans laquelle *Christ de l'œil* est apposé à *pupille*.

5.3.2.2. Syncrétisme entre épithète détachée et attribut

On peut hésiter en (21) et (22) sur le statut des syntagmes adjectivaux *toute neuve* et *tout bleu*. L'absence de ponctuation ne permet pas de trancher entre attribut (21) ou attribut accessoire[1] (22), et épithète détachée.

5.3.2.3. Syncrétisme entre épithète et apposition adjectivale

Dans le cas où l'apposition adjectif ou participe passé est immédiatement postposée au point d'incidence, elle risque d'être confondue avec une épithète. On hésitera ainsi pour les occurrences (23, 24, 25). Par exemple en (24), on ne sait, sur le plan sémantique, s'il faut opérer une lecture restrictive (épithète) ou non restrictive (épithète, apposition) de *pâle et vermeil* dans *le fils pâle et vermeil de la douloureuse mère.*

5.3.3. Le phénomène morphologique de la composition

On regroupera les occurrences (26) et (27) d'une part, (28) et (29) d'autre part. Les séquences (26, *Port-Aviation*) et (27, *Aumont-Thiéville*) peuvent être rapprochées d'un composé, si l'on y reconnaît deux unités, ou d'un morphème, si on les juge inanalysables.

Les séquences (28, *René Dalize*) et (29, *Simon Mage*) sont formées de deux noms propres. Deux analyses sont possibles : on peut voir dans le deuxième terme une apposition du premier (Bonnard, 1981, 275), et considérer que le nom de famille *Mage* est apposé au prénom *Simon*. On peut également traiter la

1. Voir le § 3.2.3.2 du chapitre sur l'attribut.

séquence comme un composé. En (30), *l'oiseau-lyre* constitue une occurrence particulière qui relève ouvertement du procédé de composition morphologique.

5.3.4. « Faux amis »

▷ Le candidat devra veiller à ne pas inclure dans l'étude des occurrences qui ne relèvent en rien de la question à examiner. En (31) et (32), les syntagmes nominaux ne sont pas mis en apposition, ils sont juxtaposés et exercent la fonction complément d'objet direct en (31), *Tu lis les prospectus les catalogues les affiches* [...], et la fonction sujet en (32), *À tire-d'aile viennent les corbeaux les faucons les hiboux.* Sur le plan référentiel, les divers éléments ne sont pas coréférentiels, ils participent d'une énumération ; sur le plan syntaxique, ils assument la même fonction conjointement et non parallèlement.

6. Conclusion

• **Perspective syntaxique**

À la suite de la démonstration, il apparaît que la notion d'apposition adjectivale est syntaxiquement pertinente.

Il est bon de prendre en considération dans l'étude à la fois la nature de l'apposition et celle du point d'incidence pour affiner la typologie des constructions appositives.

Il semble intéressant de dissocier les segments apposés qui ne peuvent s'intégrer syntaxiquement à la phrase s'il y a effacement de leur point d'incidence, de ceux, également dits apposés, qui supportent cet effacement et qui exercent en fait la même fonction, mais parallèlement, et non conjointement.

• **Perspective sémantico-textuelle**

Il serait pertinent de s'interroger sur le rôle informationnel (thématique ou rhématique) du segment apposé selon la position de ce dernier dans la phrase (et ici également dans le vers et dans la relation phrase-vers), au-delà « de l'idée communément admise d'une valeur essentiellement rhématique [...] de l'apposition détachée » (Neveu, 1995, 23). On pourrait, par exemple, examiner si un segment apposé à l'initiale est plus thématique (*Pupille Christ de l'œil // Vingtième pupille des siècles il sait y faire*) qu'un segment en clausule (*L'oiseau Roc célébré par les conteurs et les poètes // Plane tenant dans les serres le crâne d'Adam la première tête*).

• **Perspective stylistique**

Les appositions récurrentes construisent un tableau parisien résolument moderne. L'apposition et son point d'incidence sont mis en rapport de manière directe, participant ainsi de l'esthétique cubiste, qui joue sur les rapprochements inattendus. L'apposition semble convenir à la démarche mentale d'Apollinaire, qui en exploite la force de mystère brut, comme dans le dernier vers du poème (intégral) : *Soleil* ***cou coupé***.

Chapitre 5
Les compléments circonstanciels

***Madame Bovary*,**
Gustave Flaubert, 1857.

Nous étions à l'Étude quand le Proviseur entra, suivi d'un nouveau habillé en bourgeois et d'un garçon de classe qui portait un grand pupitre. Ceux qui dormaient se réveillèrent, et chacun se leva comme surpris dans son travail.

Le Proviseur nous fit signe de nous rasseoir ; puis, se tournant vers le maître d'études :

– Monsieur Roger, lui dit-il à demi-voix, voici un élève que je vous recommande, il entre en cinquième. Si son travail et sa conduite sont méritoires, il passera dans les grands, où l'appelle son âge.

Resté dans l'angle, derrière la porte, si bien qu'on l'apercevait à peine, le nouveau était un gars de la campagne, d'une quinzaine d'années environ, et plus haut de taille qu'aucun de nous tous. Il avait les cheveux coupés droit sur le front, comme un chantre de village, l'air raisonnable et fort embarrassé. Quoiqu'il ne fût pas large des épaules, son habit-veste de drap vert à boutons noirs devait le gêner aux entournures et laissait voir, par la fente des parements, des poignets rouges habitués à être nus. Ses jambes, en bas bleus, sortaient d'un pantalon jaunâtre très tiré par les bretelles. Il était chaussé de souliers forts, mal cirés, garnis de clous.

On commença la récitation des leçons. Il les écouta de toutes ses oreilles, attentif comme au sermon, n'osant même croiser les cuisses, ni s'appuyer sur le coude, et, à deux heures, quand la cloche sonna, le maître d'études fut obligé de l'avertir, pour qu'il se mît avec nous dans les rangs.

Nous avions l'habitude, en entrant en classe, de jeter nos casquettes par terre, afin d'avoir ensuite nos mains plus libres ; il fallait, dès le seuil de la porte, les lancer sous le banc, de façon à frapper contre la muraille en faisant beaucoup de poussière ; c'était là le genre.

Mais, soit qu'il n'eût pas remarqué cette manœuvre ou qu'il n'eût osé s'y soumettre, la prière était finie que le nouveau tenait encore sa casquette sur ses deux genoux. C'était une de ces coiffures d'ordre composite, où l'on retrouve les éléments du bonnet à poil, du chapska, du chapeau rond, de la casquette de loutre et du bonnet de coton, une de ces pauvres choses, enfin, dont la laideur muette a des profondeurs d'expression comme le visage d'un imbécile. Ovoïde et renflée de baleines, elle commençait par trois boudins circulaires ; puis s'alternaient, séparés par une bande rouge, des losanges de velours et de poils de lapin ; venait ensuite une façon de sac qui se terminait par un polygone cartonné, couvert d'une broderie en soutache compliquée, et d'où pendait, au bout d'un long cordon trop mince, un petit croisillon de fils d'or, en manière de gland. Elle était neuve ; la visière brillait.

1. QUESTIONS

► Syntaxe :

- Étudiez les compléments circonstanciels dans le passage.
- Étudiez les circonstants dans le passage.
- Étudiez les compléments circonstanciels prépositionnels dans le passage.
- Étudiez les syntagmes prépositionnels dans le passage.

▷ Ces quatre libellés n'appellent pas le même traitement.

Dans ce chapitre, nous nous proposons de répondre à la première question, qui est la plus large comme le montrent les diverses fonctions et natures des éléments relevés dans le corpus.

La deuxième question s'appuierait sur un corpus identique. Il conviendrait de bien insister sur les notions d'argument et de circonstant.

L'étude des compléments circonstanciels prépositionnels exclut les adverbes, les syntagmes nominaux, le relatif *où*, les subordonnées conjonctives ou participiales.

Le dernier libellé, qui invite à étudier les compléments incidents à un nom, à un verbe, à la phrase, est beaucoup plus large du point de vue des fonctions, puisqu'il inclut l'étude des compléments de nom, des compléments d'objet indirects et éventuellement des attributs indirects (🕮 **Syntagmes prépositionnels**). En revanche, il exclut, comme le troisième sujet, les adverbes, les syntagmes nominaux et les subordonnées.

2. RELEVÉ DES OCCURRENCES

▷ On pourrait établir le corpus de trois manières :

- Soit en classant les compléments circonstanciels selon la nature du syntagme qui les réalise : SN, SP, S_{Adv}, ou proposition subordonnée. Un tel classement sera adopté si les différentes natures sont bien représentées dans le texte.
- Soit en classant les compléments circonstanciels selon leur valeur (lieu, temps, manière, moyen, but, cause, etc.), comme le propose la grammaire traditionnelle.
- Soit en combinant ces deux approches. On répartira les compléments circonstanciels d'abord selon leur nature, en les subdivisant ensuite selon les valeurs sémantiques.
- Nous optons pour un classement différencié des occurrences :

  – Pour établir le corpus, nous nous fondons sur la nature des compléments circonstanciels, après avoir écarté les cas frontaliers présentés en 3.4.1.

  – Pour le corps de l'étude, nous choisissons un regroupement sémantique nouveau selon quatre axes : l'espace-temps, les relations logiques, les propriétés du procès, les actants secondaires du procès.

2.1. Le complément circonstanciel est un syntagme prépositionnel

2.1.1. Complément de lieu

(1) vers le maître d'études

(2) dans l'angle

(3) derrière la porte

(4) sur le front

(5) aux entournures

(6) par la fente des parements

(7) d'un pantalon jaunâtre

(8) sur le coude

(9) au sermon[1]

(10) en classe

(11) dès le seuil de la porte

(12) sous le banc

1. Il serait possible de considérer cette occurrence comme un complément circonstanciel de temps. La frontière entre les diverses valeurs sémantiques des compléments est parfois ténue.

(13) contre la muraille

(14) sur ses deux genoux

(15) au bout d'un long cordon trop mince

2.1.2. Complément de temps

(16) dans son travail

(17) à deux heures

(18) en entrant en classe

2.1.3. Complément de manière

(19) en bourgeois

(20) à demi-voix

(21) de toutes ses oreilles

(22) en faisant beaucoup de poussière

(23) en manière de gland

2.1.4. Complément de moyen

(24) par les bretelles

(25) de souliers forts, mal cirés, garnis de clous

(26) de clous

(27) de baleines

(28) par trois boudins circulaires

(29) par une bande rouge

(30) par un polygone cartonné, couvert d'une broderie en soutache compliquée [...] gland

(31) d'une broderie en soutache compliquée [...] gland

2.2. Le complément circonstanciel est un adverbe[1]

2.2.1. Complément de lieu

(32) par terre

2.2.2. Complément de temps

(33) puis (deux occurrences)

(34) ensuite (deux occurrences)

(35) encore

1. On veillera à bien ranger *par terre* (32) et *à peine* (36) parmi les adverbes et non parmi les syntagmes prépositionnels. Il s'agit en effet d'adverbes composés.

2.2.3. Complément de manière

(36) à peine

(37) [les cheveux coupés] droit

(38) mal [cirés]

2.3. Le complément circonstanciel est un pronom relatif

- **Complément de lieu**

(39) [il passera dans les grands,] **où** l'appelle son âge

(40) [une de ces coiffures d'ordre composite,] **où** l'on retrouve les éléments [...]

(41) [une façon de sac...] **d'où** pendait [...] un petit croisillon de fils d'or

2.4. Le complément circonstanciel est un syntagme infinitif

- **Complément de but**

(42) afin d'avoir ensuite nos mains plus libres

(43) de façon à frapper contre la muraille en faisant beaucoup de poussière

2.5. Le complément circonstanciel est une subordonnée conjonctive

2.5.1. Complément de temps

(44) quand le proviseur entra

(45) quand la cloche sonna

(46) la prière était finie que le nouveau tenait encore sa casquette sur ses deux genoux

2.5.2. Complément de cause

(47) soit qu'il n'eût pas remarqué cette manœuvre ou qu'il n'eût osé s'y soumettre

2.5.3. Complément de condition

(48) Si son travail et sa conduite sont méritoires [, il passera dans les grands]

2.5.4. Complément de concession

(49) Quoiqu'il ne fût pas large des épaules

2.5.5. Complément de conséquence

(50) si bien qu'on l'apercevait à peine

2.5.6. Complément de but

(51) pour qu'il se mît avec nous dans les rangs

2.6. Cas délicats

2.6.1. Le complément d'agent

(52) d'un nouveau habillé en bourgeois et d'un garçon de classe qui portait un grand pupitre

2.6.2. Complément circonstanciel ou complément d'objet indirect ?

(53) Nous étions à l'Étude

(54) il entre en cinquième

(55) il passera dans les grands

(56) pour qu'il se mît avec nous dans les rangs

2.6.3. Complément de manière ou subordonnée comparative ?

(57) comme surpris dans son travail

(58) comme un chantre de village

(59) comme au sermon

(60) comme le visage d'un imbécile

3. Introduction et éléments de problématique

Les grammairiens ont coutume de parler du complément circonstanciel ou de la fonction complément circonstanciel. Cette appellation au singulier présuppose l'existence de critères valables pour l'ensemble des compléments circonstanciels. D'autre part, elle fait abstraction des différentes valeurs que prend le complément circonstanciel. On préférera donc d'emblée parler de « compléments circonstanciels » au pluriel.

Les compléments circonstanciels, d'abord définis sur une base sémantique, sont difficiles à identifier syntaxiquement : ils ne se caractérisent pas par des propriétés homogènes. Souvent isolés de manière négative, ils sont opposés au COD, au COI et à l'attribut. Également appelés « circonstants », ils sont réputés effaçables et déplaçables, contrairement aux arguments.

D'un point de vue terminologique, ajoutons que les compléments circonstanciels sont aussi nommés :

- « compléments accessoires » (par opposition aux « compléments essentiels ») par Le Goffic (1993), qui privilégie ainsi le critère de l'effaçabilité,
- « compléments non sélectionnés », ou « compléments adjoints », ou encore « ajouts » (par opposition aux « compléments sélectionnés »), par Tellier (1995). La sélection est opérée, le cas échéant, par le verbe.

3.1. La dichotomie circonstant *vs* argument

3.1.1. Qu'est-ce qu'un circonstant ?

Le concept de circonstant est récent : il apparaît en 1959 dans les *Éléments de syntaxe structurale* de Tesnière. Ce concept, plus syntaxique, est issu de celui de complément circonstanciel, qui s'appuie davantage sur la notion de circonstance, ouvertement sémantique (voir § 4.1).

Le circonstant désigne une fonction effaçable et déplaçable, non soumise au principe d'unicité fonctionnelle et extérieure au syntagme verbal. On parle de complément de phrase, ou encore de « complément périphérique » (Riegel *et al.*, 1994, 140). La notion de circonstant englobe les compléments circonstanciels. Dans une analyse en termes de constituants immédiats, le circonstant est un syntagme nominal ou un syntagme prépositionnel qui se situe au même niveau que le SN sujet et le SV : P → SN + SV + SN ou SP ou S_{Adv}.

3.1.2. Qu'est-ce qu'un argument ?

L'argument (ou actant, Tesnière, 1982), qui fait partie du syntagme verbal, désigne une fonction spécifique au verbe : c'est un complément du verbe. On dit que l'argument appartient à la construction du verbe, c'est-à-dire à son schéma actanciel : est proposée une classification des verbes sans actant, à un actant, à deux actants, à trois actants.

Remarquons que la fonction sujet, généralement vue comme un argument, fait exception car elle apparaît avec tous les verbes et elle n'appartient pas au syntagme verbal[1]. En plus de cette fonction, la notion d'argument englobe la fonction objet direct et la fonction objet indirect (🕮 **Fonctions**).

3.2. La dichotomie complément de phrase *vs* complément de verbe

3.2.1. Le complément circonstanciel : un complément de phrase ?

De nombreux grammairiens (Gary-Prieur, 1985 ; Riegel, 1994) voient les compléments circonstanciels comme des compléments de phrase[2], et considèrent qu'ils ne sont pas régis par le verbe.

Néanmoins, pour quelques auteurs, les compléments circonstanciels ne sont pas tous des compléments de phrase :

- Certains compléments connaissent une intégration syntaxique plus grande que d'autres. Ils sont davantage liés au verbe. Le Goffic (1993, 13) parle de « compléments accessoires intra-prédicatifs ».
- D'autres compléments, généralement détachés, sont considérés comme ne dépendant pas du tout du verbe, mais véritablement de la phrase. Le Goffic (1993, 13) propose de les appeler « compléments accessoires extra-prédicatifs ».

1. Notons qu'en grammaire générative, la fonction sujet est appelée *argument externe*, précisément parce qu'elle se trouve en dehors du syntagme verbal.
2. On notera cependant que tous les auteurs ne distinguent pas entre compléments de phrase et compléments de verbe (Martinet, 1979).

La portée de la négation permet de distinguer entre compléments intra-prédicatifs et compléments extra-prédicatifs :

Complément intra-prédicatif : *[il lui dit]* ***à demi-voix*** (20) / *il ne lui dit pas à demi-voix : il lui dit mais pas à demi-voix.*

Complément extra-prédicatif : *Nous avions l'habitude,* ***en entrant en classe,*** *de jeter nos casquettes par terre* (18) / *nous n'avions pas l'habitude, en entrant en classe, de jeter nos casquettes par terre : nous n'avions pas l'habitude de jeter nos casquettes par terre, et nous entrions en classe.*

3.2.2. Du complément circonstanciel au complément d'objet indirect

On peut s'interroger sur le statut exact de certains syntagmes traditionnellement identifiés comme des compléments circonstanciels, alors qu'ils ne sont ni déplaçables ni effaçables, à la différence des cas évoqués précédemment. Ces propriétés sont liées au verbe. Ces compléments apparaissent donc régis par le verbe. On proposera *infra* de traiter comme des compléments d'objet indirects les occurrences (53 à 56).

Tableau récapitulatif

Grammaire traditionnelle	Compléments circonstanciels		
Position théorique n° 1 (par exemple, Arrivé et *al,* 1986 ; Riegel *et al.*, 1994)	Compléments circonstanciels (compléments de phrase)		COI ?
Position théorique n° 2 (par exemple, Le Goffic, 1993)	C. de phrase (ou extra-prédicatifs)	C. de verbe (ou intra-prédicatifs)	COI ?
Exemples du texte	*[Nous avions l'habitude]* ***en entrant en classe***	*[lui dit-il]* ***à demi-voix***	*[Il passera]* ***dans les grands***

Nous adoptons la position théorique numéro 2 pour examiner les occurrences du texte.

On peut considérer que les compléments circonstanciels prototypiques sont les compléments extra-prédicatifs[1] qui possèdent toutes les propriétés attribuées aux circonstants, notamment le détachement en tête de phrase.

La principale difficulté est d'établir une frontière entre compléments circonstanciels intra-prédicatifs et compléments d'objet indirects non prototypiques. Pour tenter de les discriminer, on se demandera si le complément en question est susceptible d'apparaître avec la plupart des verbes ou seulement avec certaines unités de cette classe, et dans quelle mesure il est déplaçable et effaçable

1. Les compléments extra-prédicatifs correspondent sur le plan sémantique à ce que l'on appelle quelquefois des compléments scéniques, qui assurent l'ancrage spatio-temporel des énoncés, comme en (9, 11, 15, 17, 18).

Complément circonstanciel extra-prédicatif :

(17) ***à deux heures** [...] le maître d'études fut obligé de l'avertir > à deux heures, il rentra, sortit, mangea, dormit, travailla, etc.*

Complément circonstanciel intra-prédicatif :

(36) *on l'apercevait **à peine** > ?à peine, on l'apercevait*

(36) *on l'apercevait **à peine** > on mangeait, on courait, on parlait, on travaillait, etc. à peine*

3.3. Quels éléments peuvent être compléments circonstanciels ?

Les compléments circonstanciels sont le plus souvent :

- Des syntagmes prépositionnels, comme le montrent les très nombreuses occurrences du corpus (🕮 **Syntagmes prépositionnels**),
- Des adverbes (ou des syntagmes adverbiaux) (32 à 38),
- Des subordonnées conjonctives (44 à 51).

On trouve également parmi les compléments circonstanciels :

- Des gérondifs, (18) *en entrant en classe*, (22) *en faisant beaucoup de poussière.* En effet, le gérondif, l'un des modes impersonnels, est le résultat de l'adverbialisation du verbe. Constitué du participe présent du verbe précédé de la préposition *en*, il forme un syntagme prépositionnel. Pour cette raison, les gérondifs seront classés parmi les syntagmes prépositionnels.
- Des syntagmes infinitifs (42, 43),
- Un pronom relatif, *où* (39 à 41),
- Des subordonnées participiales (*Le chat sorti, les souris dansent*, cas non représenté).

Les compléments circonstanciels sont beaucoup plus rarement des syntagmes nominaux (*Il se promène le soir,* cas non représenté).

3.4. Délimitation du sujet et éléments de problématique

3.4.1. Délimitation du sujet

Seront inclus dans l'étude :

- Du point de vue de la fonction : le complément d'agent (52) *suivi **d'un nouveau*** [...] ***et d'un garçon de classe,*** qui constitue un cas délicat, examiné en 5.5.1.
- Du point de vue de la classe : de nombreux adverbes ou locutions adverbiales qui peuvent être compléments circonstanciels ; ils fonctionnent à la manière de certains syntagmes prépositionnels, comme le montre la coordination : (37) *les cheveux coupés **droit** > les cheveux coupés **droit et en brosse.***

Seront exclus de l'étude :

- Du point de vue de la classe : les adverbes qui se contentent de déterminer leur point d'incidence, sans exercer de fonction par rapport à ce dernier, *un long cordon* ***trop*** *mince*, ou les adverbes de phrase et les adverbes d'énonciation du type *enfin*.
- Du point de vue du point d'incidence :
  - Les compléments des adjectifs, du type *haut* ***de taille****, large* ***des épaules****,*
  - Les syntagmes prépositionnels incidents à un nom :
    - Du type *un gars* ***de la campagne****,* qui seront analysés comme des compléments du nom, quelle que soit leur valeur sémantique (🕮 **Syntagmes prépositionnels**),
    - Du type *ses jambes,* ***en bas bleus****,* ou *un gars de la campagne,* ***d'une quinzaine d'années environ****,* bien qu'ils possèdent des valeurs dites circonstancielles. En effet, cette valeur, dans le premier cas, se situe aux confins du lieu et de la manière et, dans le second, est proche de la mesure. Ces syntagmes fonctionnent comme des appositions.

3.4.2. Éléments de problématique

Dans de nombreux cas, il est difficile d'attribuer à un complément une valeur précise. Par exemple, en (30), *qui se terminait* ***par un polygone cartonné****,* on peut hésiter entre complément de moyen et complément de manière. En outre, les catégories notionnelles (lieu, temps, manière, moyen, cause, but, etc.) varient considérablement d'une grammaire à l'autre. Enfin, ces valeurs dites circonstancielles ne sauraient suffire à conférer à un élément le statut de complément circonstanciel, comme on l'a vu pour les compléments de l'adjectif et du nom.

Les éléments de définition présentés dans l'ensemble du § 3 méritent d'être nuancés, dans la mesure où la frontière entre compléments de phrase et compléments de verbe n'est pas toujours étanche.

Dans le domaine des compléments circonstanciels, il serait plus exact de voir un continuum dans les diverses relations, tant sur le plan sémantique que sur le plan syntaxique. On s'attachera, après avoir examiné certains critères syntaxiques, à proposer une typologie des compléments circonstanciels en combinant nature et valeur sémantique.

4. ÉLÉMENTS DE DÉFINITION DES CIRCONSTANCIELS

4.1. Examen des définitions sémantiques

4.1.1. Point de vue historique

Les termes « circonstance » et « circonstanciel », d'origine rhétorique, datent des *Vrais Principes de la langue françoise* de l'abbé Girard (1747) :

Ce qu'on emploie à exposer la manière, le temps, le lieu et les diverses circonstances dont on assaisonne l'attribution gardera le nom de Circonstanciel ; puisque toutes ces choses y paraissent d'un air de Circonstance.

Les termes « circonstance » et « circonstanciel » désignent alors « un ensemble d'idées 'accessoires' pouvant s'ajouter à la proposition minimale constituée de termes nécessaires » (Arrivé *et al.*, 1986, 103).

4.1.2. Définition traditionnelle du complément circonstanciel

Le complément circonstanciel est le mot ou groupe de mots qui complète l'idée du verbe en indiquant quelque précision extérieure à l'action (temps, lieu, cause, but, etc.). (Grevisse, 1969, 38)

Dans cette définition, le complément circonstanciel est défini sur des bases exclusivement sémantiques. Or, on notera que les relations sémantiques entre un circonstant et le reste de la phrase se retrouvent entre un verbe et l'un de ses arguments. Dans ces conditions, on ne sait comment dissocier (25) *Il était chaussé* ***de souliers forts, mal cirés, garnis de clous*** et *Il utilisait des souliers forts, mal cirés, garnis de clous.* Dans la première phrase, *souliers* est complément circonstanciel de moyen ; dans la seconde, il exerce la fonction objet direct. Cette définition, qui ne fait jouer aucun critère syntaxique, apparaît donc critiquable.

4.2. Examen des propriétés syntaxiques générales

Contrairement à ce qui se produit pour les arguments, les critères d'identification des circonstants sont exclusivement structuraux. Les critères formels n'opèrent qu'*a contrario :* aucun circonstant ne se voit imposer d'accord, aucun circonstant n'a de place fixe.

4.2.1. La capacité à l'effacement des compléments circonstanciels

Les compléments circonstanciels sont réputés toujours effaçables : (11, 12) *il fallait,* ***dès le seuil de la porte,*** *les lancer* ***sous le banc*** > *il fallait les lancer.*

Ce critère doit cependant être manipulé avec précaution :

Certains compléments d'objet (directs ou indirects) sont parfois facultatifs, c'est-à-dire omissibles sans que la phrase en devienne agrammaticale, comme dans les exemples suivants : *Le chat mange la souris, Le chat mange* ; *Pierre obéit à Marie, Pierre obéit.*

Lorsque le complément circonstanciel est un pronom relatif, il est obligatoire. En effet, le pronom relatif, en même temps qu'il assume une fonction à l'intérieur de la proposition relative, est un subordonnant et il est à ce titre indispensable pour insérer la proposition dans la phrase, comme en (40), *une de ces coiffures d'ordre composite,* ***où*** *l'on retrouve les éléments du bonnet à poil [...]* > **une de ces coiffures d'ordre composite, l'on retrouve les éléments du bonnet à poil.*

En outre, se pose le problème de la conservation du sens du pivot verbal. L'effacement du complément circonstanciel est parfois possible, tout en ayant une incidence sur le sémantisme du verbe. En (28), *elle commençait* ***par trois boudins circulaires*** évoque la description animée selon l'œil du narrateur ; le sujet désigne le locatif. En revanche, *elle commençait,* en construction absolue, renvoie à la phase initiale d'un procès ; le sujet désigne l'agent.

De la même façon, l'interprétation d'une phrase peut être affectée par l'effacement d'un complément circonstanciel, notamment lorsqu'il prend la forme d'une subordonnée circonstancielle. Ainsi, en (48), ***Si son travail et sa conduite sont méritoires,*** *il passera dans les grands,* on constate la grammaticalité de la phrase obtenue après effacement de la subordonnée hypothétique : *il passera dans les grands.* Cependant, la réalisation du procès n'est plus soumise à condition.

4.2.2. La mobilité des compléments circonstanciels

Les compléments circonstanciels sont dits facilement déplaçables, quelle que soit leur nature (syntagme prépositionnel, adverbe, subordonnée conjonctive...). Ils acceptent notamment une position détachée en tête de phrase. On notera néanmoins que la mobilité des compléments circonstanciels est plus restreinte pour les compléments intra-prédicatifs : (20) *lui dit-il* ***à demi-voix*** > *?à demi-voix, lui dit-il.* En outre, certains types de subordonnées, comme les systèmes corrélatifs, n'admettent pas le déplacement : (50) *Resté dans l'angle, derrière la porte,* ***si bien qu'on l'apercevait à peine*** > **si bien qu'on l'apercevait à peine, resté dans l'angle, derrière la porte* (🕮 **Subordonnées**).

4.2.3. Le non-respect du principe d'unicité fonctionnelle

Les compléments circonstanciels ne sont pas soumis au principe d'unicité fonctionnelle, c'est-à-dire au principe d'une seule fonction par proposition (hors coordination). En (2, 3), *Resté* ***dans l'angle, derrière la porte,*** on identifie la répétition d'un complément circonstanciel de lieu, marquant une progression dans la spécification.

4.2.4. La commutabilité des prépositions introduisant des compléments circonstanciels

Les prépositions introduisant les compléments circonstanciels ne sont pas spécifiques au verbe. De ce fait, elles sont le plus souvent commutables, alors que les prépositions des compléments d'objet indirects sont généralement imposées par le verbe (🕮 **Syntagmes prépositionnels**).

> *Pierre pense à Marie > *Pierre pense sur Marie.*
>
> (28) *elle commençait* ***par trois boudins circulaires*** > *elle commençait avec trois boudins circulaires*

Ce critère est également à manipuler avec précaution. En effet, certaines prépositions peuvent être imposées par les noms qu'elles introduisent : (2) *[Resté]* ***dans l'angle*** > **[resté] sur l'angle.*

4.2.5. L'insertion de l'expression *et cela* (ou *et ce*) devant des compléments circonstanciels

L'insertion de l'expression *et cela* (ou *et ce*) devant un complément circonstanciel conserve à la phrase sa grammaticalité :

(21) *il les écouta* ***de toutes ses oreilles*** > *il les écouta, et ce de toutes ses oreilles.*

Au contraire, l'insertion de *et cela* devant un complément d'objet produit une phrase agrammaticale : **le chat mange, et cela la souris.*

4.2.6. L'incapacité à la pronominalisation

On entend par pronominalisation le remplacement d'un syntagme par un pronom (personnel, interrogatif, démonstratif, relatif). À la différence des arguments, les circonstants ne sont pas réputés pronominalisables. Par exemple, en (17), ***à deux heures,*** *[...] le maître d'études fut obligé de l'avertir,* le complément circonstanciel de temps *à deux heures* ne peut pas être repris par un pronom. On notera l'absence de pronom pour d'autres compléments circonstanciels, tels par exemple les compléments de manière, de condition, de conséquence.

Cependant, les compléments circonstanciels de lieu peuvent être remplacés par *en* et *y*, traditionnellement dénommés pronoms adverbiaux. On notera que, dans ce cas, *en* et *y* sont des adverbes : ils commutent avec l'adverbe interrogatif *où ?*, (12) *il fallait [...] les lancer* ***sous le banc*** > *il fallait [...] les y lancer / où fallait-il [...] les lancer ?*.

Dans d'autres cas, si le syntagme n'admet pas d'être remplacé par un seul pronom, il accepte d'être repris par un pronom, sous sa forme tonique s'il est personnel, avec le maintien de la préposition. C'est ce qui se produit généralement pour les compléments de moyen, d'accompagnement, et quelquefois pour les compléments de but, de cause et de concession : (24) *un pantalon jaunâtre très tiré* ***par les bretelles*** > *un pantalon jaunâtre très tiré par cela.*

5. EXAMEN DES DIFFÉRENTS COMPLÉMENTS CIRCONSTANCIELS SELON LEUR VALEUR ET ÉLÉMENTS DE DISCUSSION

Nous donnons la primauté au critère d'effacement. Toutes les occurrences présentées au § 5 sont effaçables, à l'exception du pronom relatif et mis à part certains cas délicats examinés en 5.5.

> ▷ Ce critère s'appliquant à toutes les occurrences — sauf les exceptions sus-citées —, il ne sera pas nécessaire de le mentionner ni de le discuter lors de l'examen de chaque cas.

Pour le traitement approfondi des occurrences, nous ne reprenons pas le classement établi pour le corpus. Nous proposons de regrouper les valeurs selon quatre ensembles[1] :

- **L'espace-temps** : les compléments circonstanciels de lieu et de temps sont placés en tête. En effet, les valeurs de lieu et de temps sont vues comme fondamentales dans le repérage du procès.
- **Les relations logiques** : les rapports de causalité, de condition, de concession, de conséquence, de but,
- **Les propriétés du procès** : les compléments de manière,
- **Les actants secondaires du procès** : les compléments de moyen.

On notera que des passerelles peuvent s'établir entre ces quatre groupes qui ne sont pas nettement délimités. Par exemple, le rapport de causalité est issu du rapport temporel d'avant / après, puisqu'il « implique [...] une relation abstraite de successivité entre deux événements » (Rémi-Giraud, 1998, 92).

5.1. L'espace-temps

L'espace et le temps posent le cadre du procès et offrent les repères permettant de situer l'action.

5.1.1. L'espace : le complément circonstanciel de lieu

Le complément circonstanciel de lieu est un syntagme prépositionnel

(1) *vers le maître d'études*

(2) *dans l'angle*

(3) *derrière la porte*

(4) *sur le front*

(5) *aux entournures*

(6) *par la fente des parements*

(7) *d'un pantalon jaunâtre*

(8) *sur le coude*

(9) *au sermon*

(10) *en classe*

(11) *dès le seuil de la porte*

(12) *sous le banc*

(13) *contre la muraille*

(14) *sur ses deux genoux*

(15) *au bout d'un long cordon trop mince*

1. Nous nous inspirons pour établir ce regroupement de Rémi-Giraud (1998).

La mobilité

On constate deux sortes de comportement :

- Certains compléments sont très mobiles, et acceptent notamment le détachement en tête de phrase : (11) *il fallait,* ***dès le seuil de la porte,*** *les lancer sous le banc > dès le seuil de la porte, il fallait les lancer sous le banc.* Il s'agit essentiellement de compléments extra-prédicatifs. C'est le cas également en (9, 15).
- D'autres compléments montrent une mobilité plus restreinte, comme, par exemple, en (1), *se tournant* ***vers le maître d'études*** > *?vers le maître d'études se tournant.* Cette caractéristique révèle un lien plus étroit avec le verbe. On parle de compléments intra-prédicatifs. C'est le cas également en (2, 3, 4, 5, 6, 7, 8, 10, 12, 13, 14).

La reprise par une question

Les compléments circonstanciels de lieu répondent à la question introduite par l'adverbe interrogatif *où ?* (par exemple, en 12 : *où fallait-il [...] les lancer ?*), ou par des syntagmes comportant *où,* comme *d'où ?* (en 7 : *d'où sortaient ses jambes ?*) et l'on parle alors de complément de provenance, ou *par où ?* (en 6 : *par où son habit-veste de drap vert laissait-il voir des poignets rouges ?*).

La pronominalisation

Rappelons que les compléments circonstanciels de lieu, comme tous les compléments circonstanciels, ne sont pas pronominalisables. Ils peuvent être remplacés par *en* et *y*, qui sont dans ce cas des adverbes, comme le montre leur commutation avec l'adverbe interrogatif *où ?*, (12) *il fallait [...] les lancer* ***sous le banc*** > *il fallait [...] les y lancer, où fallait-il les lancer ?.*

Considérations sémantiques

- Certaines prépositions introduisent des syntagmes indiquant une provenance, une origine (*de* en 7, *dès* en 11).
- Certaines prépositions introduisent surtout des syntagmes marquant un déplacement ou un mouvement (*vers* en 1 ; *par* en 6, où le déplacement, par métonymie, est celui de l'œil, et non de l'objet regardé).
- De nombreuses prépositions sont susceptibles d'introduire aussi bien des syntagmes marquant un déplacement que des syntagmes indiquant la présence en un lieu : (12) *il fallait [...] les lancer* ***sous le banc*** vs *[elles restaient] sous le banc.* L'interprétation, respectivement « allative » dans le premier cas, « locative » dans le second, est due au sémantisme du verbe (Martinet, 1979, 181). Cette influence s'explique par le caractère intra-prédicatif des compléments circonstanciels concernés (2, 3, 4, 5, 8, 10, 12, 13, 14). Un verbe ne renvoyant pas à un déplacement induit une lecture locative, comme par exemple en (2), *Resté* ***dans l'angle*** *;* en revanche, un verbe renvoyant à un déplacement induit une lecture allative, comme en (10), *en entrant* ***en classe***. En (15), *au bout de* reçoit une interprétation locative, car il introduit un complément extra-prédicatif.

Le complément circonstanciel de lieu est un adverbe

(32) *par terre*

L'adverbe *par terre* est incident au verbe *lancer.* Il reçoit une interprétation allative, en raison du sémantisme de ce verbe. Ce complément circonstanciel de lieu répond à la question *où* ? et non à la question *par où ?,* ce qui montre que *par terre* fonctionne désormais comme un morphème unique.

Le complément circonstanciel de lieu est un pronom relatif

(39) *[il passera dans les grands,]* ***où*** *l'appelle son âge*

(40) *[une de ces coiffures d'ordre composite,]* ***où*** *l'on retrouve les éléments [...]*

(41) *[une façon de sac...]* ***d'où*** *pendait [...] un petit croisillon de fils d'or*

En raison de sa nature de pronom relatif, *où* se situe obligatoirement en tête de subordonnée et n'admet aucun déplacement.

> ▷ On note l'absence, en langue française, de subordonnées circonstancielles de lieu.

5.1.2. Le temps : le complément circonstanciel de temps

Le complément circonstanciel de temps est un syntagme prépositionnel

(16) *dans son travail*

(17) *à deux heures*

(18) *en entrant en classe*

La mobilité

L'occurrence (16) est très peu déplaçable, ce qui s'explique par son caractère intra-prédicatif.

En revanche, les deux occurrences (17, 18), qui possèdent deux compléments extra-prédicatifs, sont très mobiles, comme le montre leur encadrement par des virgules reflétant des pauses. (17) est en outre placé en tête de phrase.

La reprise par une question

Les compléments circonstanciels de temps répondent à la question introduite par l'adverbe interrogatif *quand ?*

Considérations sémantico-énonciatives

Ces trois compléments circonstanciels de temps ne relèvent pas de la deixis. Ils s'inscrivent dans un repérage relatif ; autrement dit, ils s'appuient sur des éléments du contexte. Ils sont concomitants.

(16) exprime une visée durative. Le complément *dans son travail,* qui comporte un nom processif, peut être glosé par une subordonnée circonstancielle : *alors qu'il travaillait.*

(17) exprime une visée ponctuelle. Il est singulatif. Le procès est inséré dans le système chronologique de la journée.

(18) exprime une visée ponctuelle. Il est itératif : cette interprétation est impliquée à la fois par le sémantisme et par le temps à l'imparfait du verbe principal (*nous avions l'habitude*).

Le complément circonstanciel de temps est un adverbe

(33) *puis* (deux occurrences)

(34) *ensuite* (deux occurrences)

(35) *encore*

L'occurrence (33) appelle un commentaire particulier. *Puis* se situe entre adverbe à valeur temporelle et adverbe textuel. Ainsi, il apparaît en tête de phrase sans pouvoir être déplacé. Dans le texte, il ne marque pas la succession dans le temps, mais la succession aux yeux du narrateur-observateur. Il ne répond pas à la question *quand ?*.

Les occurrences (34, 35) ont une valeur temporelle, respectivement de succession et de persistance de l'action. On notera que, contrairement à *ensuite*, *encore* n'est guère mobile et répond difficilement à la question *quand ?*.

Le complément circonstanciel de temps est une subordonnée conjonctive

(44) *quand le Proviseur entra*

(45) *quand la cloche sonna*

(46) *la prière était finie que le nouveau tenait encore sa casquette sur ses deux genoux*

La mobilité

Les deux occurrences (44, 45) sont très mobiles. L'encadrement de (45) par des virgules reflétant des pauses le montre notamment. En revanche, (46) est un cas de subordination inverse, où l'ordre est contraint.

Le non-respect du principe d'unicité fonctionnelle

On note que la subordonnée temporelle en (45) coexiste avec un autre complément circonstanciel de temps, (17) *à deux heures*, auquel elle n'est pas coordonnée, ce qui illustre le non-respect du principe d'unicité fonctionnelle.

La reprise par une question

Les subordonnées compléments circonstanciels de temps répondent à la question introduite par l'adverbe interrogatif *quand ?*

Considérations sémantico-énonciatives

(44, 45) sont introduits par le subordonnant *quand*. Le temps de la subordonnée, le passé simple, exprime une visée ponctuelle. En (44), le procès de la subordonnée est inséré dans le procès, duratif, de la principale. En (45), les deux procès sont concomitants.

La subordination inverse en (46) exprime la succession rapide de deux événements. D'un point de vue sémantique, la première proposition contient le fait subordonné et renvoie à la circonstance (*la prière était finie*), la proposition introduite par *que* contient le fait principal (*que le nouveau tenait encore sa casquette sur ses deux genoux).*

5.2. Les relations logiques

Les relations logiques reposent, au plan sémantique, sur le rapport de causalité, lui-même issu du rapport temporel d'avant / après. Deux événements sont démarqués l'un de l'autre et une relation orientée s'établit entre eux[1].

Ce sont les propositions subordonnées (🕮 **Subordonnées**) qui ont vocation à exprimer ce rapport de causalité, et, dans une moindre mesure, les syntagmes infinitifs (🕮 **Infinitif**). Les subordonnées compléments circonstanciels sont souvent dotées d'une grande mobilité. Comme c'est le cas pour les syntagmes prépositionnels, la mobilité ou l'absence de mobilité vont respectivement de pair avec la caractéristique de complément de phrase (extra-prédicatif) et la caractéristique de complément de verbe (intra-prédicatif).

5.2.1. Le complément circonstanciel de cause

(47) *soit qu'il n'eût pas remarqué cette manœuvre ou qu'il n'eût osé s'y soumettre*

La mobilité

Les subordonnées circonstancielles de cause sont très mobiles.

La reprise par une question

Les subordonnées circonstancielles de cause répondent à la question introduite par l'adverbe interrogatif *pourquoi ?*

Considérations sémantiques

En (47), la subordonnée exprime une alternative (*soit que... ou que)* : deux possibilités qui s'excluent mutuellement sont introduites. Une cause étant nécessairement rejetée en faveur de l'autre, on trouve dans ce cas le subjonctif.

5.2.2. Le complément circonstanciel de condition

(48) *Si son travail et sa conduite sont méritoires [, il passera dans les grands]*

La mobilité

Les subordonnées circonstancielles de condition sont très mobiles.

La reprise par une question

Les subordonnées circonstancielles de condition ne répondent pas à une question spécifique. Pour l'occurrence (46), on pourrait poser la question : *dans quel cas passera-t-il dans les grands ?*

Considérations sémantiques

Les subordonnées circonstancielles de condition expriment une hypothèse (*Si son travail et sa conduite sont méritoires*), dont la conséquence est présentée

---

1. Nous nous inspirons fortement de Rémi-Giraud (1998, 92).

dans la principale (*il passera dans les grands*). En (46), il s'agit du système hypothétique à l'indicatif *si* + présent..., futur : l'hypothèse est envisagée comme probable.

5.2.3. Le complément circonstanciel de concession

(49) *Quoiqu'il ne fût pas large des épaules*

La mobilité

Les subordonnées circonstancielles de concession sont très mobiles.

La reprise par une question

Les subordonnées circonstancielles de concession ne répondent pas à une question spécifique.

Considérations sémantiques

Les subordonnées circonstancielles de concession présentent deux faits, dont l'un, décrit dans la subordonnée (*il n'[était] pas large des épaules),* aurait dû ou devrait empêcher la réalisation de l'autre, exprimé dans la principale (*son habit-veste [...] devait le gêner aux entournures...*). Le subjonctif, obligatoire dans ce type de subordonnées, présente le fait mentionné, non comme irréel, mais comme une cause inopérante.

5.2.4. Le complément circonstanciel de conséquence

(50) *si bien qu'on l'apercevait à peine*

La mobilité

Les subordonnées circonstancielles de conséquence ne sont pas mobiles. Elles apparaissent presque toujours après les principales. En effet, ces subordonnées ne sont pas des compléments de phrase, elles dépendent d'un élément de la principale. En (50), la consécutive dépend du participe passé *resté.*

La reprise par une question

Les subordonnées circonstancielles de conséquence ne répondent pas à une question spécifique.

Considérations sémantiques

La relation consécutive est l'inverse de la relation causale : *Resté dans l'angle [...],* ***si bien qu'on l'apercevait à peine*** > *On l'apercevait à peine, parce qu'[il était] resté dans l'angle.*

5.2.5. Le complément circonstanciel de but

Le complément circonstanciel est un syntagme infinitif

(42) *afin d'avoir ensuite nos mains plus libres*

(43) *de façon à frapper contre la muraille en faisant beaucoup de poussière*

Le syntagme infinitif complément circonstanciel de but partage de nombreuses propriétés avec la subordonnée circonstancielle de but (voir *infra*).

Il s'en distingue par le fait qu'il n'a pas de sujet propre (sauf à poser, comme dans la conception générativiste, un sujet inaudible, coréférentiel à celui de la principale (42), ou générique (43), 🕮 **Infinitif**).

Le complément circonstanciel est une subordonnée conjonctive

(51) *pour qu'il se mît avec nous dans les rangs*

La mobilité

Les subordonnées circonstancielles de but sont très mobiles.

La reprise par une question

Les subordonnées circonstancielles de but répondent aux questions *pourquoi ? pour quoi ?*

Considérations sémantiques

Les subordonnées circonstancielles de but manifestent une intention. Pour cette raison, elles sont au subjonctif.

5.3. Les propriétés du procès

Les propriétés du procès sont des compléments circonstanciels exprimant notamment la manière et la mesure (cas non représenté).

Le complément circonstanciel de manière est un syntagme prépositionnel

(19) *en bourgeois*

(20) *à demi-voix*

(21) *de toutes ses oreilles*

(22) *en faisant beaucoup de poussière*

(23) *en manière de gland*

Le complément circonstanciel de manière est un adverbe

(36) *à peine*

(37) *[les cheveux coupés] droit*

(38) *mal [cirés]*

La mobilité

Les compléments circonstanciels de manière sont peu mobiles ; en effet, il s'agit avant tout de compléments de verbe (intra-prédicatifs). On remarquera que les adverbes monosyllabiques (37, 38) ont une place fixe. Seul le gérondif (22) semble connaître une grande latitude positionnelle.

La reprise par une question

Les compléments circonstanciels de manière répondent à la question introduite par l'adverbe interrogatif *comment ?* (et seulement à cette question, contrairement à ce qui se produit pour les compléments circonstanciels de moyen).

Le test de la restriction

Le test de la restriction permet de distinguer le complément de manière du complément de moyen. Ce dernier est toujours compatible avec *ne... que*, alors que le complément de manière ne l'est généralement pas.

(19) *habillé **en bourgeois** > ? [qui n'était] habillé qu'**en bourgeois***

(24) *un pantalon jaunâtre [...] tiré **par les bretelles** > un pantalon jaunâtre [qui n'était] tiré que **par les bretelles***

5.4. Les actants secondaires du procès

Les actants secondaires du procès sont des compléments circonstanciels exprimant notamment l'instrument et l'« accompagnant » (cas non représenté). Bien qu'ils représentent des substances sur le plan sémantico-référentiel, ils entourent le procès[1].

Le complément circonstanciel de moyen est un syntagme prépositionnel

(24) *par les bretelles*

(25) *de souliers forts, mal cirés, garnis de clous*

(26) *de clous*

(27) *de baleines*

(28) *par trois boudins circulaires*

(29) *par une bande rouge*

(30) *par un polygone cartonné, couvert d'une broderie en soutache compliquée [...] gland*

(31) *d'une broderie en soutache compliquée [...] gland*

La mobilité

Aucun de ces compléments de moyen n'est mobile, ce qui s'explique par le fait que ce sont des compléments de verbe (intra-prédicatifs).

La reprise par une question

Les compléments circonstanciels de moyen répondent à la question *comment ?*, comme les compléments de manière, mais aussi à la question Prép + *quoi ?* : (25) *Il était chaussé **de souliers forts, mal cirés, garnis de clous** > Comment / De quoi était-il chaussé ?*

Considérations sémantiques

Le complément circonstanciel de moyen exprime l'utilisation d'un objet à une certaine fin.

1. Pour ce développement, nous nous inspirons de Rémi-Giraud (1998, 90-91).

5.5. Cas délicats

5.5.1. Le complément d'agent

(52) *d'un nouveau habillé en bourgeois et d'un garçon de classe qui portait un grand pupitre*

Le complément d'agent équivaut au sujet de la phrase active correspondante, c'est la raison pour laquelle il est généralement distingué des autres compléments : *le Proviseur [était] suivi* ***d'un nouveau habillé en bourgeois et d'un garçon de classe*** > *un nouveau habillé en bourgeois et un garçon de classe suivaient le Proviseur.* De plus, notons que cette fonction est spécifique à certains verbes, à la manière des arguments.

Le complément d'agent se rapproche cependant d'un complément circonstanciel, comme le montrent sa capacité à se coordonner à un complément circonstanciel et son effaçabilité. Néanmoins, il convient de nuancer d'emblée cette dernière propriété : l'occurrence (52) n'admet pas l'effacement du complément d'agent, **le Proviseur entra, suivi.*

5.5.2. Complément circonstanciel ou complément d'objet indirect ?

(53) *Nous étions à l'Étude*

(54) *il entre en cinquième*

(55) *il passera dans les grands*

(56) *pour qu'il se mît avec nous dans les rangs*

Pour les occurrences (53 à 56), on peut légitimement hésiter entre compléments circonstanciels de lieu (ce serait l'analyse de la grammaire traditionnelle, qui privilégie les critères sémantiques) et compléments d'objet indirects (ce serait, par exemple, la solution adoptée par Arrivé *et al.*, 1986, 101-102, et Riegel *et al.*, 1994, 145, qui s'appuient sur des critères syntaxiques).

Toutes les occurrences expriment une localisation, elles répondent à la question *où ?*. Cependant, on constate qu'à la différence des compléments circonstanciels « prototypiques » de lieu, elles sont difficilement effaçables et déplaçables : (53) *nous étions* ***à l'Étude*** >**nous étions ; *à l'Étude, nous étions.*

Il convient de distinguer deux cas :

• L'effacement du complément mène à une phrase agrammaticale.

(56) *pour qu'il se mît* ***avec nous dans les rangs*** > **pour qu'il se mît.* Le caractère obligatoire de l'un de ces deux compléments et leur absence de mobilité évoquent la construction de verbes comme *aller*, qui nécessite l'expression du terme du mouvement, *Marie va à Tours,* ou comme *habiter,* qui appelle une localisation explicite, *Adrien habite à Toulouse.*

• L'effacement du complément mène à une phrase grammaticale, mais dont le pivot verbal a subi une telle modification sémantique que l'on peut se demander si l'on a affaire à la même unité :

(53) *Nous étions* ***à l'Étude*** > *nous étions,* où *être* ne conserve plus le sens de se trouver en un lieu (on est nécessairement quelque part), mais reçoit le sens fort d'exister.

(54) *il entre* ***en cinquième*** > *il entre,* où le verbe *entrer* ne subit pas une modification sémantique aussi considérable que dans le cas précédent. *Entrer en cinquième* marque le passage d'un élève dans une classe supérieure, passage métonymique et métaphorique, alors qu'employé de façon absolue, le verbe désigne l'accès à un lieu concret qui n'est pas précisé.

(55) *il passera* ***dans les grands*** > *il passera,* où le verbe, par synecdoque, exprime également le passage dans une classe supérieure. En construction absolue, *passer* signifie « être momentanément à tel endroit ».

On discerne un continuum entre les cas où le complément est absolument nécessaire et ceux où son effacement est possible, mais provoque une altération sémantique, parfois considérable, du pivot verbal.

5.5.3. Complément de manière ou subordonnée comparative ?

(57) *comme surpris dans son travail*

(58) *comme un chantre de village*

(59) *comme au sermon*

(60) *comme le visage d'un imbécile*

Il convient de s'interroger sur le statut de *comme,* qui peut fonctionner en tant que :

- Subordonnant introduisant une subordonnée conjonctive comparative. La comparaison n'est pas rangée par tous les auteurs dans les circonstances, car on ne peut dire qu'elle se tient autour de l'action exprimée par le verbe.
- Préposition introduisant un syntagme prépositionnel qui exprime souvent la manière,
- Adverbe portant sur un adjectif ; *comme* est alors effaçable.

Les occurrences peuvent être regroupées en deux ensembles en fonction des analyses qu'elles permettent :

• *comme* est soit un adverbe, soit un subordonnant

(57) *comme surpris dans son travail*

(59) *comme au sermon*

Comme, effaçable, est analysable comme un adverbe portant sur un élément à valeur adjectivale : *chacun se leva,* ***comme surpris dans son travail*** > *chacun se leva, surpris dans son travail.* On peut également considérer que *comme* est un subordonnant introduisant une subordonnée comparative d'égalité : *chacun se leva,* ***comme surpris dans son travail*** > *chacun se leva, comme s'il était surpris dans son travail.*

- *comme* est soit une préposition, soit un subordonnant

(58) *comme un chantre de village*

(60) *comme le visage d'un imbécile*

On peut voir dans *comme* une préposition introduisant un syntagme prépositionnel complément circonstanciel de manière, *il avait les cheveux coupés droit sur le front, **comme un chantre de village** > il avait les cheveux coupés droit sur le front, à la manière d'un chantre de village. Comme* est également analysable comme un subordonnant ouvrant une subordonnée comparative, *il avait les cheveux coupés droit sur le front, **comme un chantre de village** > il avait les cheveux coupés droit sur le front, comme un chantre de village les a.*

6. CONCLUSION

- **De la syntaxe à la sémantique**

Les compléments circonstanciels illustrent le divorce entre sémantique et syntaxe, c'est-à-dire la difficulté de faire coïncider valeurs notionnelles et propriétés syntaxiques.

- **De la phrase au texte**

Les compléments circonstanciels, souvent caractérisés comme accessoires, ont cependant une certaine pertinence textuelle et communicative. D'une part, ils peuvent occuper les places dévolues au thème ou au rhème de l'énoncé. D'autre part, comme le montre ce passage, l'accumulation des circonstanciels confère à la description de la scène et de la casquette de Charles Bovary une portée fortement ironique. Il apparaîtrait certes un déficit d'informations, et un déficit stylistique considérable, si l'on effaçait ces compléments, mais, paradoxalement, l'excès de ces derniers tue la description, participant ainsi de la critique flaubertienne du réalisme.

Section 3

Autour du verbe

Chapitre 1
Le subjonctif

Les Égarements du cœur et de l'esprit,
Crébillon fils, 1736.

Si nous en croyons d'anciens Mémoires, les femmes étaient autrefois plus flattées d'inspirer le respect que le désir ; et peut-être y gagnaient-elles. À la vérité, on leur parlait amour moins promptement, mais celui qu'elles faisaient naître n'en était que plus satisfaisant, et que plus durable.

Alors elles imaginaient qu'elles ne devaient jamais se rendre, et en effet elles résistaient. Celles de mon temps pensaient d'abord qu'il n'était pas possible qu'elles se défendissent, et succombaient par ce préjugé, dans l'instant même qu'on les attaquait.

Il ne faut cependant pas inférer de ce que je viens de dire qu'elles offrissent toutes la même facilité. J'en ai vu qui, après quinze jours de soins rendus, étaient encore indécises, et dont le mois tout entier n'achevait pas la défaite. Je conviens que ce sont des exemples rares, et qui semblent ne devoir pas tirer à conséquence pour le reste ; même, si je ne me trompe, les femmes sévères à ce point-là passaient pour être un peu prudes.

Les mœurs ont depuis ce temps-là si prodigieusement changé, que je ne serais pas surpris qu'on traitât de fable aujourd'hui ce que je viens de dire sur cet article. Nous croyons difficilement que des vices et des vertus qui ne sont plus sous nos yeux aient jamais existé : il est cependant réel que je n'exagère pas.

Loin que je susse la façon dont l'amour se menait dans le monde, je croyais, malgré ce que je voyais tous les jours, qu'il fallait un mérite supérieur pour plaire aux femmes ; et quelque bonne opinion que j'eusse en secret de moi-même, je ne me trouvais jamais digne d'en être aimé : je suis même certain que, quand je les aurais mieux connues, je n'en aurais pas été moins timide. Les leçons et les exemples sont peu de chose pour un jeune homme ; et ce n'est jamais qu'à ses dépens qu'il s'instruit.

Quel parti me restait-il donc à prendre ? Il n'était pas question de consulter Madame de Meilcour sur mes incertitudes ; et parmi les jeunes gens que je voyais, il n'y en avait pas un qui eût plus d'expérience que moi, ou qui du moins eût acquis celle qui aurait pu me servir. Je fus six mois dans cet embar-

ras, et j'y serais sans doute resté plus longtemps, si une des Dames qui m'avait le plus vivement frappé n'eût bien voulu se charger de mon éducation.

La Marquise de Lursay (c'était son nom) me voyait presque tous les jours, ou chez elle, ou chez ma mère avec qui elle était extrêmement liée. Elle me connaissait depuis longtemps. Le soin qu'elle prenait de me dire des choses obligeantes sur mon esprit et sur ma figure, sa familiarité avec moi, et l'habitude de la voir, m'avaient donné beaucoup d'amitié pour elle et une sorte d'aisance où je ne me trouvais avec personne de son sexe. De ce premier sentiment, né d'un assez long commerce, j'en vins insensiblement à souhaiter de lui plaire ; et comme elle était de toutes les femmes celle que je voyais le plus, elle fut aussi celle qui me toucha le plus continuement. Ce n'était pas que je crusse trouver plus de facilité à être aimé d'elle que d'une autre. Loin de me flatter d'une si douce idée, le peu d'espoir d'y réussir m'avait fait souvent porter mes vœux ailleurs, mais après deux jours d'infidélité, je revenais à elle plus tendre et plus timide que jamais.

Malgré mon attention à lui cacher ce qu'elle m'inspirait, elle m'avait pénétré : mon respect pour elle, et qui semblait s'accroître de jour en jour, mon embarras en lui parlant, embarras différent de celui qu'elle m'avait vu dans mon enfance, des regards même plus marqués que je ne le croyais, mon soin toujours pressant de lui plaire, mes fréquentes visites, et plus que tout, peut-être, l'envie qu'elle avait elle-même de m'engager, lui firent penser que je l'aimais en secret ; mais dans la situation où elle était alors, il ne lui convenait pas de brusquer mon cœur, et de s'engager sans précaution dans une affaire qui pouvait être équivoque.

Coquette jadis, même un peu galante, une aventure d'éclat, et qui avait terni sa réputation, l'avait dégoûtée des plaisirs bruyants du grand monde. Aussi sensible mais plus prudente, elle avait compris enfin que les femmes se perdent moins par leurs faiblesses que par le peu de ménagement qu'elles ont pour elles-mêmes ; et que, pour être ignorés, les transports d'un amant n'en sont ni moins réels, ni moins doux. Malgré l'air prude qu'elle avait pris, on s'obstinait toujours à la soupçonner ; et j'étais peut-être le seul à qui elle en eût imposé. Venu dans le monde longtemps après les discours qu'elle avait fait tenir au public, il n'était pas surprenant qu'il n'en eût rien passé jusqu'à moi. Je doute même, quand on aurait alors voulu me donner mauvaise opinion d'elle, qu'il eût été possible de me la faire prendre : elle savait combien j'étais éloigné de la croire capable d'une faiblesse, et s'en croyait obligée à plus de circonspection, et à ne céder, s'il le fallait, qu'avec toute la décence que je devais attendre d'elle.

1. Questions

- Morphosyntaxe : étudiez les formes et les emplois du subjonctif dans le texte.

► Syntaxe : étudiez le subjonctif dans le texte.

▷ Pour traiter la question de morphosyntaxe, on distinguera les quatre formes de subjonctif (formes simples : présent et imparfait ; formes composées : passé et plus-que-parfait).

▷ Pour aborder la question de syntaxe, on classera les formes selon qu'elles sont employées en propositions non dépendantes (principales ou indépendantes) ou en propositions subordonnées.

▷ Nous choisissons de traiter la question selon un axe sémantico-syntaxique. On ne trouve aucune occurrence de subjonctif en proposition non dépendante. Le relevé distinguera les types de subordonnées dans lesquelles le subjonctif est utilisé. On indiquera dans le relevé les cas d'opposition entre subjonctif et indicatif.

▷ Un plan plus traditionnel serait possible, qui regrouperait les subordonnées selon leur fonction. Un tel classement minimise le niveau sémantique et tend à laisser voir dans le subjonctif surtout une servitude grammaticale.

▷ Nous proposons dans ce chapitre d'intégrer le corpus à l'étude, en raison du nombre réduit d'occurrences et des regroupements qu'il est possible d'établir.

2. Introduction et présentation des cadres théoriques retenus

Le subjonctif est, avec l'indicatif, le seul mode comportant les six personnes. Il est dénommé mode personnel, par contraste notamment avec l'infinitif.

2.1. Conceptions traditionnelles du subjonctif

- Le subjonctif a été souvent présenté comme le mode de l'irréel ou de la non-réalité, par opposition à l'indicatif, qui serait le mode du réel et du vrai. Or, dans *je suis content que Jeanne soit venue,* le procès décrit par le verbe de la subordonnée est tout à fait réel et réalisé : *Jeanne est venue.* Il conviendra donc de nuancer cette affirmation. On gagnera à dire que l'indicatif voit le procès comme actuel, c'est-à-dire certain ou probable, et à décrire le subjonctif comme le mode du virtuel, qui présente le procès comme possible ou potentiel.
- Le subjonctif est souvent décrit comme le mode de la subordination. Son étymologie le suggère dans la mesure où *subjonctif* vient du latin classique *subjungere,* qui signifie « mettre sous la dépendance de ». Il est certes vrai que le subjonctif apparaît très fréquemment dans des subordonnées, comme le montrent les douze occurrences du texte. Cependant, on obser-

vera qu'il n'existe pas de relation bijective entre subordination et subjonctif, puisque de nombreuses subordonnées comportent un verbe à l'indicatif ou au conditionnel.

2.2. L'opposition subjonctif *vs* indicatif

Pour de nombreux auteurs, le subjonctif ne serait porteur de sens que dans les cas où il commute[1] avec l'indicatif. Le subjonctif ne serait doté de sa valeur de « virtualité » qu'à cette occasion. Or, le subjonctif n'est pas vide de sens dans les cas dits de servitude grammaticale, où il est obligatoire, par exemple dans les subordonnées concessives (voir *infra*).

2.3. Les temps du subjonctif

On dit généralement que le subjonctif possède quatre temps : le présent, l'imparfait, le passé et le plus-que-parfait. Il serait plus exact de dire que le subjonctif compte deux temps : le présent et l'imparfait. L'opposition entre présent et passé, d'une part, et imparfait et plus-que-parfait, d'autre part, n'est pas d'ordre temporel mais d'ordre aspectuel, et se situe respectivement entre inaccompli et accompli.

2.4. Concordance des temps

L'opposition entre présent et imparfait, d'une part, et entre passé et plus-que-parfait, d'autre part, peut être suspendue du fait de la concordance des temps. Jusqu'au XIXe siècle, cette concordance était suivie en langue écrite soutenue : un verbe principal au présent ou au futur appelle un verbe au présent ou au passé du subjonctif dans la subordonnée (*j'exige que tu viennes pour le repas, j'exige que tu sois venu pour le repas*) ; un verbe principal à un temps du passé ou au conditionnel appelle un verbe à l'imparfait ou au plus-que-parfait du subjonctif dans la subordonnée (*j'exigeais que tu vinsses pour le repas, j'exigeais que tu fusses venu pour le repas*).

Toutes les occurrences du texte vérifient cette règle, quel que soit le type de la subordonnée. Ainsi, après un verbe recteur à l'imparfait (1a et 1b, 2, 5, 6, 8, 10, 11) ou au conditionnel (7, 12), apparaissent des verbes au subjonctif imparfait (1a, 5, 6, 7, 10, 11) et au subjonctif plus-que-parfait (1b, 2, 8, 12) ; de même, après un verbe recteur au présent, apparaît un verbe au subjonctif passé (4). On se demandera pourquoi (3) et (9) dérogent à ce principe : on trouve après un verbe recteur au présent un subjonctif imparfait en (3) et un subjonctif plus-que-parfait en (9). En (3), *Il ne faut cependant pas inférer de ce que je viens de dire qu'elles* ***offrissent*** *toutes la même facilité*, l'imparfait du subjonctif contient une valeur modale proche de la valeur latine d'éventualité. En (9), *Je doute même [...] qu'il*

1. La commutation correspond à un changement de forme accompagné d'un changement de sens entre deux éléments de même statut : *nous ne croyons pas que tu as raison* vs *nous ne croyons pas que tu aies raison.*

***eût été** possible de me la faire prendre*, le plus-que-parfait exprime une hypothèse sur le passé qui ne s'est pas avérée.

▷ Il est possible de traiter le phénomène de concordance de deux manières, soit en l'évoquant pour chaque occurrence, soit en proposant, comme nous l'avons fait, une mise au point globale, qui permet d'éviter un effritement de l'analyse, dans la mesure où plusieurs occurrences correspondent au même cas.

2.5. Cadres théoriques retenus

2.5.1. La théorie psychomécanique de Gustave Guillaume

Dans la théorie de Guillaume, telle qu'elle a été exposée par Gérard Moignet (1981, 70-74), le subjonctif présente le « temps en devenir » (temps *in fieri*), par opposition à l'indicatif (temps *in esse*) et à l'infinitif (temps *in posse*). Le subjonctif envisage l'idée verbale en cours de génération, avant sa complète actualisation, qu'exprimerait l'indicatif. Pour expliquer le subjonctif dans les subordonnées, Guillaume met en contraste l'idée regardante, portée par les éléments de la proposition principale, et l'idée regardée, portée par la proposition subordonnée. L'actualisation (à l'indicatif) ou la virtualisation (au subjonctif) de l'idée regardée résulte de sa mise en relation avec l'idée regardante. « La nature de l'idée regardante [...] conditionne le mode de l'idée regardée. [...] sont actualisantes les idées qui s'apparentent à la notion positivante de "probable" (et, plus avant, la notion de "certain") ; sont virtualisantes les notions qui s'apparentent à la notion de "possible" » (Moignet, 1981, 72).

2.5.2. La théorie sémantico-logique de Robert Martin

L'analyse sémantico-logique de Martin (1983, 104-126) reprend la théorie de Guillaume en précisant la notion de possible à l'aide de celle de mondes possibles. On distingue deux sortes de mondes possibles :

- Des mondes potentiels (*m*), qui « présentent comme vrai ou comme faux ce qui, dans m_0 [le monde que le locuteur admet comme le monde de ce qui est], apparaît comme possiblement vrai ou comme possiblement faux ».
- Des mondes contrefactuels (*M*) : « ces mondes contiennent au moins une proposition contradictoire avec celles de m_0 » (Martin, 1987, 16).

Le subjonctif exprime l'appartenance du procès aux « mondes possibles ».

▷ Les deux paragraphes précédents rendent compte pour le subjonctif des positions théoriques de Gustave Guillaume et de Robert Martin, qui nous paraissent particulièrement utiles pour traiter ce sujet, et que nous avons présentées succinctement pour faciliter la lecture de ce chapitre. Aux concours, il ne serait pas nécessaire de faire une monographie de l'une ou de l'autre approche. On attend du candidat qu'il applique l'une ou l'autre de ces approches aux occurrences offertes par le texte. Il n'est pas interdit de les utiliser de manière complémentaire. Il conviendra seulement de replacer les notions retenues dans le cadre théorique dont elles relèvent.

3. Traitement de la question

3.1. Le subjonctif en proposition subordonnée relative

Le mode le plus fréquent des subordonnées relatives dites adjectives est l'indicatif. On remarquera que le subjonctif n'apparaît que dans les subordonnées relatives restrictives, où l'antécédent et la relative ne font qu'un (📖 **Subordonnées**). La restriction pèse sur la séquence [antécédent + relative], et non sur l'antécédent seul, ce qui a des conséquences sur le choix du mode. Le subjonctif s'oppose alors à l'indicatif. On notera que l'indicatif est de règle dans les relatives explicatives, parce que ces dernières ne réduisent pas l'extension de l'antécédent.

Il convient d'examiner les facteurs qui influent sur le choix du subjonctif. Dans le texte, il est possible d'en discerner deux : la négation du référent de l'antécédent (1a et 1b) et la singularisation au sein d'un ensemble de l'antécédent (2). Toute restriction pesant sur la séquence [antécédent + relative] diminue la probabilité de l'événement, ce qui privilégie le subjonctif.

3.1.1. Relative à antécédent impliquant une sélection quantitative

(1a) *il n'y en avait pas un qui **eût** plus d'expérience que moi*

(1b) *ou qui du moins **eût acquis** celle qui aurait pu me servir*

Les occurrences (1a) et (1b) comportent deux relatives coordonnées ayant pour antécédent commun le pronom indéfini *un*. L'existence du référent de cet antécédent est ici niée. Le subjonctif signale cette « affirmation d'inexistence » (Martin, 1983, 118).

3.1.2. Relative à antécédent impliquant une sélection qualitative

(2) *j'étais peut-être le seul à qui elle en **eût imposé***

La subordonnée relative exprime une « idée de parcours sur l'ensemble des possibles », au terme duquel un seul élément est retenu : à l'intérieur du « grand monde » (relayé par « on »), le narrateur a un statut d'exception. Le subjonctif marque cette « existence minimale » (Martin, 1983, 118).

3.2. Le subjonctif en proposition subordonnée conjonctive complétive

L'apparition du subjonctif dans les propositions subordonnées conjonctives complétives est liée à la présence d'un élément dans la principale (« idée regardante »), qui virtualise le procès de la subordonnée (« idée regardée »), autrement dit, qui le rend moins probable. C'est pourquoi les subordonnées ne sont pas classées d'après leur fonction.

Dans un continuum allant de l'absolument certain au possible, voire moins que possible, une ligne de partage s'établit autour du probable, séparant l'indicatif et le subjonctif. Indicatif et subjonctif sont susceptibles d'être employés dans les subordonnées conjonctives complétives. Trois cas de figure se présentent :

- Seul l'indicatif est possible : l'idée regardante inscrit le procès dans l'univers du certain ou du probable. C'est le cas notamment des verbes de déclaration, de jugement, comme *affirmer, déclarer, dire, penser,* et des adjectifs comme *certain, probable, sûr, vrai.* Dans le texte, on relève une construction de cette sorte, où l'indicatif est obligatoire : *il est cependant réel que je n'exagère pas*[1].
- L'indicatif et le subjonctif sont utilisés concurremment. Le probable est susceptible de basculer dans le possible. Il convient de repérer les facteurs expliquant cette opposition, tels la négation, l'interrogation, certains adverbes (3, 4, 5).
- Seul le subjonctif est possible : l'idée regardante inscrit le procès dans l'univers du possible, voire du moins que possible. C'est le cas notamment des verbes de sentiment, d'ordre, comme *aimer, craindre, détester, dire*[2], *exiger, ordonner, vouloir,* et des adjectifs comme *(im)possible, merveilleux, surprenant* (6, 7, 8, 9).

3.2.1. Le subjonctif s'oppose à l'indicatif

3.2.1.1. Après un verbe de parole ou de jugement

(3) *Il ne faut cependant pas inférer de ce que je viens de dire qu'elles* ***offrissent*** *toutes la même facilité*

(4) *Nous croyons difficilement que des vices et des vertus [...]* ***aient*** *jamais* ***existé***

3.2.1.2. Après une tournure présentative comportant une négation

(5) *Ce n'était pas que je* ***crusse*** *trouver plus de facilité*

Après un verbe de parole ou de jugement, ainsi qu'après un présentatif, le mode attendu est l'indicatif, dans la mesure où l'idée regardante de ces verbes ou du présentatif d'identification est actualisante. On pose comme certain ou probable la parole ou le jugement du locuteur. L'apparition du subjonctif dans de tels contextes est due à une « pesée critique » (Moignet, 1981, 72) qui s'exerce sur l'idée regardante et la modifie. Une négation (3, 5) ou une restric-

---

1. Il est évident que les occurrences d'indicatif n'ont pas à être relevées, en raison du libellé du sujet ; elles n'ont qu'une valeur illustrative.
2. On remarquera que certains verbes se construisent soit avec le subjonctif soit avec l'indicatif, parce qu'ils n'ont pas le même sens. Ainsi, *dire,* au sens de « déclarer », appelle l'indicatif, alors qu'il réclame le subjonctif au sens de « ordonner ». C'est également le cas de verbes comme *admettre, comprendre, entendre.*

tion (exprimée en 4 par l'adverbe *difficilement*) portent sur l'idée de certitude et l'inversent en doute ou en incertitude.

3.2.2. Le subjonctif est obligatoire

3.2.2.1. Le sémantisme de l'adjectif impose le subjonctif

(6) *il n'était pas possible qu'elles se* ***défendissent***

(7) *je ne serais pas surpris que l'on* ***traitât*** *de fable aujourd'hui [...]*

(8) *il n'était pas surprenant qu'il n'en* ***eût*** *rien* ***passé*** *jusqu'à moi*

On explique souvent l'apparition du subjonctif par la présence de constructions impersonnelles (6, 8), donnée comme critère de détermination du mode. Or, on trouve également l'indicatif avec ce type de structures (*il est cependant réel que je n'exagère pas*). Dans les trois cas, le subjonctif est dû au sémantisme de l'adjectif. Notons que la négation ne joue ici aucun rôle dans le choix de ce mode. En (6), l'adjectif est épistémique. En (7, 8), l'adjectif subjectif introduit une idée regardante dans laquelle s'intercale le sentiment de l'énonciateur, ce qui a pour conséquence de virtualiser le procès.

3.2.2.2. Le sémantisme du verbe impose le subjonctif

(9) *Je doute même [...] qu'il* ***eût été*** *possible de me la faire prendre*

Le verbe *douter* est un verbe épistémique, de sentiment, dans lequel s'insère l'idée regardante (l'absence de certitude, voire de probabilité) du narrateur, ce qui a pour conséquence de virtualiser le procès.

3.3. Le subjonctif en proposition subordonnée conjonctive circonstancielle

3.3.1. En subordonnée concessive

(10) *Loin que je* ***susse*** *la façon dont l'amour se menait dans le monde*

(11) *quelque bonne opinion que j'****eusse*** *en secret de moi-même*

Employé dans des subordonnées concessives, le subjonctif imparfait en (10) et (11) exprime la cause inefficiente : l'événement de la subordonnée n'entraîne pas les conséquences attendues. Ainsi, en (11), il est présenté comme ne faisant aucun doute que le héros a une bonne opinion de lui-même. Cependant, cette opinion est donnée comme inopérante : dans la mesure où Meilcour ne se trouve jamais digne d'être aimé des femmes, tout se passe comme s'il n'avait pas cette bonne opinion de lui-même. Le subjonctif virtualise l'assertion, en ouvrant un monde contrefactuel, c'est-à-dire un monde qui comporte une proposition contradictoire avec ce qui est.

En (10), la subordonnée concessive est introduite par un subordonnant composé, constitué par l'adverbe *loin* et le subordonnant *que*. L'occurrence (11) offre une particularité de classement. Elle se laisserait tout aussi bien ranger parmi les relatives dites indéfinies ou concessives : *opinion* peut être considéré comme l'antécédent, déterminé par l'indéfini *quelque*, dont la présence virtualise le référent de l'antécédent et réclame le subjonctif.

3.3.2. En subordonnée hypothétique : cas délicat

(12) *[j'y serais sans doute resté plus longtemps,] si une des Dames [...] n'**eût** bien **voulu** se charger de mon éducation*

L'occurrence (12) constitue un cas délicat, en raison de la présence du subjonctif plus-que-parfait dans la subordonnée hypothétique. La grammaire traditionnelle dénommait ce subjonctif plus-que-parfait « conditionnel passé deuxième forme », ce qui semble montrer qu'elle ne le voyait pas comme un véritable subjonctif. Il s'agit en fait d'une survivance de syntaxe latine, où le subjonctif nié exprime le potentiel du passé et dote la principale d'une coloration fictive, qui évoque, pour la démentir aussitôt, la situation d'innocence prolongée du héros. On notera que la subordonnée hypothétique correspondante sans négation, *si une des Dames eût voulu se charger de mon éducation,* marquerait un irréel du passé ; c'est précisément par la négation de cet irréel du passé que l'on aboutit à un potentiel du passé.

4. Conclusion

L'opposition des temps du subjonctif recouvre surtout une valeur aspectuelle, ce qui permet d'expliquer que le système du français moderne se soit considérablement simplifié par rapport à celui du français classique. Le passage abonde en subjonctifs imparfait et plus-que-parfait, tombés en désuétude. Faut-il pour autant parler de déclin du subjonctif ? Le subjonctif présent est bien vivant, comme en témoigne, par exemple, son utilisation extrêmement fréquente après le subordonnant *après que* par contagion avec le subordonnant *avant que*, alors que cet emploi contredit la logique interne du système. Des études sociolinguistiques ont montré que le subjonctif est manié à l'oral par tous les locuteurs.

Chapitre 2
L'infinitif

Élégie III,
Jean de La Fontaine, 1661.

Me voici rembarqué sur la mer amoureuse,
Moi pour qui tant de fois elle fut malheureuse,
Qui ne suis pas encor du naufrage essuyé,
Quitte à peine d'un vœu nouvellement payé.
Que faire ? mon destin est tel qu'il faut que j'aime ;
On m'a pourvu d'un cœur peu content de lui-même,
Inquiet, et fécond en nouvelles amours :
Il aime à s'engager, mais non pas pour toujours.
Si faut-il une fois brûler d'un feu durable ;
Que le succès en soit funeste ou favorable,
Qu'on me donne sujet de craindre ou d'espérer,
Perte ou gain, je me veux encore aventurer.
Si l'on ne suit l'Amour, il n'est douceur aucune :
Ce n'est point près des rois que l'on fait sa fortune ;
Quelque ingrate beauté qui nous donne des lois,
Encore en tire-t-on un souris quelquefois ;
Et, pour me rendre heureux, un souris peut suffire.

Clymène, vous pouvez me donner un empire,
Sans que vous m'accordiez qu'un regard d'un instant :
Tiendra-t-il à vos yeux que je ne sois content ?
Hélas ! qu'il est aisé de se flatter soi-même !
Je me propose un bien dont le prix est extrême,
Et ne sais seulement s'il m'est permis d'aimer.
Pourquoi non, s'il vous est permis de me charmer ?
Je verrai les Plaisirs suivre en foule vos traces,
Votre bouche sera la demeure des Grâces,
Mille dons près de vous me viendront partager ;
Et mille feux chez moi ne viendront pas loger !
Et je ne mourrai pas ! Non, Clymène, vos charmes
Ne paroîtront jamais sans me donner d'alarmes ;
Rien ne peut empêcher que je n'aime aussitôt.

Je veux brûler, languir, et mourir s'il le faut :
Votre aveu là-dessus ne m'est pas nécessaire.

Si pourtant vous aimer, Clymène, étoit vous plaire,
Que je serois heureux ! quelle gloire ! quel bien !
Hors l'honneur d'être à vous je ne demande rien.
Consentez seulement de vous voir adorée :
Il n'est condition des mortels révérée
Qui ne me soit alors un objet de mépris.
Jupiter, s'il quittoit le céleste pourpris,
Ne m'obligeroit pas à lui céder ma peine.
Je suis plus satisfait de ma nouvelle chaîne
Qu'il ne l'est de sa foudre. Il peut régner là-haut :
Vous servir ici-bas c'est tout ce qu'il me faut.
Pour me récompenser, avouez-moi pour vôtre ;
Et, si le Sort vouloit me donner à quelque autre,
Dites : « Je le réclame ; il vit dessous ma loi :
Je vous en avertis, cet esclave est à moi ;
Du pouvoir de mes traits son cœur porte la marque,
N'y touchez point. » Alors je me croirai monarque.
J'en sais de bien traités, d'autres il en est peu :
Je serai plus roi qu'eux après un tel aveu.

Daignez donc approuver les transports de mon zèle ;
Il vous sera permis après d'être cruelle.
De ma part, le respect et les soumissions,
Les soins, toujours enfants des fortes passions,
Les craintes, les soucis, les fréquentes alarmes,
L'ordinaire tribut des soupirs et des larmes,
Et, si vous le voulez, mes langueurs, mon trépas
Clymène, tous ces biens ne vous manqueront pas.

1. QUESTIONS

► Syntaxe : étudiez l'infinitif dans l'extrait.

> ▷ L'extrait se prête à un traitement syntaxique — comme l'indique l'intitulé —, et non à un traitement morphosyntaxique. En effet, le texte n'offre que des occurrences d'infinitif présent et aucune d'infinitif passé.

► Morphosyntaxe : étudiez les modes non personnels du verbe.

On proposera un examen contrastif de l'infinitif, du participe (et du gérondif), en distinguant entre leurs propriétés communes et leurs spécificités.

2. RELEVÉ DES OCCURRENCES

▷ Plusieurs critères de classification ont été combinés : la fonction exercée par l'infinitif selon la nature du point d'incidence (nominal, verbal, phrastique), le rôle de pivot qu'il peut assumer dans la phrase. Cette classification recoupe en la redéfinissant la dichotomie traditionnellement proposée aux concours : emplois nominaux *vs* emplois verbaux. En effet, cette dernière distinction présuppose une relation bijective entre rôle de pivot et classe du verbe ; or, ce rôle est également assuré par des éléments appartenant à d'autres classes (🕮 **Problèmes de définition de la phrase**).

2.1. L'infinitif exerce une fonction syntaxique

2.1.1. Le point d'incidence est nominal

Apposition

(1) Vous **servir** ici-bas c'est tout ce qu'il me faut

Complément de nom

(2) Qu'on me donne sujet de **craindre** ou d'**espérer**

(3) Hors l'honneur d'**être** à vous je ne demande rien

2.1.2. Le point d'incidence est verbal

Sujet

(4) qu'il est aisé de se **flatter** soi-même !

(5) s'il m'est permis d'**aimer**

(6) s'il vous est permis de me **charmer** ?

(7) Si pourtant vous **aimer**, Clymène, étoit vous plaire

(8) Il vous sera permis après d'**être** cruelle

Complément d'objet direct

(9) Il aime à **s'engager**

(10) je **me** veux encore **aventurer**

(11) Je veux **brûler**, **languir**, et **mourir**

(12) si le Sort vouloit me **donner** à quelque autre

(13) vous pouvez me **donner** un empire

(14) Rien ne peut **empêcher** [...]

(15) Daignez donc **approuver** les transports de mon zèle

Complément d'objet indirect

(16) Consentez seulement de vous **voir** adorée

(17) [Jupiter] Ne m'obligeroit pas à lui **céder** ma peine

Attribut

(18) Si pourtant vous aimer, Clymène, étoit vous **plaire**[1]

Infinitif de progrédience

(19) Mille dons près de vous me viendront **partager**

(20) Et mille feux chez moi ne viendront pas **loger**

Cas délicats

– Sujet ou complément d'objet direct ?

(21) Si faut-il une fois **brûler** d'un feu durable

– Complément d'objet direct ou périphrase verbale ?

(22) un souris peut **suffire**

(23) Il peut **régner** là-haut

2.1.3. Le point d'incidence est phrastique

Complément de but

(24) pour me **rendre** heureux, un souris peut suffire

(25) Pour me **récompenser**, avouez-moi pour vôtre

Complément de manière

(26) vos charmes // Ne paroîtront jamais sans me **donner** d'alarmes

2.2. L'infinitif est pivot de la proposition

2.2.1. En proposition non dépendante

(27) Que **faire** ?

2.2.2. En proposition dépendante : le cas de la proposition infinitive

(28) Je verrai les Plaisirs **suivre** en foule vos traces

2.3. En marge de l'étude : l'infinitif substantivé

(29) Du **pouvoir** de mes traits son cœur porte la marque

1. Un autre classement est possible (📖 **Attribut**). L'attribut étant relié au sujet par une copule vide, *plaire* pourrait être analysé comme le pivot de la phrase.

3. Traitement de la question

3.1. Introduction

L'infinitif occupe une place à part dans le système verbal français. Le verbe à l'infinitif ne porte ni les marques de personne, ni les morphèmes de temps : l'infinitif est un mode non personnel et non temporel. On parle abusivement d'infinitif présent pour la forme simple et d'infinitif passé pour la forme composée alors que cette distinction renvoie à une opposition aspectuelle respectivement entre l'inaccompli et l'accompli.

L'infinitif est en français la forme citationnelle privilégiée du verbe, sans doute en accord avec la position traditionnellement adoptée selon laquelle le verbe à l'infinitif ne présenterait que l'idée du procès, sous sa forme la plus virtuelle.

Le verbe à l'infinitif a un comportement syntaxique qui diffère de celui du verbe conjugué. En effet, il participe à la fois du verbe et du nom (l'infinitif est parfois désigné comme la forme nominale du verbe). À la manière d'un verbe à un mode personnel, il peut être pivot d'une proposition ; comme le nom, il est susceptible d'exercer une fonction syntaxique.

3.2. L'infinitif exerce une fonction syntaxique

L'infinitif assure toutes les fonctions du nom : dans le texte, lorsque le point d'incidence est nominal, il est apposition (1) et complément de nom (2, 3) ; lorsque le point d'incidence est verbal, il est sujet (4 à 8), complément d'objet direct (9 à 15), complément d'objet indirect (16, 17), attribut (18), infinitif de progrédience (19, 20) ; lorsque le point d'incidence est phrastique, il est complément de but (24, 25) et complément de manière (26).

Rappelons que, s'il n'a pas de sujet, l'infinitif conserve sa capacité de rection. Par exemple, il régit un complément d'objet direct (***vous*** *servir* en 1), un complément d'attribution (***vous*** *plaire* en 18).

En outre, à la manière du verbe, l'infinitif peut être affecté par des adverbes (*vous servir* ***ici-bas*** en 1), notamment de négation (cas non représenté). Il est également passivable (cas non représenté).

3.2.1. Le point d'incidence est nominal

L'infinitif est apposition

En (1), *servir* est apposé au pronom démonstratif neutre *ce* (élidé). On a affaire à un cas de dislocation.

L'infinitif est complément du nom

En (2) et (3), les infinitifs sont respectivement compléments des noms *sujet* et *honneur*. Il s'agit d'une sorte particulière de complément du nom, qui correspond à une subordonnée conjonctive. L'absence de sujet dans la construction infinitive équivaut sémantiquement à un sujet indéterminé ou générique. Ce cas ne se présente qu'avec des noms dits abstraits qui se combinent pour la plupart avec des verbes supports : *j'ai sujet de / j'ai l'honneur de.*

3.2.2. Le point d'incidence est verbal

L'infinitif est sujet : on distingue deux cas

En (7), *aimer* est le seul infinitif du corpus à occuper la position canonique du sujet, avant le verbe.

En (4, 5, 6, 8), on a affaire à des tournures impersonnelles (🕮 **Fonction sujet**). Le pronom impersonnel *il* étant référentiellement vide, nous considérons que le sujet de ces occurrences est l'infinitif, qui se trouve en position postverbale ; la grammaire générative parle alors d'extraposition.

L'infinitif est complément d'objet direct

L'occurrence (9) montre un conflit apparent entre un critère formel (présence de la préposition *à*) et des critères structuraux (pronominalisation par *le*, pronom personnel neutre comme il est de règle pour les infinitifs, ou par *que*, pronom interrogatif). Privilégiant les critères structuraux, on verra dans *s'engager* un complément d'objet direct et, partant, dans *à* un simple indice formel, qui ne marque pas la fonction de l'infinitif.

Les occurrences (10) à (14) comportent les verbes *pouvoir* et *vouloir.* Dans la mesure où l'infinitif qui les suit se pronominalise par *le,* où, dans le cas de *vouloir,* la passivation est possible (12), *si le Sort vouloit me* ***donner*** *à quelque autre, si me donner à quelque autre était voulu par le Sort,* et où *pouvoir* et *vouloir* conservent leur sens plein, respectivement de capacité et de volonté[1], on préférera voir dans l'infinitif un complément d'objet direct. Une autre analyse est cependant possible, qui procède d'une conception large des périphrases verbales : *pouvoir* et *vouloir* seraient considérés comme des semi-auxiliaires modaux, le verbe à l'infinitif étant le centre – ou le noyau – de la périphrase, et le pivot de la proposition (🕮 **Périphrases verbales**).

L'occurrence (15) comporte un verbe (*daignez*) qui, à la manière de *compter* au sens de « avoir l'intention de », n'accepte comme objet direct qu'un infinitif et exclut une fonction objet nominale. Pour cette raison, la pronominalisation est ici impossible : **Daignez-le.*

L'infinitif est complément d'objet indirect

En (16) et (17), l'infinitif est précédé de *de* et de *à* qui sont dans ce cas de véritables prépositions, comme le montre la pronominalisation de type indirect : *[Jupiter] ne m'y obligeroit pas.* On notera la construction en *de* du verbe *consentir*, en concurrence avec la construction en *à* tout au long du XVIIe siècle, et la préférence du français moderne pour cette dernière construction.

1. Ce sens – de capacité ou de volonté – est corroboré par le caractère agentif des sujets *je, vous, le Sort* ; ce dernier représente une allégorie personnifiée par antonomase.

L'infinitif est attribut

Si, généralement, l'infinitif attribut est précédé par l'indice *de*, il est construit directement en (18) car le sujet est lui-même un infinitif.

L'infinitif de progrédience

En (19) et (20), on a affaire à ce que la grammaire traditionnelle appelle l'infinitif de progrédience. Il s'agit d'un complément n'existant qu'à l'infinitif qui exprime le but de façon directe après certains verbes de déplacement employés dans leur sens plein : *envoyer, partir, venir, aller*... Cependant, cet infinitif ne doit pas être confondu avec un complément circonstanciel de but : il se construit directement et il n'admet pas d'être nié, son point d'incidence est verbal et non phrastique. En outre, il ne doit pas être non plus assimilé à un complément d'objet direct (la pronominalisation par *le* est impossible, alors qu'elle est parfois possible par *y*) ; dans les deux occurrences du texte, les deux verbes de déplacement sont intransitifs.

Cas délicats

L'infinitif est-il sujet ou complément d'objet direct après le verbe ***falloir*** *?*

Classé parmi les verbes essentiellement impersonnels, le verbe *falloir* en diffère néanmoins parce qu'il est toujours suivi d'une séquence. Deux hypothèses sont possibles. En (21), on traitera l'infinitif *brûler* soit comme un sujet, soit comme un complément d'objet direct :

- Dans le premier cas, on considère que l'on a affaire à des tournures impersonnelles comme en (4, 5, 6, 8), où le pronom impersonnel *il* est référentiellement vide. De plus, la présence d'un infinitif comme seule expansion d'un pivot précédé par un *il* impersonnel est un critère d'identification de la fonction sujet retenu par certains auteurs (Martinet, 1979, 200).
- Dans le second cas, on s'appuiera sur l'impossibilité de déplacer l'infinitif devant le verbe et sur sa pronominalisation par *le* (ou *que*) pour y voir un complément d'objet direct.

L'infinitif est-il complément d'objet direct du verbe ***pouvoir*** *ou participe-t-il d'une périphrase verbale ?*

En (22), on peut hésiter pour le verbe *suffire* et y voir soit un complément d'objet direct du verbe *pouvoir* comme invite à le faire sa pronominalisation, *un souris le peut*, soit le verbe lexical – le noyau ou centre – d'une périphrase verbale dans la mesure où *pouvoir* s'interprète au sens subduit d'éventualité (🕮 **Périphrases verbales**). On proposera la même analyse pour l'occurrence (23). Le verbe *pouvoir* voit son sens altéré en raison de la valeur concessive de la proposition.

3.2.3. Le point d'incidence est phrastique

L'infinitif est un complément de but en (24, 25) et de manière en (26). Il s'agit dans tous ces cas d'un infinitif prépositionnel, qui, comme tout circonstant, est effaçable et doté d'une grande latitude positionnelle.

3.3. L'infinitif est pivot de la proposition

Toute proposition s'organise autour d'un élément central par rapport auquel se marquent les fonctions : le pivot. L'infinitif peut exercer ce rôle.

3.3.1. L'infinitif est pivot d'une proposition non dépendante

L'occurrence (27) présente un cas d'infinitif délibératif, employé dans une phrase interrogative sans sujet. L'absence de ce dernier est souvent associée à une valeur générique. En (27), cependant, le micro-contexte incite à interpréter le tour comme une énallage de *Que puis-je faire ?*. Une question rhétorique est posée sur l'objet.

Rappelons qu'il existe également un infinitif de narration (*Grenouilles aussitôt de sauter dans les ondes,* La Fontaine), obligatoirement précédé par *de* et possédant un sujet propre ; un infinitif exclamatif (*À moi les proposer !*, La Fontaine) pouvant s'utiliser sans sujet ; un infinitif exhortatif, pouvant s'employer à la place de l'impératif (*Battre les œufs en neige*). Tous ces cas ne sont pas représentés dans l'extrait.

3.3.2. L'infinitif est pivot d'une proposition dépendante

3.3.2.1. La proposition infinitive stricto sensu

En (28), *Je verrai les Plaisirs* ***suivre*** *en foule vos traces*, nous avons affaire à une proposition infinitive *stricto sensu* : l'infinitif *suivre* est le pivot d'une proposition non conjonctive complément d'objet direct du verbe *voir*, et il possède un sujet exprimé (*les Plaisirs*), distinct de celui du verbe principal (*Je*). Ces deux conditions sont exigées par la grammaire traditionnelle, qui ne reconnaît de proposition infinitive qu'après les verbes *faire, laisser* et les verbes de perception *apercevoir, écouter, entendre, regarder, sentir, voir.*

La grammaire traditionnelle demande que l'infinitif et son sujet ne soient pas prépositionnels, et que l'infinitif ne soit pas un infinitif de progrédience. Autrement dit, l'infinitif et son sujet assument tous deux une fonction objet direct. Il découle du principe d'unicité que la proposition infinitive exerce une fonction objet dans sa totalité :

Je [verrai [les Plaisirs suivre vos traces]]

et non séparément :

~~Je [verrai [les Plaisirs][suivre vos traces]]~~.

On notera de ce fait que le segment [sujet + pivot infinitif] peut être remplacé par une proposition conjonctive introduite par *que* : *Je verrai que les Plaisirs suivent en foule vos traces.*

Critique de la notion de sujet de l'infinitif

L'un des critères d'identification de la fonction sujet est l'accord que ce dernier impose au verbe conjugué. On peut se demander si l'infinitif, mode non personnel, a un sujet, puisqu'il ne porte aucune marque de personne. De plus, le substitut pronominal dudit sujet de l'infinitif n'est pas au cas nominatif, spécifiquement prévu pour une telle fonction, mais au cas accusatif : *je **les** verrai suivre en foule vos traces.*

En fait, cette pronominalisation au cas accusatif reflète l'organisation hiérarchique de la phrase et montre que, lorsqu'un élément cumule plusieurs fonctions, celle s'exerçant par rapport au pivot de la principale (fonction objet direct) est prise en compte avant celle s'exerçant par rapport au pivot de la subordonnée.

3.3.2.2. La proposition infinitive lato sensu

La grammaire générative a une conception beaucoup plus large de la proposition infinitive.

L'identification du sujet

La grammaire générative considère que tout infinitif possède un sujet propre, même en l'absence d'un sujet distinct exprimé. Dans ce dernier cas, elle accorde un sujet phonétiquement nul, ou encore inaudible, à l'infinitif. Par exemple, en (9), *Il aime à **s'engager***, le sujet de l'infinitif *s'engager* n'est pas exprimé, mais la grammaire générative pose un sujet inaudible, noté PRO[1], ici coréférentiel au sujet du verbe principal conjugué :

Il_i aime à PRO_i s'engager.

L'indice i, accolé à *Il* et à PRO, marque la coréférence de ces deux éléments.

L'interprétation du sujet de l'infinitive dépend du contexte

Dans cette dernière construction, l'interprétation de PRO est déterminée par le sujet du verbe principal *Il* ; on dit encore qu'elle est contrôlée par *Il*, ou que *Il* est le contrôleur.

Le contrôleur n'est pas nécessairement le sujet du verbe principal. Ce peut être, par exemple, l'objet direct, l'objet indirect ou le complément d'attribution du verbe principal. En (5), *s'il m'est permis d'**aimer***, le sujet inaudible de l'infinitif est coréférentiel au complément d'attribution *me* : *s'il m_i'est permis d'*PRO_i *aimer.*

Dans d'autres cas, PRO a une valeur générique et l'on considère alors qu'il n'est pas contrôlé, puisque son interprétation n'est pas déterminée par un antécédent. Par exemple, en (4), *qu'il est aisé de se **flatter** soi-même*, PRO reçoit une interprétation générique, ce qui est noté par l'indice « arb », qui signifie « arbitraire » : *qu'il est aisé de* PRO_{arb} *se flatter soi-même.*

La notion de contrôleur de l'infinitif, issue de la grammaire générative, peut être utilisée à la place de celle de sujet de l'infinitif, qui est discutable, comme on l'a vu *supra*.

---

1. L'abréviation PRO, en lettres majuscules, est réservée, en grammaire générative, à la notation du pronom sujet sous-entendu de l'infinitif.

Le critère thématique

La grammaire générative a fait le choix théorique de poser des catégories présentes mais vides. Ce choix est très dépendant d'un principe appelé « critère thématique », selon lequel :

> *- Tout argument (constituant qui n'est pas un prédicat et qui a un contenu sémantique) doit recevoir un rôle thématique approprié et un seul.*
>
> *- Tout rôle thématique doit être assigné à un argument approprié et à un seul.* (Tellier, 1995, 95)

Ce principe établit une relation bijective entre morphème et rôle sémantique. Pour la grammaire générative, toute phrase grammaticale est conforme aux exigences du critère thématique. La phrase *Il aime à* ***s'engager*** (9) est grammaticale. Il découle du critère thématique que le sujet du verbe *s'engager* est présent dans cette phrase ; il reçoit le rôle sémantique d'agent.

Si l'on se place dans d'autres cadres théoriques, qui ne sont pas soumis à ce principe, on est autorisé à parler de cumul des fonctions sur un même morphème (Feuillard, 1996-1997). Par exemple, en (9), *Il aime à* ***s'engager****, Il* cumule les fonctions de sujet du verbe principal et de sujet de l'infinitif ; en (5), *s'il m'est permis d'****aimer***, le complément d'attribution du verbe principal assure également la fonction de sujet de l'infinitif.

Les fonctions de l'infinitive

La grammaire générative, contrairement à la grammaire traditionnelle, permet à l'infinitif et à son sujet d'être prépositionnels. Faut-il parler de fonction de l'infinitive ou de fonction de l'infinitif ? On ne saurait voir une fonction exercée globalement par l'infinitif et son sujet inaudible que lorsque la construction infinitive alterne avec une construction conjonctive. Par exemple, en (25), *Pour me* ***récompenser****, avouez-moi pour vôtre* alterne avec *Pour que vous me récompensiez, avouez-moi pour vôtre* : l'infinitive serait complément de but.

Dans cette approche, l'infinitive ou l'infinitif ne se cantonnent pas à la fonction objet direct, mais peuvent exercer de nombreuses fonctions. Par exemple, en (1), *Vous* ***servir*** *ici-bas c'est tout ce qu'il me faut*, l'infinitive est apposition, ou encore, en (16), *Consentez seulement de vous* ***voir*** *adorée*, l'infinitive est complément d'objet indirect.

3.4. En marge de l'étude : l'infinitif substantivé

(29) *Du* ***pouvoir*** *de mes traits son cœur porte la marque*

Précédé d'un déterminant (*le* défini, amalgamé à la préposition *de*), l'infinitif fonctionne comme un nom. Sur un plan morphologique, il a subi un transfert : il est passé de la classe du verbe à la classe du nom. Cette substantivation de *pouvoir* est très ancienne, puisqu'elle remonte à 842, sous la forme *podir* ; la forme actuelle apparaît au XVe siècle (d'après Rey, 1992, 1606). Le procédé de substantivation de l'infinitif, très productif en ancien français, est rare de nos jours et réservé à certains usages spécialisés.

▷ Aux concours, il conviendra de relever ces cas en les commentant très brièvement, dans la mesure où l'infinitif est devenu pleinement nom et peut en exercer toutes les fonctions.

5. Conclusion

• De la syntaxe à la sémantique

La polarité verbo-nominale s'est édifiée sur une base fonctionnelle : très souvent, le pivot est un verbe et le non-pivot un nom. Le verbe ne connaît pas d'autre rôle que pivot, alors que le nom est plurifonctionnel. Le mode infinitif, en rendant le verbe plurifonctionnel, concourt à l'abstraction, car il permet d'établir en procès les participants du procès.

• De la syntaxe à la stylistique

Le grand nombre d'infinitifs dans cette élégie participe de l'élaboration abstraite d'une stratégie amoureuse. Ils relèvent de deux champs lexicaux, celui de l'amour courtois (*servir, être à vous, charmer, s'engager, récompenser*) et celui des sentiments (*craindre, espérer, plaire, brûler, rendre heureux*), unis par le verbe *aimer*. Le caractère non temporel de ce mode inscrit pleinement le thème de l'amour dans un renouvellement incessant qui confine à la permanence. On reconnaîtra, dans le choix de ce mode, le goût de la langue classique pour l'abstraction, oxymoriquement associée à de multiples allégories.

Chapitre 3
Les périphrases verbales

***Britannicus*, Acte III, scène 8,**
Jean Racine, 1669.

NÉRON

Prince, continuez des transports si charmants.
Je conçois vos bontés par ses remerciements,
Madame, à vos genoux je viens de le surprendre.
Mais il aurait aussi quelque grâce à me rendre,
Ce lieu le favorise, et je vous y retiens
Pour lui faciliter de si doux entretiens.

BRITANNICUS

Je puis mettre à ses pieds ma douleur, ou ma joie,
Partout où sa bonté consent que je la voie.
Et l'aspect de ces lieux où vous la retenez,
N'a rien dont mes regards doivent être étonnés.

NÉRON

Et que vous montrent-ils qui ne vous avertisse
Qu'il faut qu'on me respecte, et que l'on m'obéisse.

BRITANNICUS

Ils ne nous ont pas vus l'un et l'autre élever,
Moi pour vous obéir, et vous pour me braver,
Et ne s'attendaient pas lorsqu'ils nous virent naître,
Qu'un jour Domitius me dût parler en maître.

NÉRON

Ainsi par le destin nos vœux sont traversés,
J'obéissais alors et vous obéissez.
Si vous n'avez appris à vous laisser conduire,
Vous êtes jeune encore et l'on peut vous instruire.

BRITANNICUS

Et qui m'en instruira ?

NÉRON

Tout l'empire à la fois,

Rome.

BRITANNICUS
Rome met-elle au nombre de vos droits
Tout ce qu'a de cruel l'injustice et la force,
Les emprisonnements, le rapt et le divorce ?

NÉRON
Rome ne porte point ses regards curieux
Jusque dans des secrets que je cache à ses yeux.
Imitez son respect.

BRITANNICUS
On sait ce qu'elle en pense.

NÉRON
Elle se tait du moins, imitez son silence.

BRITANNICUS
Ainsi Néron commence à ne se plus forcer.

NÉRON
Néron de vos discours commence à se lasser.

BRITANNICUS
Chacun devait bénir le bonheur de son règne.

NÉRON
Heureux ou malheureux, il suffit qu'on me craigne.

BRITANNICUS
Je connais mal Junie, ou de tels sentiments
Ne mériteront pas ses applaudissements.

NÉRON
Du moins si je ne sais le secret de lui plaire,
Je sais l'art de punir un rival téméraire.

BRITANNICUS
Pour moi, quelque péril qui me puisse accabler,
Sa seule inimitié peut me faire trembler.

NÉRON
Souhaitez-la. C'est tout ce que je vous puis dire.

BRITANNICUS
Le bonheur de lui plaire est le seul où j'aspire.

NÉRON
Elle vous l'a promis, vous lui plairez toujours.

BRITANNICUS
Je ne sais pas du moins épier ses discours.
Je la laisse expliquer sur tout ce qui me touche,
Et ne me cache point pour lui fermer la bouche.

NÉRON

Je vous entends. Eh bien, Gardes !

JUNIE

Que faites-vous ?
C'est votre frère. Hélas ! C'est un amant jaloux,
Seigneur, mille malheurs persécutent sa vie.
Ah ! son bonheur peut-il exciter votre envie ?
Souffrez que de vos cœurs rapprochant les liens,
Je me cache à vos yeux, et me dérobe aux siens.
Ma fuite arrêtera vos discordes fatales,
Seigneur, j'irai remplir le nombre des vestales.
Ne lui disputez plus mes vœux infortunés,
Souffrez que les dieux seuls en soient importunés.

1. QUESTIONS

► Syntaxe : étudiez les périphrases verbales dans le texte.

▷ Les périphrases verbales ne constituent pas un domaine nettement délimité de constructions infinitives : dans certains cas, le verbe à l'infinitif peut être vu comme exerçant une fonction syntaxique, ou encore comme participant d'une proposition infinitive. Par conséquent, tout autant que de constituer une question autonome, le traitement des périphrases verbales est susceptible d'être intégré à une question plus large portant sur l'infinitif (si les occurrences du texte le permettent).

► D'autres sujets sont possibles :

- Les auxiliaires,
- Les semi-auxiliaires,
- L'auxiliation,
- Les emplois d'un verbe particulier (*aller, devoir, faire, pouvoir, savoir, vouloir,* etc.),
- L'étude constrastive des emplois de deux verbes (*être* et *faire, faire* et *laisser,* etc.).

Tous ces sujets posent les mêmes problèmes : conception large ou restreinte de l'auxiliation, différences entre auxiliaire, semi-auxiliaire et verbe plein. Lorsque la séquence comportera un infinitif, on reprendra les parties développées *infra.*

2. Relevé des occurrences

2.1. Les périphrases aspectuelles

2.1.1. *commencer*

(1) Néron commence à ne plus se forcer

(2) Néron de vos discours commence à se lasser

2.1.2. *venir de*

(3) je viens de le surprendre

2.1.3. Cas délicat : *aller* + infinitif

(4) j'irai remplir le nombre des vestales

2.2. Les périphrases modales

2.2.1. *devoir*

(5) rien dont mes regards doivent être étonnés

(6) Domitius me dût parler en maître

(7) Chacun devait bénir le bonheur de son règne

2.2.2. *pouvoir*

Sens subduit

(8) Je puis mettre à ses pieds ma douleur, ou ma joie

(9) l'on peut vous instruire

(10) quelque péril qui me puisse accabler

(11) son bonheur peut-il exciter votre envie

Sens plein

(12) Sa seule inimitié peut me faire trembler

(13) c'est tout ce que je vous puis dire

2.2.3. *savoir*

(14) Je ne sais pas du moins épier ses discours

2.2.4. Cas délicat : *avoir à* + infinitif

(15) il aurait aussi quelque grâce à me rendre

2.3. Les périphrases de voix, ou diathétiques

2.3.1. *faire*

(16) Sa seule inimitié peut me faire trembler

2.3.2. *laisser*

(17) vous n'avez appris à vous laisser conduire

(18) Je la laisse expliquer

3. Traitement de la question

3.1. Définition

Comme le dit Dubois (1994, 354), le terme de périphrase permet de mettre en correspondance le latin, langue synthétique, qui « rend plusieurs notions par la même forme, et le français, langue analytique, qui tend à exprimer chacune d'elles par des mots graphiques différents ».

L'appellatif « périphrase verbale » désigne le cas particulier de l'association d'un verbe à l'infinitif et d'un semi-auxiliaire d'aspect (*aller, venir de...*), de mode (*devoir, pouvoir, vouloir, savoir...*) ou de voix (*faire, laisser...*). On parle de semi-auxiliaire par analogie avec les constructions [auxiliaire (*être* ou *avoir*) + participe passé], où l'auxiliaire et la marque de participe passé apportent les éléments grammaticaux (personne, nombre, mode, temps, voix, aspect) et le radical[1] apporte l'élément lexical, ou encore notionnel :

(3) je **viens de** le *surprend*-**re**.

On identifie en gras les éléments grammaticaux et en italique l'élément lexical, à la manière de :

les dieux seuls en **soient** *importun*-**és**.

On parle de semi-auxiliaires par extension de sens mais ces derniers, contrairement aux auxiliaires *avoir* et *être* (🕮 **Verbes *être* et *avoir***), ne constituent pas une liste fermée et se situent dans un continuum. Ces verbes connaissent des emplois autonomes où ils ont un sens plein, sans que l'on puisse toujours trancher nettement entre valeur plénière et valeur subduite.

On a distingué dans le corpus trois sortes de périphrases : aspectuelles, modales et diathétiques. Chacune appelle un traitement spécifique :

- Les périphrases aspectuelles sont clairement identifiables. Le seul cas d'ambiguïté possible est la séquence *aller* + infinitif, où l'on a quelquefois affaire à un infinitif de progrédience (🕮 **Infinitif**).
- Les périphrases modales posent un problème d'identification. Dans une conception large, *devoir, pouvoir* et *vouloir* sont considérés comme des semi-auxiliaires quand ils sont suivis de l'infinitif, et ils participent donc toujours de périphrases infinitives. Dans une conception restreinte, ces verbes ne sont traités comme semi-auxiliaires que lorsqu'ils subissent une altération sémantique.
- Le semi-auxiliaire d'une périphrase diathétique peut parfois être analysé comme le verbe recteur d'une proposition infinitive.

1. La tradition préfère, pour les verbes, le terme *radical* au terme *base.* L'affixe est alors flexionnel, et non dérivationnel.

3.2. Critères d'identification

Toute suite formée d'un verbe conjugué et d'un verbe à l'infinitif ne constitue pas une périphrase verbale. Certains critères – qui valent surtout pour une conception restreinte – doivent être observés :

- Le semi-auxiliaire doit subir une altération de sens. Dans la théorie psychomécanique de Guillaume, on parle de sens subduit. Par exemple, en (3), *je viens de le surprendre*, le verbe *venir* a perdu son sens plein et ne renvoie plus à un déplacement. Il saisit le procès un peu après son stade final.
- Dans la suite semi-auxiliaire + verbe à l'infinitif, c'est le verbe mis à l'infinitif qui contraint le choix des arguments. Par exemple, si la phrase *Le mur va tomber* est grammaticale, et non la phrase **Le mur va*, c'est que, dans le premier cas, est seule prise en compte la compatibilité entre *mur* et *tomber*. Sur un plan sémantico-référentiel, la suite semi-auxiliaire + verbe à l'infinitif désigne un seul procès.

3.3. Les périphrases aspectuelles

Les semi-auxiliaires d'aspect saisissent le procès à différents stades de sa réalisation, du stade antérieur au début du procès au stade postérieur à sa fin.

3.3.1. *Commencer*

Le segment *commencer à* + infinitif est souvent identifié comme une périphrase inchoative, montrant l'entrée dans l'action, la phase initiale du procès (1 et 2). Néanmoins, si *commencer* apporte une indication aspectuelle, il peut difficilement être doté du statut de semi-auxiliaire puisqu'il ne subit aucune altération sémantique. En effet, il accepte une fonction objet direct nominale avec le même sens : *Frédéric et Nathalie commencent à travailler / Frédéric et Nathalie commencent un livre de grammaire.* Si, pour cette raison, on choisit de ne pas analyser *commencer à* + infinitif comme une périphrase aspectuelle, il faut accorder à l'infinitif (respectivement *se forcer* et *se lasser*) la fonction syntaxique d'objet direct du verbe *commencer* (d'après les critères structuraux).

3.3.2. *Venir de*[1]

En (3), le semi-auxiliaire *venir de* renvoie au stade postérieur à la fin du procès. Certaines grammaires parlent pour ce tour de passé proche ou récent.

3.3.3. Cas délicat : *aller* + infinitif

Le verbe *aller* est susceptible d'être employé comme semi-auxiliaire aspectuel, il saisit alors le procès au stade antérieur à son début ; il ne se combine dans ce cas qu'avec le présent ou l'imparfait. En (4), *aller* est un verbe de déplacement suivi d'un infinitif de progrédience qui exprime le but : *j'irai pour remplir le nombre des vestales.* Cette dernière analyse s'impose dans la mesure où le verbe est au futur.

---

1. Sur la distinction à opérer entre *venir*, verbe de déplacement, et *venir de*, semi-auxiliaire aspectuel, 🕮 **Infinitif**, § 3.2.2.

3.4. Les périphrases modales

Par les verbes *devoir* et *pouvoir* suivis de l'infinitif, l'énonciateur indique deux modalités logiques fondamentales, respectivement l'obligation et la possibilité.

3.4.1. *Devoir*

Dans son sens plein, *devoir* exprime l'obligation. En (5 à 7), son sens est subduit et marque la probabilité. On paraphrasera *rien dont mes regards doivent être étonnés* (5) par *rien dont mes regards puissent être étonnés.*

(7) comporte un tour de la langue classique : *devoir* employé à l'imparfait est glosable dans la langue actuelle par un conditionnel passé, *Chacun aurait dû bénir le bonheur de son règne.*

Quand le sens de *devoir* est subduit, les grammairiens s'accordent pour voir une périphrase modale où le verbe à l'infinitif est le pivot.

3.4.2. *Pouvoir*

On opposera, pour le verbe *pouvoir*, les occurrences offrant un sens plein (12 et 13) et exprimant la capacité, *Sa seule inimitié peut me faire trembler* (12), c'est-à-dire *Sa seule inimitié est capable / en mesure de me faire trembler*, et les occurrences offrant un sens subduit (8 à 11) et marquant par exemple la permission en (8) et l'éventualité en (9).

- Quand le sens de *pouvoir* est subduit, on traitera nécessairement la séquence *pouvoir* + infinitif comme une périphrase modale, où le verbe à l'infinitif est le pivot.
- Quand le sens de *pouvoir* est plein, deux approches sont possibles :

  – Dans une conception large, *pouvoir* est considéré comme un semi-auxiliaire, pour lequel l'analyse précédente s'applique.

  – Dans une conception restreinte, *pouvoir* est traité comme un verbe à part entière, qui forme le pivot de la phrase. Dans ce cas, le verbe à l'infinitif exerce la fonction objet direct. En outre, on notera que la grammaire générative (📖 **Infinitif**, § 3.3.2.2), posant un sujet inaudible de l'infinitif, verra dans *pouvoir* le verbe recteur d'une proposition infinitive.

3.4.3. *Savoir*

On opposera, pour le verbe *savoir*, les sens pleins de capacité physique (*je sais nager*) ou intellectuelle (*je sais lire*) et les sens subduits qui n'expriment aucune connaissance nécessitant un apprentissage préalable et que souligne l'emploi de la négation : *Je ne sais pas du moins épier ses discours* (14). Sur le plan syntaxique, on appliquera l'analyse menée pour le verbe *pouvoir.*

3.4.4. Cas délicat : *avoir à*

Le verbe *avoir* forme avec la préposition *à* une unité complexe, suivie de l'infinitif, dont le sens est sensiblement équivalent à *devoir. Avoir* n'a pas en (15) le sens plein de « posséder » : exprimant l'obligation, il a subi une subduction. On notera que *quelque grâce* est le complément d'objet direct du verbe *rendre,* dans la mesure où l'on peut rapprocher *il aurait quelque grâce à me rendre* de *il aurait à me rendre quelque grâce.*

3.5. Les périphrases de voix, ou diathétiques

La voix, ou diathèse, est une catégorie grammaticale qui affecte le verbe et modifie sa complémentation. Par exemple, le passage de l'actif au passif pour un verbe transitif transforme le sujet en complément d'agent et l'objet direct en sujet : *Frédéric et Nathalie écrivent un livre de grammaire, un livre de grammaire est écrit par Frédéric et Nathalie.*

Lorsque *faire* et *laisser* forment avec le verbe à l'infinitif une construction factitive, où le sujet « fait faire » l'action, on parle de périphrase diathétique : *Je la laisse expliquer* (18). Le centre de la périphrase est le verbe à l'infinitif *expliquer.*

Partons de la construction du verbe, *expliquer,* lorsqu'il ne participe pas de la périphrase et qu'il ne reçoit pas de complément d'objet direct : *elle explique.* Dans le passage de *elle explique* à *Je la laisse expliquer,* le sujet *elle* devient objet direct, et il apparaît un actant supplémentaire (au sens de Tesnière, 🕮 **Fonction objet**), le pronom personnel *je,* qui est le sujet.

On distingue entre périphrase causative, avec *faire,* semi-auxiliaire causatif, en (16), et périphrase permissive, ou tolérative, avec *laisser,* en (17, 18).

On notera qu'en (16) et (18), *faire* et *laisser* peuvent être également analysés comme des verbes introduisant une proposition infinitive *stricto sensu* (🕮 **Infinitif**, § 3.3.2.1). Les verbes à l'infinitif *trembler* et *expliquer* ont un sujet propre exprimé, respectivement *me* et *la,* pronoms personnels. En (17), *vous* n'est pas sujet, mais objet direct du verbe à l'infinitif.

6. CONCLUSION

- **De la syntaxe à la sémantique**

Les périphrases verbales se situent à la frontière du lexical et du grammatical pour exprimer toutes les nuances du procès que le système des modes et le système des temps ne suffisent pas à indiquer.

- **De la syntaxe à la stylistique**

Les périphrases aspectuelles, modales et diathétiques abondent dans cette scène agonistique où Britannicus ose tenir tête à Néron pour la première fois. La violence de l'affrontement est « mise en sourdine » par les périphrases qui permettent un jeu nuancé entre explicite et implicite.

Chapitre 4
Les verbes *être* et *avoir*

Rhinocéros, Acte premier,
Eugène Ionesco.

Le Vieux Monsieur et le Logicien qui sont de nouveau entrés sur le plateau ont fait quelques pas sur la scène en devisant. Juste à ce moment, ils passent à côté de Jean et de Bérenger. Un bras de Jean heurte très fort le Vieux Monsieur qui bascule dans les bras du Logicien.

LE LOGICIEN, continuant la discussion.
Un exemple de syllogisme… (Il est heurté.) Oh !…

LE VIEUX MONSIEUR, à Jean.
Attention. (Au Logicien.) Pardon.

JEAN, au Vieux Monsieur.
Pardon.

LE LOGICIEN, au Vieux Monsieur.
Il n'y a pas de mal.

LE VIEUX MONSIEUR, à Jean.
Il n'y a pas de mal.

Le Vieux Monsieur et le Logicien vont s'asseoir à l'une des tables de la terrasse, un peu à droite et derrière Jean et Bérenger.

BÉRENGER, à Jean.
Vous avez de la force.

JEAN
Oui, j'ai de la force, j'ai de la force pour plusieurs raisons. D'abord, j'ai de la force parce que j'ai de la force, ensuite j'ai de la force, parce que j'ai de la force morale. J'ai aussi de la force parce que je ne suis pas alcoolisé. Je ne veux pas vous vexer, mon cher ami, mais je dois vous dire que c'est l'alcool qui pèse en réalité.

LE LOGICIEN, au Vieux Monsieur.
Voici donc un syllogisme exemplaire. Le chat a quatre pattes. Isidore et Fricot ont chacun quatre pattes. Donc Isidore et Fricot sont chats.

LE VIEUX MONSIEUR, au Logicien.
Mon chien aussi a quatre pattes.

LE LOGICIEN, au Vieux Monsieur.
Alors, c'est un chat.

BÉRENGER, à Jean.
Moi, j'ai à peine la force de vivre. Je n'en ai plus envie peut-être.

LE VIEUX MONSIEUR, au Logicien après avoir longuement réfléchi.
Donc, logiquement, mon chien serait un chat.

LE LOGICIEN, au Vieux Monsieur.
Logiquement, oui. Mais le contraire est aussi vrai.

BÉRENGER, à Jean.
La solitude me pèse. La société aussi.

JEAN, à Bérenger.
Vous vous contredisez. Est-ce la solitude qui pèse, ou est-ce la multitude ? Vous vous prenez pour un penseur et vous n'avez aucune logique.

LE VIEUX MONSIEUR, au Logicien.
C'est très beau, la logique.

LE LOGICIEN, au Vieux Monsieur.
À condition de ne pas en abuser.

BÉRENGER, à Jean.
C'est une chose anormale de vivre.

JEAN
Au contraire. Rien de plus naturel. La preuve : tout le monde vit.

BÉRENGER
Les morts sont plus nombreux que les vivants. Leur nombre augmente. Les vivants sont rares.

JEAN
Les morts, ça n'existe pas, c'est le cas de le dire !... Ah ! ah !... (Gros rire.) Ceux-là aussi vous pèsent ? Comment peuvent peser des choses qui n'existent pas ?
[...]

LE LOGICIEN, au Vieux Monsieur.
Autre syllogisme : tous les chats sont mortels. Socrate est mortel. Donc Socrate est un chat.

LE VIEUX MONSIEUR
Et il a quatre pattes. C'est vrai, j'ai un chat qui s'appelle Socrate.

LE LOGICIEN
Vous voyez...

(© Gallimard, 1959, pp. 44-46)

1. QUESTIONS

► Morphosyntaxe : étudiez les verbes *être* et *avoir* dans le texte.

▷ En morphosyntaxe, il conviendrait de classer les occurrences des verbes selon les modes et les temps auxquels ils apparaissent dans le texte. *Être* et *avoir* sont alors traités conjointement dans une première partie consacrée à la morphologie, dont le détail serait :

1.1. Morphologie de *être* et *avoir*

1.1.1. À l'indicatif

Au présent (on classera les occurrences suivant les différentes personnes)

Au passé composé

1.1.2. Au conditionnel

1.1.3. À l'infinitif

Une deuxième partie porterait sur la syntaxe de *être* et *avoir*, qui serait complétée par des considérations d'ordre sémantique. Deux solutions sont envisageables :

- Celle que nous proposons au § 2, en distinguant les emplois de *être* de ceux de *avoir*.
- Il peut être également intéressant d'aborder conjointement *être* et *avoir*, dans la mesure où cela permet une comparaison des emplois qui leur sont communs. Toutefois, les caractéristiques partagées par les deux verbes sont avant tout sémantiques. Ce dernier plan présente donc l'inconvénient de privilégier le niveau sémantique par rapport au niveau syntaxique. Si l'on suit la théorie guillaumienne, reprise par Moignet (1981), ce qui rapproche ces deux verbes, c'est d'abord leur capacité à la subduction, qui dessine une gamme d'emplois allant des valeurs plénières (*Je pense donc je suis, Paul a un vélo*) aux valeurs totalement subduites lorsqu'ils sont auxiliaires (*Marie est sortie, Paul a mangé*). On peut alors proposer le plan suivant :

1.2. Syntaxe de *être* et *avoir*

1.2.1. Verbes de sens plein

1.2.2. Verbes de sens subduit

Verbes attributifs ou verbes supports

Présentatifs

Auxiliaires

► Syntaxe :

- Étudiez les verbes *être* et *avoir* dans le texte.
- Étudiez *être* et *avoir* dans le texte.

▷ Les deux sujets ne sont pas strictement équivalents. Pour le premier intitulé, il conviendra de discuter le présupposé selon lequel *être* et *avoir* sont toujours des verbes. On peut en effet se demander si, dans les cas de subduction, *être* et *avoir* ne sont pas des « mots-outils », c'est-à-dire, selon Dubois (1994, 207), des éléments n'ayant « de sens que relativement à la structure grammaticale dans laquelle ils entrent ». N'ayant pas de substance sémantique ou en ayant peu, ils n'apporteraient qu'une information grammaticale et ne seraient plus de vrais verbes.

▷ Dans ce chapitre, la question sera traitée sans que les remarques morphologiques soient abordées. Deux plans sont possibles : on peut traiter conjointement *être* et *avoir*, comme nous l'avons indiqué au point précédent, ou bien séparément comme nous le faisons ci-dessous.

2. Relevé des occurrences

2.1. Les emplois de *être*

2.1.1. *Être* copule

L'attribut est un nom

(1) Isidore et Fricot **sont** chats

(2) Mon chien **serait** un chat

(3) c'**est** une chose anormale de vivre

(4) Donc Socrate **est** un chat

L'attribut est un adjectif

(5) le contraire **est** aussi vrai

(6) c'**est** très beau, la logique

(7) Les morts **sont** plus nombreux que les vivants

(8) Les vivants **sont** rares

(9) tous les chats **sont** mortels

(10) Socrate **est** mortel

(11) C'**est** vrai

2.1.2. *Être* dans le présentatif

Le présentatif employé seul

(12) **c'est** un chat

La construction clivée

(13) **Est-ce** la solitude qui pèse, ou **est-ce** la multitude ?

(14) **c'est** l'alcool qui pèse

2.1.3. *Être* employé comme auxiliaire

Auxiliaire diathétique servant à former le passif

(15) Il **est heurté**

Auxiliaire temporel servant à former le passé composé

(16) Le Vieux Monsieur et le Logicien qui **sont entrés**

2.1.4. Cas délicats

(17) je ne suis pas alcoolisé

(18) c'est le cas de le dire

2.1.5. *Être* participe d'une unité complexe

(19) peut-être

2.2. Les emplois de *avoir*

2.2.1. *Avoir* suivi d'un complément d'objet direct

(20) Le chat **a** quatre pattes

(21) Isidore et Fricot **ont** chacun quatre pattes

(22) Mon chien aussi **a** quatre pattes

(23) vous n'**avez** aucune logique

(24) il **a** quatre pattes

(25) j'**ai** un chat qui s'appelle Socrate

2.2.2. *Avoir* verbe support

(26) Vous **avez** de la force / j'**ai** de la force (sept occurrences)

(27) j'**ai** à peine la force de vivre

(28) je n'en **ai** plus envie

2.2.3. *Avoir* dans le présentatif

(29) **il** n'**y a** pas de mal (deux occurrences)

2.2.4. *Avoir* employé comme auxiliaire

Servant à former le passé composé

(30) Le Vieux Monsieur et le Logicien [...] **ont fait** quelques pas

Servant à former l'infinitif passé

(31) Le Vieux Monsieur [...] après **avoir** longuement **réfléchi**

3. Traitement de la question

3.1. Introduction et présentation des positions théoriques d'Émile Benveniste et de Gustave Guillaume sur *être* et *avoir*

3.1.1. Introduction

Être et *avoir* sont les verbes les plus fréquents de la langue française. Ils ont un statut particulier, car, sur le plan morphologique, ils se caractérisent, suivant les modes, les temps et les personnes, par de nombreux radicaux. Dans les tableaux de conjugaison, ils sont d'ailleurs présentés isolément. Ils connaissent deux grands types de fonctionnement : ils peuvent s'employer comme verbes « ordinaires », et ils ont alors un sens plein (*je pense donc je suis* – cas non représenté, *Le chat a quatre pattes)*, ou comme auxiliaires (*Le Vieux Monsieur et le Logicien qui sont entrés, Le Vieux Monsieur et le Logicien ont fait quelques pas)*, et ils voient alors leur sémantisme s'amenuiser. Entre ces deux types de fonctionnement, il est possible de dégager une série d'emplois intermédiaires (*être* copule + attribut ; *avoir* verbe support), qui correspondent à autant de degrés sémantiques.

> ▷ Les deux paragraphes suivants rendent compte pour *être* et *avoir* des positions théoriques d'Émile Benveniste et de Gustave Guillaume, qui nous paraissent particulièrement utiles pour traiter ce sujet, et que nous présentons plus longuement pour faciliter la lecture de ce chapitre. Aux concours, il ne serait pas nécessaire de faire une monographie de l'une ou de l'autre approche. Il conviendra seulement de replacer les notions retenues dans le cadre théorique dont elles relèvent. On rappelle que, si le candidat opte pour l'approche guillaumienne, mettant l'accent sur la sémantique, il se préoccupera néanmoins obligatoirement du niveau syntaxique.

3.1.2. La position théorique de Benveniste

Benveniste (1966, 187-207) parle pour le verbe *être* de la confusion entre la copule, « marque grammaticale d'identité », et le « verbe de plein exercice ». Pour lui, il ne s'agit pas de deux étapes successives, mais de deux emplois qui ont coexisté. *Être,* verbe de plein exercice, signifiant « avoir existence », exprime une « notion lexicale ». *Être* copule n'a pas de sens, et ne fait que « poser l'identité entre deux termes nominaux ».

Benveniste montre que le verbe *avoir* et le verbe *être* ont certaines propriétés communes, notamment qu'ils ont « le statut formel d'auxiliaires temporels », qu'ils « ne sont [pas] susceptibles d'une forme passive », et qu'ils « peuvent être auxiliaires temporels des mêmes verbes ».

Benveniste indique que *avoir* est une « acquisition tardive » des langues, l'expression de la possession se faisant par *être* dans la construction *être à* « constituant en sujet ce qui est l'objet grammatical d'un verbe *avoir* » : *est mihi liber, j'ai un livre.* Pour Benveniste, *avoir* « n'est donc qu'un *être-à* inversé ». L'idée de Benveniste est que *avoir* et *être* sont tous les deux des verbes d'état, mais qu'ils n'indiquent pas le même état, et sont en distribution complémentaire : « *être* est l'état de l'étant, de celui qui est quelque chose ; *avoir* est l'état de l'ayant, de celui à qui quelque chose est [...]. Entre les deux termes qu'il joint, *être* établit un rapport intrinsèque d'identité : c'est l'état consubstantiel. Au contraire, les deux termes joints par *avoir* demeurent distincts : entre ceux-ci, le rapport est extrinsèque [...] : c'est le rapport du possédé au possesseur. [...] De là vient que *avoir,* qui n'est qu'un « *être-à* » retourné, ne se laisse pas lui-même tourner en passif. En français, *avoir* n'a pas de passif » (Benveniste, 1966, 199).

3.1.3. La position théorique de Guillaume : subduction et subductivité

Moignet (1981, 263), exposant la position théorique de Guillaume, rappelle que « c'est à propos du verbe que G. Guillaume a parlé de subductivité et de subduction. La subductivité est une qualité sémantique appartenant à certains verbes, en vertu de laquelle, étant notionnellement préexistants à d'autres, ils descendent dans la pensée au-dessous de ceux-ci, et en constituent des présupposés, ainsi les verbes exprimant les idées fondamentales d'existence et de possession (*être* et *avoir*). » Ces verbes deviennent de « moins en moins lexicaux et de plus en plus grammaticaux ». « Sans cesser d'être, formellement, verbe, le verbe devient, notionnellement, un mot grammatical insuffisant à signifier par lui-même autre chose qu'une catégorie formelle, et appelant, de ce fait, un complément notionnel avec lequel il devient apte à constituer, en discours, un entier de signification. C'est le statut [...] des auxiliaires. »

En suivant la théorie guillaumienne, il est possible de dégager une série de degrés, marquant un continuum dans l'écart qui sépare les emplois pléniers des emplois totalement subduits :

Pour être

- **Verbe de sens plein** : *Être ou ne pas être* (cas non représenté), paraphrasable par *exister.*
- **Premier degré de subduction** : *Auch est la capitale de la Gascogne* (cas non représenté), relation d'identité, réversible.
- **Deuxième degré de subduction** : (4) *Socrate est un chat,* il s'agit de la copule, marquant une relation non réversible, dans laquelle *être* n'est « glosable par aucun verbe plein de la langue » (Moignet, 1981, 265).
- **Troisième degré** : (15) *Il est heurté, être* est l'auxiliaire de la voix passive.
- **Dernier degré** : (16) *Le Vieux Monsieur et le Logicien qui sont entrés, être* « fonctionne comme auxiliaire de l'aspect transcendant de certains verbes » (Moignet, 1981, 266).

Pour avoir

- Pas d'emploi absolu pour le verbe de sens plein : **Aricie a* (cas non représenté).

- **Verbe de sens plein** : (20) *Le chat a quatre pattes, avoir,* « toujours pourvu d'une complémentation », est glosable par *tenir* ou *posséder* (Moignet, 1981, 267).
- **Premier degré de subduction comprenant deux stades :**

  (26) *Vous avez de la force*

  (28) *je n'en ai plus envie*

  avoir « est l'élément verbal (donc temporel) de la locution verbale » (Moignet, 1981, 268).
- **Deuxième degré de subduction** : (30) *Le Vieux Monsieur et le Logicien [...] ont fait quelques pas, avoir* est auxiliaire.

3.2. Les emplois de *être*

Notons brièvement que le texte n'offre aucune occurrence de *être* au sens plein, alors synonyme de *exister.*

3.2.1. *Être* copule

Pour la grammaire traditionnelle, le verbe *être,* introduisant l'attribut du sujet, est un « verbe d'état », car elle considère qu'il indique l'« état » dans lequel le sujet se trouve. Cette étiquette sémantique est ambiguë et de surcroît floue, dans la mesure où l'état décrit peut être certes passager, *je ne **suis** pas alcoolisé* (17), mais aussi permanent jusqu'à l'essence, *Isidore et Fricot **sont** chats* (1).

Nous préférons la dénomination de copule qui permet de clairement dissocier *être*, copule vide, des autres verbes (*demeurer*, *devenir*, *paraître*, *rester*, *sembler*, etc.), copules pleines. La copule *être* est notionnellement vide, et *être* n'est pas un morphème dans ce cas. Il sert uniquement à indiquer une relation à deux termes, entre sujet et attribut ; l'attribut est alors le pivot de la phrase.

> ▷ Quel que soit le plan retenu, le traitement syntaxique doit précéder le développement sémantique. Pour les emplois de *être* en tant que copule, il faut exposer les propriétés syntaxiques de l'attribut, notamment, d'une part, ce qui le distingue du complément d'objet direct et, d'autre part, ce qui le distingue des séquences postposées à *être*, lorsque ce dernier n'est pas copule. Rappelons que ces séquences postposées ne sont pas toujours analysables.

3.2.1.1. Propriétés syntaxiques

De même que le complément d'objet direct, l'attribut peut être réalisé sous la forme d'un syntagme nominal (occurrences 2 à 4). En revanche, contrairement au complément d'objet direct, l'attribut peut apparaître sous la forme d'un nom sans déterminant (occurrence 1), et d'un adjectif (occurrences 5 à 11).

Du point de vue des critères formels

On notera que l'attribut dans ce texte est toujours postposé à *être.* On peut rapprocher cette position de celle du complément d'objet direct. Dans l'extrait, l'attribut s'accorde en nombre et en genre avec le sujet, qu'il s'agisse d'un adjectif, *Les vivants* ***sont*** *rares* (8), ou d'un nom, *Isidore et Fricot* ***sont*** *chats* (1).

Du point de vue des critères structuraux

L'attribut se remplace par le pronom personnel *le*, invariable en genre et en nombre, souvent appelé pronom « neutre » : *Isidore et Fricot* ***sont*** *chats* (1), *Isidore et Fricot le sont.* Rappelons que l'attribut entre dans des constructions dont les verbes ne supportent jamais la passivation, à la différence de ce qui se produit pour le complément d'objet direct. L'incapacité à l'effacement de l'attribut montre son caractère obligatoire : *Mon chien* ***serait*** *un chat* (2), **mon chien serait.* Dans certains cas, si l'on essaie d'effacer l'attribut, la phrase peut rester grammaticale, mais *être* subit alors une modification sémantique considérable, à tel point que l'on n'a plus affaire au même élément, mais au verbe de sens plénier : *Socrate est un chat* (4), *Socrate est,* c'est-à-dire *Socrate existe.*

3.2.1.2. Propriétés sémantiques

La définition d'ordre sémantique est étroitement dépendante de la classe de l'attribut. En s'inspirant de la théorie guillaumienne, on peut dire que l'attribut constitue un apport externe à la caractérisation du sujet. On notera tout d'abord qu'un nom sans déterminant comme en (1) est l'équivalent d'un adjectif en termes de constituants.

Si l'attribut est un nom, la relation sémantique entre l'attribut et le sujet est parfois d'identité (cas non représenté, du type : *Auch est la capitale de la Gascogne*) ; la permutation du sujet et de l'attribut aboutit à une paraphrase (*la capitale de la Gascogne est Auch).* Dans les occurrences (1) à (4), cette relation n'est pas d'égalité, car les divers attributs n'ont pas un statut référentiel ; les phrases ne sont pas réversibles.

On propose généralement deux lectures pour les constructions *être (+ Dét) + N attribut*, dites « typante » et « non typante », ou encore « classante » et « non classante », selon que le nom attribut marque une relation d'appartenance à une classe ou qu'il indique une qualité. Il est cependant souvent difficile de trancher dans la mesure où tout membre d'une classe est censé en avoir certaines propriétés. C'est le cas en (1) et en (2), où les deux lectures sont possibles. En (4), *Socrate* ***est*** *un chat*, l'interprétation est exclusivement typante. L'absurdité de la proposition découle précisément de la double contradiction entre l'appartenance à la classe des chats et la non-possession des propriétés de ces derniers, et entre l'appartenance à la classe des hommes et l'appartenance à celle des chats. Le raisonnement s'appuie sur une propriété (celle d'être mortel) présentée comme définitoire de la classe des chats, mais en fait non pertinente puisque commune aux deux classes.

Si l'attribut est un adjectif, la relation sémantique instaurée entre l'attribut et le sujet est dite de caractérisation, comme pour les occurrences (5) à (11). Il s'agit dans tous les cas de l'attribution d'une qualité, parfois axiologiquement marquée comme en (6).

3.2.2. *Être* dans le présentatif

Il est quelquefois délicat de dissocier le présentatif de la séquence démonstratif + copule. Rappelons d'abord que le présentatif n'est jamais suivi d'un adjectif ; en (6) et en (11), on a par conséquent affaire *a contrario* à la séquence démonstratif sujet + copule + adjectif attribut. Nous avons donc classé les occurrences (6, 11) parmi les constructions attributives.

- Si l'on a affaire à la séquence démonstratif + copule, le démonstratif peut être remplacé par le pronom impersonnel *il* lorsqu'il s'agit d'un adjectif (*c'est vrai, il est vrai),* ou par un pronom personnel ou impersonnel lorsqu'il s'agit d'un nom (*c'est beau, la logique ; elle est belle, la logique).* En (3), la présence d'un infinitif détaché en fin de phrase permet d'identifier un pronom démonstratif.
- Si l'on a affaire au présentatif, la commutation avec un autre présentatif, tels *voici, voilà, il y a,* est possible. La phrase (12), *c'est un chat,* se prête à deux analyses : on peut considérer qu'il y a un présentatif, *voici un chat, il y a un chat,* mais on peut également considérer qu'elle comprend un démonstratif suivi d'une copule, *il est un chat.*

3.2.2.1. Le présentatif employé seul

Le présentatif *c'est* est constitué de deux morphèmes, qui fonctionnent dans une perspective synchronique syntaxiquement et sémantiquement comme un morphème unique ; il résulte du figement d'un ancien syntagme verbal. Il varie en nombre (*c'est / ce sont*) et supporte formellement le temps (*c'est / c'était*). Ainsi, on ne peut décomposer *c'est* en une structure du type *c'* (pronom sujet) + *est* (verbe) et l'on ne saurait donc voir en *c'* un sujet. Les phrases à tournure présentative ne correspondent pas au modèle canonique sujet + pivot verbal.

Dans l'exemple (12), si l'on choisit d'identifier un présentatif, on pourrait considérer que le pivot n'est pas verbal, mais qu'il est constitué par le syntagme nominal *un chat,* que le présentatif actualise. En (12), le présentatif identifie le chien du Vieux Monsieur comme un chat et, ce faisant, lui attribue les propriétés des chats. *C'est* est un présentatif à valeur d'identification.

3.2.2.2. La construction clivée

La construction clivée, du type *c'est... qu-*, reçoit deux analyses :

- Dans une perspective transformationnelle où l'on établit une correspondance entre des structures syntaxiques différentes, la construction clivée résulte d'une opération d'extraction d'un élément. C'est un procédé syntaxique de mise en vedette d'un élément de la phrase associant un présentatif (*c'est*) et un subordonnant qui n'est pas toujours relatif (comme dans *C'est parce qu'il est fâché qu'il ne viendra pas*). On parle aussi de focalisation. Dans les occurrences (13) et (14), l'élément extrait est le sujet (respectivement *la solitude, la multitude,* et *l'alcool*), suivi du relatif *qui.*
- Dans une perspective non transformationnelle, on ne fait pas dériver la phrase clivée de la phrase non clivée correspondante. *C'est* peut être vu comme un présentatif ou comme la séquence démonstratif + copule, et

l'élément qui suit est alors un attribut. Si l'on retient cette dernière analyse, il conviendra de reverser les occurrences (13) et (14) dans les cas de constructions attributives où l'attribut est un nom (§ 2.1.1).

Dans les deux perspectives, l'élément qui suit *c'est* est posé, il s'agit du propos, et la séquence introduite par le subordonnant est présupposée et désigne le thème.

Notons qu'en (13), *c'est* est inversé, puisque la phrase est interrogative.

La construction *c'est... qu-* est parfois ambiguë, elle peut renvoyer à une clivée comme à une séquence présentatif (ou démonstratif + copule) + syntagme nominal comportant une relative. La phrase (14) présente cette ambiguïté :

(14a) *C'est l'alcool / qui pèse*

(14b) *C'est / l'alcool qui pèse.*

(14a) peut être paraphrasé par *Ce qui pèse est l'alcool* et, dans une optique transformationnelle, est issu de la phrase *L'alcool pèse.* (14b), qui n'est pas une construction clivée, comporte une relative dont l'antécédent est clairement *alcool.*

La phrase (13) est nécessairement une construction clivée en raison du caractère contrastif des sujets *solitude* et *multitude.*

3.2.3. *Être* employé comme auxiliaire

Dans la théorie de Guillaume, le verbe *être* connaît le degré extrême de subduction lorsqu'il est employé comme auxiliaire servant à former les temps composés ou le passif (voir Moignet, 1981, 266). Son sémantisme est alors vide.

Dans les formes composées, l'auxiliaire et la marque de participe passé apportent les éléments grammaticaux (personne, nombre, mode, temps, voix, aspect) et le radical apporte l'élément lexical, ou encore notionnel :

(15) Il **est** *heurt*-**é**.

On identifie en gras les éléments grammaticaux et en italique l'élément lexical.

Lorsque l'auxiliaire est *être*, l'accord du participe passé se fait avec le sujet.

3.2.3.1. Être *auxiliaire de la voix passive*

La voix, ou diathèse, est une catégorie grammaticale qui affecte le verbe et modifie sa complémentation. Par exemple, en (15), le passage de l'actif au passif pour un verbe transitif transforme le sujet en complément d'agent et l'objet direct en sujet : *Le Vieux Monsieur [heurte] le Logicien, Il [le Logicien]* ***est heurté*** *[par le Vieux Monsieur]. Heurter* est un verbe perfectif[1] transitif direct, ce qui peut générer une ambiguïté. Dans *Il est heurté,* on pourrait se demander si la séquence *être* + participe passé correspond à une construction passive, ou bien à

1. On appelle verbe perfectif un verbe dont le sémantisme implique un terme, comme, par exemple, le verbe *naître.* L'action de naître n'est réalisée qu'une fois que l'on est né.

une construction attributive, dans laquelle *être* est une copule et le participe passé a une valeur adjectivale. Dans le premier cas, la construction passive décrit une action, qui comporte ici un terme. Dans le second cas, la construction attributive indique un état : la phrase *Il est heurté* renvoie à un résultat d'action en raison de la nature perfective du verbe. L'ambiguïté signalée ci-dessus ne serait pas possible avec un verbe imperfectif[1] : dans *le chat est caressé,* seule l'action, qui ne comporte pas linguistiquement de terme, est décrite.

3.2.3.2. Être *auxiliaire temporel et aspectuel*

Être (comme *avoir*) a la particularité de s'employer comme auxiliaire temporel et aspectuel. *Être* forme les temps composés, qui traduisent l'aspect accompli. Il est auxiliaire, soit en concurrence avec *avoir* suivant que les verbes entrent ou non dans une construction pronominale (*il s'est promené, il a promené le chien*[2]), soit en distribution complémentaire. Dans ce dernier cas, *être* précède généralement les verbes perfectifs intransitifs, comme en (16), *Le Vieux Monsieur et le Logicien qui **sont entrés*** ; *avoir* précède la majorité des verbes transitifs, perfectifs ou imperfectifs, ou intransitifs imperfectifs. En (16), *être* sert à former pour le verbe *entrer* le passé composé, qui indique que le procès est achevé au moment de l'énonciation.

3.2.4. Cas délicats

En (17), *je ne suis pas alcoolisé,* il y a ambiguïté, comme il a été signalé *supra* pour (16), entre la forme passive du verbe *alcooliser* au présent et la séquence copule + participe passé en emploi adjectival. Rappelons que le verbe *alcooliser* ne s'utilise à la forme passive que pour les boissons : le sens courant de *alcool* est « boisson alcoolisée ». *Alcoolisé* existe indépendamment du verbe (Rey, 1992, 43), ce qui privilégie son traitement en tant qu'adjectif, à la différence de l'occurrence (16), où l'interprétation passive prévaut. *Alcoolisé* serait alors un synonyme intensif de *alcoolique* : le sujet est réifié, ce qui produit un jeu de mots.

En (18), *c'est le cas de le dire,* il semble que l'on ait affaire à un détachement en fin de phrase du sujet du verbe *être,* du type *c'est intéressant de faire de la grammaire,* tournure usuelle à l'oral. Or, contrairement à l'exemple précédent, on ne peut pas en (18) faire commuter le démonstratif avec l'impersonnel *il : *Il est le cas de le dire,* vs *Il est intéressant de faire de la grammaire.* En outre, la séquence infinitive apposée au démonstratif ne peut être placée en tête de phrase : **le dire est le cas,* vs *faire de la grammaire est intéressant.* L'occurrence (18) est donc une expression figée.

---

1. On appelle verbe imperfectif un verbe dont le sémantisme n'implique pas de limite, comme, par exemple, le verbe *dormir* : l'action de dormir peut linguistiquement se prolonger indéfiniment.
2. En français classique, *être* et *avoir* sont en concurrence pour les temps composés de certains verbes, essentiellement de mouvement ou d'absence de mouvement, et de changement d'état : *il a passé / il est passé* ; *avoir* « gomme le terme final du procès au profit d'une mise en évidence de la limite initiale », *être* « gomme la notion de parcours et impose une vision résultative » (Fournier, 1998, 255).

3.2.5. *Être* participe d'une unité complexe

En marge de l'analyse, on traitera brièvement l'unité complexe *peut-être*, formée par composition à partir du verbe *pouvoir* (à la troisième personne du présent de l'indicatif, comme c'est le cas pour de nombreux composés dont le premier élément est verbal, du type *casse-noisettes*) et du verbe *être* à l'infinitif. Le procédé est encore perceptible en synchronie.

3.3. Les emplois de *avoir*

3.3.1. *Avoir* suivi d'un complément d'objet direct

Avoir est un verbe transitif direct qui exige un complément d'objet direct ; on ne trouve pas de construction absolue du type **Paul a.* Dans l'approche guillaumienne, *avoir* dans cet emploi-là serait doté d'un sens plein.

Avoir exprime la possession et non comme *être* l'appartenance. Alors que *ce vélo est à moi,* qui marque un rapport d'appartenance, réclame un sujet déterminé, *j'ai un vélo*, qui indique la possession, appelle un objet indéterminé. Dans les exemples du texte de (20) à (25), les compléments d'objet directs comportent des déterminants du nom indéfinis (*un, aucun*) ou fonctionnant comme des indéfinis, tels les cardinaux (*quatre*).

Il convient de rappeler brièvement des critères d'identification du complément d'objet direct :

Du point de vue des critères formels

Le complément d'objet direct est, dans le texte, immédiatement postposé au verbe *avoir*, dans la mesure où cette fonction n'est assurée que par des noms.

Du point de vue des critères structuraux

Le complément d'objet direct est pronominalisable, notamment par un pronom personnel ou par un pronom relatif : (22) *Mon chien aussi* ***a*** *quatre pattes, mon chien en a, les quatre pattes qu'a mon chien.* On peut également noter que seul l'objet direct accepte l'extraction par la tournure présentative emphatique *c'est* (ou *ce sont*)... *que :* (20) *Le chat* ***a*** *quatre pattes, ce sont quatre pattes que le chat a.* On remarquera que, contrairement à de nombreux verbes transitifs directs, *avoir* n'admet pas la transformation passive : (24) *il* ***a*** *quatre pattes, *quatre pattes sont eues par lui* (🕮 **Fonction objet**). Comme il a été dit précédemment, l'effacement du complément d'objet direct n'est pas possible avec le verbe *avoir.*

En (25), *j'ai un chat qui s'appelle Socrate*, deux lectures sont possibles. La relative peut être vue soit comme une relative « ordinaire » (25a), elle est alors épithète, soit comme une relative attributive, ou encore prédicative (25b), elle ne forme alors pas un syntagme avec son antécédent (la linguistique distributionnelle parlerait de deux constituants). (25a) ne se pronominalise que sous la forme *j'en ai un*, (25b) correspond à la pronominalisation *j'en ai un qui s'appelle Socrate.*

3.3.2. *Avoir* verbe support

Des verbes tels que, par exemple, *donner, être, faire, prendre,* et aussi *avoir,* fonctionnent comme des verbes supports lorsque, suivis d'un nom, ils équivalent syntaxiquement à un verbe simple. On dit aussi que les verbes supports se combinent avec des noms prédicatifs pour former des locutions verbales. Le complément ne représente pas un actant distinct. Sur le plan sémantique, le nom dit prédicatif apporte l'élément notionnel.

En (28), *je n'en **ai** plus envie,* le nom *envie* est difficilement analysable comme un complément d'objet direct : il est sans déterminant et n'est pas pronominalisable. Le sujet, *je,* est le seul actant (au sens de Tesnière). Notons que *avoir* peut connaître des emplois de verbe d'« état » proches de ceux de *être* : *avoir envie* renvoie à un état mental.

En (26) et (27), deux traitements sont possibles. On peut choisir de voir une construction à verbe support, le complément ne représentant pas un actant individualisable. On peut également voir une construction pivot verbal + objet direct ; on note en effet que le nom reçoit ici un déterminant, à la différence de l'occurrence (28), et que la pronominalisation est possible : (26) *j'**ai** de la force, j'en ai.* Ici, *avoir de la force* renvoie à un état physique du sujet.

3.3.3. *Avoir* dans le présentatif

Le présentatif *il y a* est constitué de trois morphèmes, qui fonctionnent dans une perspective synchronique syntaxiquement et sémantiquement comme un morphème unique. Ainsi, on ne peut décomposer *il y a* en une structure du type *il* (pronom sujet) + *y* (adverbe de lieu) + *a* (verbe) et l'on ne saurait donc voir en *il* un sujet. Ce présentatif résulte d'un figement de syntagme ; il ne varie pas en nombre mais supporte formellement le temps et, comme dans l'occurrence (29), la négation. Les phrases à tournure présentative ne correspondent pas au modèle canonique sujet + pivot verbal. En (29), le pivot n'est pas verbal, mais est constitué par le nom *mal,* que le présentatif actualise. On ne saurait donc voir dans le nom *mal* un complément d'objet direct (🕮 **Fonction objet**). *Il y a* est un présentatif à valeur existentielle. Dans l'occurrence (29), cette valeur existentielle est exprimée pour être niée.

3.3.4. *Avoir* employé comme auxiliaire

Dans la théorie de Guillaume, le verbe *avoir,* comme *être,* connaît le degré extrême de subduction lorsqu'il est employé en tant qu'auxiliaire (Moignet, 1981, 266). Son sémantisme est alors vide. *Avoir* sert à former les temps composés de la majorité des verbes français ; il s'auxilie lui-même et il auxilie le verbe *être.*

Dans les formes composées, l'auxiliaire et la marque de participe passé apportent les éléments grammaticaux (personne, nombre, mode, temps, voix, aspect) et le radical apporte l'élément lexical, ou encore notionnel :

(30) Le Vieux Monsieur et le Logicien [...] **ont** *fai*-**t** quelques pas.

On identifie en gras les éléments grammaticaux et en italique l'élément lexical.

Avec l'auxiliaire *avoir*, l'accord ne se fait pas avec le sujet, mais avec l'objet direct lorsque celui-ci est placé avant le verbe (cas non représenté, du type *les pommes que j'ai mangées étaient bonnes*).

Avoir (comme *être*) a la particularité de s'employer comme auxiliaire temporel et aspectuel. *Avoir* forme les temps composés, qui traduisent l'aspect accompli. Il est auxiliaire, soit en concurrence avec *être* suivant que les verbes entrent ou non dans une construction pronominale (*il a lavé, il s'est lavé*), soit en distribution complémentaire. Dans ce dernier cas, *avoir* précède la majorité des verbes transitifs, perfectifs ou imperfectifs, ou intransitifs imperfectifs.

En (30), *avoir* sert à former le passé composé du verbe support *faire ;* il indique que le procès est achevé au moment de l'énonciation. En (31), *avoir* participe de l'infinitif passé du verbe *réfléchir*. Notons que la dénomination « infinitif passé » est trompeuse, dans la mesure où elle laisse supposer une opposition temporelle, alors qu'elle est établie sur une base aspectuelle : il s'agit de l'accompli.

4. CONCLUSION

• De la syntaxe à la stylistique

Même si tous les cas ne sont pas représentés, le nombre relativement élevé d'occurrences des verbes *être* et *avoir* est particulièrement intéressant dans ce passage de duos croisés (Jean-Bérenger, Le Vieux Monsieur-Le Logicien) qui se servent mutuellement de contrepoints. Ionesco joue des valeurs de ces verbes fondamentaux en les faisant se répéter mécaniquement dans la bouche de Jean, ou en les introduisant de manière outrée dans les syllogismes tronqués du Logicien. La puissante ironie verbale que l'auteur déploie dans cette scène de grand comique repose, entre autres, sur les différents emplois de ces verbes.

Section 4

Autour de la phrase

Chapitre 1
Problèmes de définition de la phrase
Le cas des segments autonomes sans verbe[1]

Le Misanthrope, Acte IV, scène 4,
Molière, 1666.

ALCESTE
Que veut cet équipage, et cet air effaré ?
Qu'as-tu ?

DU BOIS
Monsieur…

ALCESTE
Hé bien !

DU BOIS
Voici bien des mystères.

ALCESTE
Qu'est-ce ?

DU BOIS
Nous sommes mal, Monsieur, dans nos affaires.

ALCESTE
Quoi ?

DU BOIS
Parlerai-je haut ?

ALCESTE
Oui, parle, et promptement.

---

1. Ce chapitre est une version légèrement remaniée d'un article paru dans *L'Information grammaticale*, sous le titre « Éléments de réflexion pour l'analyse des segments autonomes sans verbe dans la scène 4 de l'acte IV du *Misanthrope* de Molière », 2000, n° 84, pp. 41-45.

DU BOIS
N'est-il point là quelqu'un... ?

ALCESTE
Ah ! que d'amusement !
Veux-tu parler ?

DU BOIS
Monsieur, il faut faire retraite.

ALCESTE
Comment ?

DU BOIS
Il faut d'ici déloger sans trompette.

ALCESTE
Et pourquoi ?

DU BOIS
Je vous dis qu'il faut quitter ce lieu.

ALCESTE
La cause ?

DU BOIS
Il faut partir, Monsieur, sans dire adieu.

ALCESTE
Mais par quelle raison me tiens-tu ce langage ?

DU BOIS
Par la raison, Monsieur, qu'il faut plier bagage.

ALCESTE
Ah ! je te casserai la tête assurément,
Si tu ne veux, maraud, t'expliquer autrement.

DU BOIS
Monsieur, un homme noir et d'habit et de mine
Est venu nous laisser, jusque dans la cuisine,
Un papier griffonné d'une telle façon,
Qu'il faudrait, pour le lire, être pis que démon.
C'est de votre procès, je n'en fais aucun doute ;
Mais le diable d'enfer, je crois, n'y verrait goutte.

ALCESTE
Hé bien ? quoi ? ce papier, qu'a-t-il à démêler,
Traître, avec le départ dont tu viens me parler ?

DU BOIS
C'est pour vous dire ici, Monsieur, qu'une heure ensuite,
Un homme qui souvent vous vient rendre visite
Est venu vous chercher avec empressement,

Et ne vous trouvant pas, m'a chargé doucement,
Sachant que je vous sers avec beaucoup de zèle,
De vous dire... Attendez, comme est-ce qu'il s'appelle ?

ALCESTE
Laisse là son nom, traître, et dis ce qu'il t'a dit.

DU BOIS
C'est un de vos amis enfin, cela suffit.
Il m'a dit que d'ici votre péril vous chasse,
Et que d'être arrêté le sort vous y menace.

ALCESTE
Mais quoi ? n'a-t-il voulu te rien spécifier ?

DU BOIS
Non : il m'a demandé de l'encre et du papier,
Et vous a fait un mot où vous pourrez, je pense,
Du fond de ce mystère avoir la connaissance.

ALCESTE
Donne-le donc.

CÉLIMÈNE
Que peut envelopper ceci ?

ALCESTE
Je ne sais ; mais j'aspire à m'en voir éclairci.
Auras-tu bientôt fait, impertinent au diable ?

DU BOIS, après l'avoir longtemps cherché.
Ma foi ! je l'ai, Monsieur, laissé sur votre table.

ALCESTE
Je ne sais qui me tient...

CÉLIMÈNE
Ne vous emportez pas,
Et courez démêler un pareil embarras.

ALCESTE
Il semble que le sort, quelque soin que je prenne,
Ait juré d'empêcher que je vous entretienne ;
Mais pour en triompher, souffrez à mon amour
De vous revoir, Madame, avant la fin du jour.

1. Question

► **Syntaxe** : étudiez les segments autonomes sans verbe.

2. Relevé des occurrences

▷ Nous utilisons pour l'établissement du corpus des catégories issues de la grammaire traditionnelle, qu'il conviendra de remettre en cause dans le corps de l'étude afin de proposer, le cas échéant, des notions plus opératoires.

2.1. Ellipse du verbe

(1) [Que veut cet équipage,] et cet air effaré ?

(2) [parle,] et promptement

(3) [Mais par quelle raison me tiens-tu ce langage ?]
Par la raison, Monsieur, qu'il faut plier bagage.

2.2. Segments exclamatifs

(4) que d'amusement !

(5) Hé bien !

(6) Ah ! (deux occurrences)

(7) Ma foi !

2.3. Segments interrogatifs

(8) Quoi ? (deux occurrences)

(9) Hé bien ?

(10) Mais quoi ?

(11) Comment ?

(12) Et pourquoi ?

(13) La cause ?

2.4. Segments à présentatif

(14) Voici bien des mystères

(15) C'est de votre procès

(16) C'est un de vos amis

2.5. Mots-phrases

(17) Oui

(18) Non

2.6. Apostrophes

(19) Monsieur (huit occurrences)

(20) Madame

(21) maraud

(22) Traître (deux occurrences)

(23) Impertinent au diable

3. INTRODUCTION ET DÉLIMITATION DU SUJET

On entend par segments[1] autonomes sans verbe des séquences qui ne comportent pas de verbe mais fonctionnent sans pour autant être nécessairement rattachées à une phrase. Ces segments autonomes sans verbe recouvrent des séquences hétérogènes peu étudiées par la grammaire traditionnelle, qui ne leur reconnaît qu'un statut marginal et les classe sur plusieurs niveaux, notamment syntaxique (fonctionnel ou catégoriel) et énonciatif : apostrophe, présentatif, interjection, mot-phrase, exclamation, interrogation, phénomènes d'« ellipse ». Nous nous proposons d'examiner ces séquences sous un angle résolument syntaxique. Ces segments sans verbe constituent-ils des phrases, ou vaut-il mieux parler d'énoncés ? On montrera que la réponse à ces questions dépend largement du cadre théorique retenu, et en particulier de la définition de la phrase que l'on adopte.

4. TRAITEMENT DE LA QUESTION

4.1. La phrase : une approche essentiellement catégorielle

4.1.1. La dichotomie phrase *vs* énoncé

On oppose souvent la phrase à l'énoncé. Cette distinction fait intervenir deux niveaux, pragmatique et syntaxique.

4.1.1.1. Niveau pragmatique

En pragmatique, la phrase est vue comme une entité abstraite, virtuelle, caractérisée par sa structure syntaxique et son sens, qui admet, en situation de communication, de multiples réalisations appelées énoncés. Autrement dit, un énoncé est « le produit de l'énonciation d'une phrase » (Moeschler, 1994, 22), ou encore, il est l'occurrence particulière d'une phrase.

1. On opte pour le terme « segment » qui renvoie à des éléments de la chaîne syntagmatique sans que l'on ait à se prononcer d'emblée sur leur statut. Il recouvre des entités hétérogènes telles que le syntagme ou la phrase : *Ma foi !, Oui, Madame, Quoi ?* (voir corpus).

4.1.1.2. Niveau syntaxique

Pour certains grammairiens, le terme « énoncé » renvoie aux productions langagières, notamment orales, qui ne s'organisent pas autour d'un pivot verbal et qui de ce fait sont réputées inanalysables. Par exemple, pour Denis *et al.* (1994 , L), « l'énoncé [revêt] des formes si diverses et si elliptiques parfois qu'il ne saurait constituer une base stable et suffisante pour l'analyse. » On s'interrogera par la suite sur la validité de la dichotomie phrase / énoncé ainsi fondée. Autrement dit, seule la phrase à pivot verbal, canonique, est retenue.

De nombreuses productions orales sont alors exclues du domaine d'analyse. Le dialogue théâtral, comme l'a montré Larthomas[1], « constitue, par nature, un compromis entre deux langages, l'écrit et le dit », ou encore entre langue écrite et langue orale. Or, la langue orale, mimée par le théâtre, a des contraintes et des modes de fonctionnement spécifiques qu'il convient également de décrire. Ainsi, on peut se demander comment analyser la question *La cause ?* (13) ou la réponse *Par la raison, Monsieur, qu'il faut plier bagage* (3) à la question *Mais par quelle raison me tiens-tu ce langage ?*.

Notons de plus que le terme « énoncé » est également susceptible d'être utilisé pour neutraliser la distinction phrase *vs* énoncé et coiffe alors l'ensemble des productions langagières. On voit donc que cette notion, très large, n'est pas univoque.

4.1.2. Critères d'identification de la phrase

On part de la définition de la phrase proposée par Gary-Prieur (1985, 43) :

> *Une phrase simple est une unité linguistique constituée par une structure formelle centrée sur un verbe, véhiculant une proposition douée de sens, et pourvue d'une intonation spécifique.*

4.1.2.1. Critère graphique

On remarque que cette définition n'inclut pas le critère graphique, selon lequel une phrase est ce qui est compris entre deux points et commence par une majuscule. Ce critère est en effet loin d'être suffisant, notamment parce que la ponctuation n'a pas une place aussi fixe qu'il est communément admis. Par exemple, *C'est un de vos amis enfin, cela suffit.*, qui d'après ce critère ne constitue qu'une phrase, pourrait aisément être transcrit en *C'est un de vos amis enfin. Cela suffit.*

4.1.2.2. Critère prosodique

Généralement, la phrase offre une courbe mélodique caractéristique, variable selon la modalité énonciative, et se trouve limitée par deux pauses. Ce critère est d'application délicate, notamment parce que des pauses sont également susceptibles d'apparaître à l'intérieur d'une phrase.

4.1.2.3. Critère sémantique

La phrase est souvent présentée comme une unité de sens, ou encore comme ayant un sens complet. On peut se demander ce que signifie « sens complet ».

1. Larthomas, Pierre, *Le Langage dramatique*, Paris, PUF, 1980, p. 25.

De plus, on notera que le même contenu peut être attribué à une phrase ou être réparti sur plusieurs phrases : *Un homme qui souvent vous vient rendre visite // Est venu vous chercher avec empressement* [...], vs *Un homme souvent vous vient rendre visite. Il est venu vous chercher avec empressement.*

4.1.2.4. Critère syntaxique

Pour la linguistique distributionnelle, la phrase P correspond à la structure SN + SV, dans laquelle le pivot est verbal, ce que reflète d'ailleurs la définition proposée ci-dessus. Si la structure SN + SV permet de ne plus assimiler la phrase au syntagme ni au texte, elle exclut en revanche des séquences se comportant comme des phrases tout en ne comprenant pas de verbe : les segments autonomes sans verbe (voir corpus). Dans la mesure où le seul pivot envisagé est verbal, ces séquences sont présentées comme incomplètes ou réduites par rapport à la forme canonique *il m'a demandé de l'encre et du papier.*

La définition de la phrase proposée ci-dessus apparaît trop restrictive. À l'examen des quatre critères précédents, les segments du corpus seraient sans doute des énoncés mais ne pourraient être considérés comme des phrases. Or, la notion d'énoncé ne paraît pas suffisamment opératoire sur le plan syntaxique[1] ; lorsqu'elle s'oppose à la notion de phrase, elle repose *a contrario* sur un critère catégoriel, et non fonctionnel, puisque c'est la classe du verbe qui est définitoire.

4.2. Pour une définition fonctionnelle de la phrase

4.2.1. La phrase : une organisation hiérarchique

La syntaxe décrit la façon dont les morphèmes se combinent pour former des syntagmes et des phrases : la phrase constitue le cadre d'analyse en syntaxe. Or, les relations syntaxiques sont de nature hiérarchique, elles présupposent l'existence d'un noyau, aussi bien au niveau du syntagme qu'au niveau de la phrase. Par exemple, dans le syntagme nominal *un homme noir*, le nom *homme* est le noyau. On rappelle que, dans la mouvance de la grammaire générative, on pourrait également dire que le nom *homme* est la tête. Dans la phrase *il m'a demandé de l'encre et du papier*, le noyau est le verbe *demander.*

On dira donc, à la suite de Martinet, que c'est autour du noyau que s'organise la phrase et par rapport à lui que les autres éléments marquent leur fonction. Le noyau de la phrase est aussi dénommé prédicat dans un sens strictement syntaxique[2] par Martinet (1979, 15) ; le prédicat se limite à une entité relationnelle et n'inclut pas les éléments qui dépendent de lui. On préférera le terme de pivot (auquel on a déjà eu recours dans ce qui précède), moins ambigu

1. Il n'est ici question que du niveau syntaxique ; on ne discute pas de la validité de cette notion sur le plan pragmatique.
2. Prédicat n'est pas ici entendu au sens logique du terme. Rappelons que la logique classique oppose sujet à prédicat, et que, dans cette perspective, le sujet est ce dont parle le reste de la phrase, le prédicat. Par exemple, dans *il m'a demandé de l'encre et du papier*, *il* est le sujet de la phrase et *m'a demandé de l'encre et du papier*, le prédicat. Cette distinction rejoint dans une large part la dichotomie thème/propos retenue par l'analyse communicative des énoncés.

et plus dynamique comme le montre sa définition : « axe autour duquel une chose se meut » (Rey, 1992, 1533). Prédicat ou pivot ne renvoie pas à une fonction syntaxique, dans la mesure où une fonction s'exerce par rapport à un autre élément. On parlera, comme Feuillard (1988), de rôle syntaxique. Le segment correspondant à l'ensemble des relations de dépendance établies autour du pivot sera donc appelé phrase. Cette définition de la phrase, il faut le souligner, a un caractère axiomatique et non hypothétique. On prendra cette définition comme point de départ pour l'examen du corpus.

4.2.2. La confusion entre classe et fonction

La phrase est souvent vue comme la succession d'un sujet et d'un verbe, ou d'un sujet, d'un verbe et d'un objet (SVO). Cette présentation reflète une confusion entre classe et fonction : verbe renvoie à une classe, alors que sujet et objet renvoient à des fonctions. On voit qu'implicitement une relation bijective est posée entre verbe et pivot de la phrase. Or, dans une conception plus fonctionnelle que catégorielle de la phrase (est phrase ce qui s'organise autour d'un pivot, et non ce qui s'organise autour d'un verbe), le pivot n'est pas nécessairement un verbe.

Dans les occurrences du corpus, le pivot n'est jamais verbal : c'est un nom (1, 3, 4, 13, 14, 15, 19 à 23), un pronom (8, 10, 16), un adverbe (2, 11, 12, 17, 18), une « interjection » (5, 6, 7, 9).

4.2.3. L'actualisation du pivot

Dans la mesure où il n'existe pas de relation bijective entre une classe de morphèmes et le rôle de pivot, un morphème jouant ce rôle doit être actualisé, c'est-à-dire mis en fonction par un autre élément appelé « actualisateur » (Martinet, 1979). On distinguera les cas suivants :

4.2.3.1. L'actualisateur est un morphème

- L'actualisateur équivaut à la fonction de sujet, le pivot est un verbe : ***il*** *m'a demandé de l'encre et du papier.*
- L'actualisateur est un présentatif, le pivot est un nom (occurrences 14 à 16) : ***Voici*** *bien des mystères* (voir § 4.3.4 pour une analyse détaillée).

4.2.3.2. L'actualisateur n'est pas un morphème

L'actualisateur est le contexte

> *Il s'agit de l'entourage transphrastique d'une structure donnée, le contexte étant formé par les phrases qui précèdent ou qui suivent le segment considéré.*
> (Feuillard, 1988, 41)

Ainsi, l'occurrence (3), *Par la raison [...] qu'il faut plier bagage*, apparaît clairement actualisée par le contexte, de même que les occurrences (17) et (18) : le segment n'a force assertive qu'en raison de son statut de réponse, de son insertion dans le dialogue. Dans l'occurrence (2), le segment *et promptement* fonctionne par rapport à celui qui le précède, *parle.* Les occurrences (8 à 13) s'intègrent dans la structure dialogique à la fois par rapport aux phrases qui précèdent et qui suivent.

L'actualisateur est la situation

> *[La situation] renvoie à l'environnement extra-linguistique, et joue une fonction parallèle à celle du contexte, dans certaines situations de communication, notamment à l'oral.* (Feuillard, 1988, 42)

L'actualisateur est la situation pour les occurrences (19 à 23), constituées par des « apostrophes » qui s'appuient sur la situation de communication pour désigner explicitement l'allocutaire.

En raison de la nature hybride du genre théâtral, participant de l'écrit et de l'oral, de nombreuses occurrences du corpus se prêtent à deux analyses : actualisation par le contexte et actualisation par la situation (1, 4 à 7). Par exemple, en (1), [*Que veut cet équipage,*] *et cet air effaré ?*, on ne sait si le segment s'appuie sur le contexte formé de la phrase précédente ou s'il se fonde sur la situation de communication, dans la mesure où il prend place à l'ouverture de la scène, qui signale l'arrivée d'un nouveau personnage.

Lorsque l'actualisateur n'est pas un morphème, la courbe intonative, et partant la ponctuation qui la reflète de manière simplifiée, joue un rôle particulièrement important, voire déterminant, dans l'identification du segment comme phrase, telle que cette dernière a été définie dans le postulat de départ. Par exemple, si, en (13), *La cause ?* peut être considéré comme une phrase, il ne saurait en être de même pour *la cause*, simple syntagme nominal sans actualisation.

4.3. Analyse des occurrences

On se propose maintenant d'analyser les occurrences du texte en partant de la définition axiomatique de la phrase adoptée *supra*.

4.3.1. Ellipse du verbe

Le recours à l'ellipse du verbe est lié à la confusion entre classe et rôle syntaxique, dans la mesure où l'on ne reconnaît pas à un autre élément que le verbe la capacité à être pivot. La nécessité de poser l'ellipse du verbe disparaît dès lors que l'on accepte d'accorder à un autre élément ce statut. Par exemple, en (2), il n'est plus nécessaire de restituer *parler* (*parle, et [parle] promptement*), puisque *promptement* est en mesure d'exercer le rôle de pivot. De plus, admettre que le verbe a subi une ellipse contreviendrait à la définition de départ selon laquelle la phrase s'organise autour d'un pivot, car ce pivot serait alors absent. Autrement dit, il y aurait contradiction avec le postulat adopté. Enfin, selon le principe du « rasoir d'Occam », attribué au philosophe anglais du XIVe siècle Guillaume d'Occam, « il est vain de faire avec plus ce qui peut se faire avec moins[1] » ; il est donc préférable de ne pas multiplier les unités en posant des entités inaudibles et invisibles.

Certains grammairiens proposent d'analyser l'occurrence (3) comme un syntagme syntaxiquement rattaché à la phrase précédente, et l'ensemble est alors considéré comme une phrase unique. On pourrait noter que ce deuxième segment (*Par la raison [...] qu'il faut plier bagage)* est exclu de la structure par le syntagme *par quelle raison.* Cette impossibilité serait encore plus visible si le syntagme concerné était un argument, soumis au principe d'unicité fonctionnelle (une seule fonction par proposition, hors coordination).

4.3.2. Segments exclamatifs

Ces segments exclamatifs recouvrent des réalités linguistiques diverses. Dans l'occurrence (4), la séquence est introduite par *que,* traditionnellement décrit comme un adverbe, suivi par un nom auquel il est relié par *de.* Si l'on se rallie à cette analyse, *que* devra être vu comme le pivot de la phrase. Cependant, on pourrait aussi considérer que l'élément *que* a été transféré dans les déterminants et qu'il porte sur le nom *amusement,* qui est alors le pivot.

On trouve dans les occurrences (5 à 7) ce que de nombreux grammairiens appellent des interjections, quelquefois décrites comme « l'une des neuf parties du discours » (Arrivé *et al.*, 1986, 342), mais qui désignent des éléments hétérogènes. On reconnaît :

- Une onomatopée *Ah !* en (6),
- Un nom accompagné d'un déterminant constituant un composé *Ma foi !* en (7),
- Un adverbe précédé d'une onomatopée qui forme avec elle un composé *Hé bien !* en (5).

Chacun de ces éléments peut être traité comme le pivot de la phrase. Une autre analyse est possible pour les occurrences (5), (6, second *Ah !*) et (7), où lesdites interjections commutent avec un adverbe : par exemple, en (7), *Ma foi !* fonctionne comme *alors* ; elles peuvent dans ce cas être rattachées syntaxiquement à la phrase qui suit.

4.3.3. Segments interrogatifs

L'occurrence (9) est constituée d'un adverbe composé, qui n'est pas interrogatif par nature. À la manière de (5), elle peut être considérée comme une interjection. La ponctuation, qui reflète une courbe interrogative, inscrit ce segment dans l'interrogation totale, par contraste avec l'occurrence (5). Les autres segments de l'extrait relèvent formellement de l'interrogation partielle, laquelle porte sur l'un des éléments de la phrase qu'elle affecte. Ces interrogatifs sont de natures diverses ; on trouve :

- Un pronom en (8) et (10),

1. Cité par Miller, Philip, « Les morphèmes zéro à l'épreuve du rasoir d'Occam », *Travaux linguistiques du Cerlico*, n° 10, P.U.R., 1997, p. 14.

– Des adverbes en (11) et (12).

(13), qui est constitué d'un nom, relève formellement de l'interrogation totale, mais s'apparente sémantiquement à (12).

D'un point de vue onomasiologique, les occurrences (8 à 13) ne sont pas de véritables questions, mais ont une valeur à la fois phatique et conative (🕮 **Interrogation**).

Les pronoms en (8) et (10), les adverbes en (9), (11) et (12), le nom en (13) sont les pivots de la phrase qu'ils constituent. Les éléments *mais* et *et* fonctionnent en (10) et en (12) comme des adverbes portant sur le pivot et non comme des coordonnants, si l'on définit la coordination comme « un lien syntaxique qui s'établit entre deux unités ayant même fonction syntaxique et placées sur le même rang » (Arrivé *et al.*, 1986, 187).

4.3.4. Segments à présentatif

Les grammairiens admettant l'existence d'une classe des présentatifs (*c'est, il y a, voici, voilà*) voient généralement dans le présentatif le pivot de la phrase, en raison de l'origine verbale de cet élément (🕮 **Verbes *être* et *avoir***). Ils mêlent perspectives synchronique et diachronique afin de réintroduire un verbe dans un type de phrase fréquent, qui ne peut être décrit en synchronie stricte que comme la succession présentatif + syntagme nominal. Ce faisant, ils assimilent rôle de pivot et classe du verbe. Certains analysent le syntagme nominal qui suit comme un régime du présentatif (Denis *et al.*, 1994, 450), d'autres le rapprochent d'un complément d'objet direct (Riegel *et al.*, 1994, 454 ; Le Goffic, 1993, 181), d'autres encore l'identifient à un niveau plus logique que syntaxique comme le thème (Gary-Prieur, 1985, 103).

Or, les présentatifs sont constitués de plusieurs morphèmes, qui, dans une perspective synchronique, fonctionnent syntaxiquement et sémantiquement comme un morphème unique et ont pour seul rôle d'introduire un nominal. Ainsi, on ne peut décomposer *voici* en une structure du type *vois* (verbe) + *ci* (adverbe de lieu), où *vois* serait, par exemple, capable d'entretenir un sujet.

Dans les exemples du texte (14 à 16), on considérera donc que c'est le nom, *mystères, procès,* ou le pronom, *un*, susceptible de recevoir des expansions, qui est le pivot, et que le présentatif l'actualise.

4.3.5. Mots-phrases

On dit généralement que *oui* et *non* sont des adverbes fonctionnant comme les équivalents d'une phrase. Quand ils suivent une question, ils permettent d'exprimer l'acquiescement et la dénégation. Dans l'occurrence (17), *oui* peut aussi être interprété comme un renforcement de la phrase qu'il précède. On analysera *oui* et *non* comme les pivots des phrases qu'ils constituent.

4.3.6. Apostrophes

Nécessairement liée à la situation de communication, l'apostrophe désigne la personne à qui s'adresse le locuteur, soit en l'identifiant, *Monsieur, Madame* (occurrences 19 et 20), soit en la caractérisant, de façon négative dans l'extrait, *maraud, Traître, Impertinent* (21 à 23).

Sur un plan syntaxique, on note d'emblée que l'apostrophe ne désigne pas une classe, car les éléments mis en apostrophe appartiennent à différentes classes : nom (19 à 21), adjectif (substantivé) (22 et 23)[1].

L'apostrophe n'est pas non plus une fonction syntaxique :

- Lorsqu'elle est coréférentielle à un élément de la phrase (il s'agit du sujet pour les occurrences 20 à 23, *[...] Si **tu** ne veux, **maraud**, t'expliquer autrement*, et du complément d'attribution pour le septième *Monsieur* dans l'occurrence 19), elle se rapproche d'une apposition dont cet élément serait le point d'incidence.
- Lorsqu'elle n'est pas coréférentielle à un élément de la phrase, l'apostrophe ne saurait être rattachée syntaxiquement à la phrase environnante, comme c'est par exemple le cas en (19), sauf pour la septième occurrence où *Monsieur* est coréférentiel au pronom personnel *vous*. Dans la mesure où l'apostrophe n'échappe pas à la syntaxe (les séquences où elle s'insère ne sont pas agrammaticales), elle constitue donc une autre phrase dont elle est le pivot : *Par la raison, **Monsieur**, qu'il faut plier bagage.*

On notera que, dans les cas de coréférence, si l'apostrophe peut être traitée comme une apposition, elle peut également toujours être vue comme un pivot, ce qui montre qu'il existe parfois plusieurs possibilités de segmentation en phrases.

On voit que l'apostrophe, qui ne renvoie ni à une classe ni à une fonction, est un concept hybride et de ce fait non opératoire en syntaxe.

5. CONCLUSION

• **Point de vue syntaxique**

Dans la mesure où la phrase est le cadre de l'analyse syntaxique – comme il est généralement admis –, il apparaît extrêmement important qu'elle soit clairement définie.

On peut s'interroger sur la conception du lien syntaxique chez certains auteurs. Par exemple, comment interpréter, à propos de l'interjection, de l'apostrophe et des mots-phrases : « Divers termes peuvent [...] s'insérer dans une phrase sans s'intégrer à sa structure » (Riegel *et al.*, 1994, 462) ? Cela revient-il à mettre en cause la nature discrète du lien syntaxique ? De même, comment lire : « certains constituants [...] occupent une place qui est instable entre la phrase et le discours » (Charolles *et al.*, 1999, 95) ? On est amené à se demander

1. L'élément mis en apostrophe peut également être un nom propre et certains pronoms (cas non représentés dans l'extrait).

quel est le statut de ces segments. Ils ne sont pas hors syntaxe : aucune des séquences considérées n'est agrammaticale. Or, s'ils n'échappent pas à la syntaxe, c'est bien qu'ils appartiennent à la phrase.

• **De la syntaxe à la stylistique**

Le grand nombre de segments autonomes sans verbe dans cette scène de transition confère au dialogue une grande vivacité : les répliques, s'enchaînant par stichomythie, crépitent entre Alceste et son valet. Sur un plan pragmatique, l'accumulation des segments sans verbe perturbe le bon fonctionnement de l'échange. Du Bois ne respecte pas les maximes conversationnelles, notamment la maxime de quantité, ce qui suscite l'énervement d'Alceste. Cette violation du principe de coopération inscrit la scène dans le registre comique.

Chapitre 2
Les propositions subordonnées

« Combray », *À la Recherche du temps perdu*, Marcel Proust.

Je savais que le cas dans lequel je me mettais était de tous celui qui pouvait avoir pour moi, de la part de mes parents, les conséquences les plus graves, bien plus graves en vérité qu'un étranger n'aurait pu le supposer, de celles qu'il aurait cru que pouvaient produire seules des fautes vraiment honteuses. Mais dans l'éducation qu'on me donnait, l'ordre des fautes n'était pas le même que dans l'éducation des autres enfants, et on m'avait habitué à placer avant toutes les autres (parce que sans doute il n'y en avait pas contre lesquelles j'eusse besoin d'être plus soigneusement gardé) celles dont je comprends maintenant que leur caractère commun est qu'on y tombe en cédant à une impulsion nerveuse. Mais alors on ne prononçait pas ce mot, on ne déclarait pas cette origine qui aurait pu me faire croire que j'étais excusable d'y succomber ou même peut-être incapable d'y résister. Mais je les reconnaissais bien à l'angoisse qui les précédait comme à la rigueur du châtiment qui les suivait ; et je savais que celle que je venais de commettre était de la même famille que d'autres pour lesquelles j'avais été sévèrement puni, quoique infiniment plus grave. Quand j'irais me mettre sur le chemin de ma mère au moment où elle monterait se coucher, et qu'elle verrait que j'étais resté levé pour lui redire bonsoir dans le couloir, on ne me laisserait plus rester à la maison, on me mettrait au collège le lendemain, c'était certain. Eh bien ! dussé-je me jeter par la fenêtre cinq minutes après, j'aimais encore mieux cela. Ce que je voulais maintenant, c'était maman, c'était lui dire bonsoir, j'étais allé trop loin dans la voie qui menait à la réalisation de ce désir pour pouvoir rebrousser chemin.

J'entendis les pas de mes parents qui accompagnaient Swann ; et quand le grelot de la porte m'eut averti qu'il venait de partir, j'allai à la fenêtre. Maman demandait à mon père s'il avait trouvé la langouste bonne et si M. Swann avait repris de la glace au café et à la pistache. « Je l'ai trouvée bien quelconque, dit ma mère ; je crois que la prochaine fois il faudra essayer d'un autre parfum. – Je ne peux pas dire comme je trouve que Swann change, dit ma grand'-tante, il est d'un vieux ! » Ma grand'-tante avait tellement l'habi-

tude de voir toujours en Swann un même adolescent qu'elle s'étonnait de le trouver tout à coup moins jeune que l'âge qu'elle continuait à lui donner.

(© Gallimard, 1954, pp. 44-45)

1. Questions

► **Morphosyntaxe :**

Étudiez dans ce texte les propositions subordonnées.

► **Syntaxe :**

Étudiez dans ce texte les propositions subordonnées.

► **Syntaxe** (ou **Morphosyntaxe**) **:**

- Étudiez dans ce texte les propositions subordonnées relatives.
- Étudiez dans ce texte les propositions subordonnées conjonctives.
- Étudiez dans ce texte les propositions subordonnées relatives et conjonctives à l'exclusion des subordonnées circonstancielles.

▷ Nous traiterons le premier sujet, qui est le plus vaste et recouvre tous les autres. L'approche morphosyntaxique, contrairement à l'approche syntaxique, inclut un examen détaillé de la morphologie des outils de subordination, c'est-à-dire de leur formation tant en diachronie qu'en synchronie, ainsi que de leurs propriétés syntaxiques.

2. Relevé des occurrences

▷ Nous adoptons un classement dit formel, d'abord fondé sur le subordonnant (présence *vs* absence ; nature, le cas échéant), puis sur la fonction exercée par la subordonnée.

2.1. Les propositions subordonnées relatives

2.1.1. Les propositions subordonnées relatives introduites par un pronom relatif sujet

(1) [celui] qui pouvait avoir pour moi [...] honteuses

(2) [cette origine] qui aurait pu me faire croire [...] incapable d'y résister

(3) [à l'angoisse] qui les précédait

(4) [du châtiment] qui les suivait

(5) [la voie] qui menait à la réalisation de ce désir

(6) [mes parents] qui accompagnaient Swann.

2.1.2. Les propositions subordonnées relatives introduites par un pronom relatif objet

(7) [celles] qu'il aurait cru que pouvaient produire seules des fautes vraiment honteuses

(8) [l'éducation] qu'on me donnait

(9) [celle] que je venais de commettre

(10) [l'âge] qu'elle continuait à lui donner

2.1.3. La proposition subordonnée relative introduite par un pronom relatif complément de nom

(11) [celles] dont je comprends maintenant [...] en cédant à une impulsion nerveuse

2.1.4. La proposition subordonnée relative introduite par un pronom relatif complément circonstanciel

(12) [d'autres] pour lesquelles j'avais été sévèrement puni

2.1.5. Cas délicats : les propositions subordonnées relatives introduites par un pronom relatif complément circonstanciel ou complément d'objet indirect ?

(13) [le cas] dans lequel je me mettais

(14) [en] contre lesquelles j'eusse besoin d'être plus soigneusement gardé

2.2. Les propositions subordonnées conjonctives complétives (ou pures)

2.2.1. Compléments d'objet directs

(15) [Je savais] que le cas [...] était [...] honteuses.

(16) [celles qu'il aurait cru] que pouvaient produire seules des fautes vraiment honteuses

(17) [je comprends maintenant] que leur caractère commun est qu'on y tombe en cédant à une impulsion nerveuse

(18) [cette origine qui aurait pu me faire croire] que j'étais excusable d'y succomber ou même peut-être incapable d'y résister

(19) [je savais] que celle que je venais de commettre était de la même famille que d'autres [...] grave

(20) [elle verrait] que j'étais resté levé pour lui redire bonsoir dans le couloir

(21) [je crois] que la prochaine fois il faudra essayer d'un autre parfum

(22) [je trouve] que Swann change

2.2.2. Complément d'objet indirect

(23) [le grelot de la porte m'eut averti] qu'il venait de partir

2.2.3. Attribut

(24) [leur caractère commun est] qu'on y tombe en cédant à une impulsion nerveuse

2.3. Les propositions subordonnées conjonctives circonstancielles (ou relationnelles)

2.3.1. Compléments circonstanciels de temps

(25a) Quand j'irais me mettre sur le chemin, au moment où elle monterait se coucher

(25b) et qu'elle verrait que j'étais resté levé pour lui redire bonsoir dans le couloir

(26) quand le grelot de la porte m'eut averti qu'il venait de partir

2.3.2. Complément circonstanciel de cause

(27) parce que sans doute il n'y en avait pas contre lesquelles j'eusse besoin d'être plus soigneusement gardé

2.3.3. Complément circonstanciel de conséquence

(28) [tellement l'habitude...] qu'elle s'étonnait de le trouver tout à coup moins jeune que l'âge qu'elle continuait à lui donner

2.3.4. Complément circonstanciel de comparaison

(29) [bien plus graves en vérité] qu'un étranger n'aurait pu le supposer

2.4. Les propositions subordonnées interrogatives indirectes

(30a) [Maman demandait à mon père] s'il avait trouvé la langouste bonne

(30b) et si M. Swann avait repris de la glace au café et à la pistache

2.5. La proposition subordonnée exclamative indirecte

(31) [je ne peux pas dire] comme je trouve que Swann change

2.6. La proposition subordonnée infinitive

(32) on ne **me** laisserait plus **rester à la maison**

2.7. La proposition subordonnée implicite

(33) dussé-je me jeter par la fenêtre cinq minutes après [, j'aimais encore mieux cela]

2.8. Cas délicats

2.8.1. La proposition subordonnée relative dans la phrase pseudo-clivée

(34) Ce que je voulais maintenant, c'était maman, c'était lui dire bonsoir

2.8.2. Subordonnée relative ou subordonnée conjonctive ?

(35) Au moment où elle monterait se coucher et qu'elle verrait [...] couloir

2.8.3. Subordonnée comparative ou complément du comparatif ?

(36) [l'ordre des fautes n'était pas le même] que dans l'éducation des autres enfants

(37) [était de la même famille] que d'autres

2.8.4. Subordonnée concessive ?

(38) quoique infiniment plus grave

3. INTRODUCTION : DÉFINITION ET TYPOLOGIE DES PROPOSITIONS SUBORDONNÉES

3.1. Définition

La subordination est une relation asymétrique entre deux phrases, dont l'une, dite proposition subordonnée, exerce une fonction par rapport à l'autre, dite proposition principale. Une proposition subordonnée est donc enchâssée au sein d'une autre proposition, à l'aide ou non d'un subordonnant. Elle ne saurait constituer une phrase à elle seule.

La notion de proposition est issue de la logique, et correspond à l'expression d'un jugement. On soulignera l'ambivalence de cette notion en syntaxe, puisque ce terme se rapporte parfois à une entité autonome, dans le cas de la proposition indépendante, parfois à un segment dont dépendent d'autres segments, dans le cas de la proposition principale, et parfois à un segment qui, à l'inverse, dépend d'un autre, dans le cas de la proposition subordonnée.

▷ L'étude s'attachera à montrer le caractère souvent hétérogène des critères traditionnels de classement des subordonnées.

3.2. Typologie et critique des classements

Les propositions subordonnées sont discriminées par les grammaires selon quatre critères principaux :

3.2.1. La fonction syntaxique de la subordonnée

Il n'existe pas de relation bijective entre type de subordonnées et fonction syntaxique. Plusieurs types de subordonnées peuvent assumer la fonction complément d'objet direct ; c'est le cas des complétives (occurrences 15 à 22), de l'infinitive (32), de l'interrogative indirecte (30a et b), de certaines relatives (*Aimez qui vous voudrez*, cas non représenté). Inversement, à l'intérieur d'un type de subordonnées, plusieurs fonctions sont représentées : la relative dite adjective (voir *infra*) peut être épithète liée (occurrences 1 à 14) ou épithète détachée (cas non représenté) ; la relative dite substantive peut exercer plusieurs fonctions du nom (sujet, *qui dort dîne ;* objet direct, *aimez qui vous voudrez* ; attribut, *je semble ce que je suis,* cas non représentés).

On distinguera deux grands ensembles :

- Certains types de subordonnées ne s'emploient que dans des fonctions limitées. C'est par exemple le cas de l'interrogative indirecte et de l'infinitive, presque toujours compléments d'objet directs.
- Certains types de subordonnées peuvent exercer des fonctions variées, telles les conjonctives (voir *supra*).

On remarquera que les fonctions assumées par les circonstancielles ne correspondent pas totalement aux fonctions assumées par des syntagmes non propositionnels. Ainsi, il n'existe pas de complément de conséquence ni de complément de concession. Du point de vue des fonctions syntaxiques, l'appellation de « complétive » est très large, puisqu'elle recouvre les subordonnées conjonctives arguments. Or, les arguments, qui sont des fonctions spécifiques du verbe, englobent la fonction sujet, les fonctions objet direct et objet indirect et certains attributs (🕮 **Fonctions**).

3.2.2. La nature du point d'incidence de la subordonnée

Le critère de la nature du point d'incidence de la subordonnée est lié au critère de la fonction syntaxique. En effet, on peut dégager en relation avec la nature du point d'incidence plusieurs groupes de fonctions.

- Si le point d'incidence est un verbe, la subordonnée occupe les fonctions d'objet direct ou indirect et d'attribut[1]. La subordonnée peut être une complétive (15 à 24), une interrogative indirecte (30a et b) ou une infinitive (32). Elle peut également être une relative substantive (*aimez qui vous voudrez*, cas non représenté).

1. Si l'attribut est introduit par la copule vide *être*, comme c'est le cas en (24), *leur caractère commun est qu'on y tombe en cédant à une impulsion nerveuse*, on peut considérer que la subordonnée attribut constitue le pivot de la phrase. Selon cette conception, l'attribut, élément central, ne saurait être traité comme une fonction se rattachant au verbe (🕮 **Attribut**).

- Si le point d'incidence est un nom, la subordonnée peut être épithète, apposée ou « complément propositionnel » (Riegel *et al.*, 1994, 171). On définira le complément propositionnel (*l'idée* ***que tu viennes*** *me fait plaisir*, cas non représenté) comme un argument du nom. L'appellation complément du nom utilisée par la grammaire traditionnelle recouvre les trois fonctions. On distinguera la proposition relative, épithète (occurrences 1 à 14) ou apposée (cas non représenté), de la proposition conjonctive, apposée (*la maxime d'un grand prince,* ***qu'un courtisan pour réussir doit n'avoir ni honneur ni vertu***[1]) ou complément propositionnel.
- Si le point d'incidence est un adjectif, la subordonnée conjonctive est dite complément de l'adjectif : *je suis surprise que tu sois venu* (cas non représenté).
- Si le point d'incidence est la phrase, on a affaire à une subordonnée complément circonstanciel. On notera cependant que toutes les subordonnées circonstancielles ne sont pas compléments de phrase, notamment les subordonnées consécutives (🕮 **Compléments circonstanciels**).
- Les subordonnées occupant la fonction sujet n'ont pas à proprement parler de point d'incidence verbal, puisque le sujet ne fait pas partie du syntagme verbal. Entre le sujet et le pivot verbal s'établit une relation de dépendance bilatérale (🕮 **Fonction sujet**). Peuvent être sujets les subordonnées relatives dites substantives (*Qui dort dîne*, cas non représenté) et les subordonnées conjonctives (*Que tu aies réussi à ton concours me réjouit,* cas non représenté).

3.2.3. La possibilité de remplacement de la subordonnée par un constituant simple

Il s'agit notamment de la possibilité d'associer à un type de subordonnées une classe, ce que Arrivé *et al.* nomment « classement morphologique » (1986, 641). Rappelons qu'il est question d'une équivalence syntaxique et non sémantique :

- À la subordonnée relative correspondrait un adjectif : (4) *du châtiment* ***qui les suivait*** > *du châtiment terrible.*
- À la subordonnée conjonctive complétive correspondrait un nom : (20) *elle verrait* ***que j'étais resté levé pour lui redire bonsoir dans le couloir*** > *elle verrait le soleil.*
- À la subordonnée conjonctive circonstancielle correspondrait un adverbe : (25a) ***Quand j'irais me mettre sur le chemin*** *[...], on ne me laisserait plus rester à la maison* > *demain, on ne me laisserait plus rester à la maison.*

Critique de la typologie par classes

Cette typologie n'est pas discriminante.

L'adéquation entre la subordonnée et une classe n'est pas toujours réalisable, soit en raison du type de subordonnées, soit en raison du verbe recteur.

1. Voltaire, *Dictionnaire philosophique*, Paris, Garnier-Flammarion, 1964, p. 181.

- Dans certains cas, comme en (28), *tellement l'habitude [...]* ***qu'elle s'étonnait de le trouver tout à coup moins jeune que l'âge qu'elle continuait à lui donner***, il est impossible de trouver un adverbe correspondant à la subordonnée circonstancielle consécutive.
- Dans d'autres cas, cette adéquation est imparfaite : en (15), *je savais* ***que le cas dans lequel je me mettais [...] honteuses***, la complétive ne peut pas être remplacée par n'importe quel nom, puisque, si l'on peut savoir quelque chose, on ne peut savoir quelqu'un : *je sais le latin vs *je sais Pierre.*

Il n'existe pas de relation bijective entre type de subordonnées et classe. Il peut correspondre à un type de subordonnées plusieurs classes. Ainsi, on parle de subordonnée relative adjective et de subordonnée relative substantive. Inversement, il peut être associé un nom à la fois à une subordonnée relative (*Qui dort dîne > le dormeur dîne*) et à une subordonnée complétive (21, *je crois* ***que la prochaine fois il faudra essayer d'un autre parfum*** *> je crois cette histoire*).

Quand une équivalence est posée entre subordonnée et classe, elle est toujours approximative. Les deux catégories n'ont pas les mêmes propriétés. Par exemple, une complétive dite équivalente à un nom comporte, de par la nature verbale de son pivot, un mode ; cette détermination disparaît dans le substitut nominal (*je souhaite que tu viennes > je souhaite ta venue).* Par ailleurs, l'adéquation relative / adjectif est imparfaite, dans la mesure où la relative dite adjective n'est jamais attribut, contrairement à l'adjectif : (5) *la voie qui menait à la réalisation de ce désir > la voie ouverte ;* mais **la voie est qui menait à la réalisation de ce désir,* vs *la voie est ouverte.*

On notera, dans le cas du nom, que l'équivalence postulée ne s'établit pas entre une subordonnée et un morphème relevant d'une classe, mais entre une subordonnée et un syntagme (nominal) : (20) *elle verrait* ***que j'étais resté levé pour lui redire bonsoir dans le couloir*** > **elle verrait soleil.*

3.2.4. La présence *vs* l'absence du subordonnant, la nature du subordonnant

Les subordonnants marquent la nature de la relation entre une proposition subordonnée et son point d'incidence, ils ont un rôle d'enchâssement. En français, les subordonnants se situent toujours à l'ouverture de la subordonnée, ils ont donc un rôle de démarcation. Il convient cependant de ne pas confondre subordonnée et subordonnant, dans la mesure où toutes les subordonnées ne sont pas introduites par un subordonnant, comme la subordonnée infinitive en (32). On distingue deux grands types de subordonnants :

- Les pronoms relatifs, qui introduisent des propositions subordonnées relatives [§ 4.2],
- Les subordonnants conjonctifs, qui introduisent des propositions subordonnées conjonctives, soit complétives [§ 5.2] (*que, à ce que, de ce que*), soit circonstancielles [§ 6] (*si, quand, comme,* et des subordonnants composés d'un élément (préposition, adverbe...) suivi de *que : avant que, bien que, de*

crainte que). On opposera le conjonctif *que*, notionnellement vide, aux autres conjonctifs, sémantiquement pleins.

Se pose le problème du traitement des éléments ouvrant les subordonnées interrogatives et exclamatives indirectes [§ 7 et § 8], qui ne sont pas analysés par tous les auteurs comme des subordonnants, dans la mesure où ils sont susceptibles d'apparaître dans l'interrogation directe ou dans l'exclamation directe, c'est-à-dire dans des propositions non dépendantes : ***Qui** est venu ?* > *Je demande **qui** est venu* (cas d'interrogation partielle non représenté).

Le classement formel des subordonnées, que nous suivons ici, s'appuie sur la nature des subordonnants.

▷ Pour chaque type de subordonnées, il conviendra de suivre la même trame en commentant la nature du subordonnant, la fonction de la subordonnée à partir de critères syntaxiques d'identification, le mode et le temps du verbe de la subordonnée, tout en émettant, le cas échéant, des considérations sémantiques.

4. Les propositions subordonnées relatives

Une proposition subordonnée relative est introduite par un pronom relatif. Son point d'incidence, appelé antécédent par la grammaire traditionnelle (en raison de son étymon latin *antecedens,* signifiant « qui se trouve avant »), est généralement un nom ou un pronom (plus rarement un adjectif ou adverbe), mais jamais un verbe ou une phrase, contrairement à ce qui se produit pour les autres subordonnées (conjonctives, infinitives).

4.1. Propriétés syntaxiques des subordonnées relatives

Les relatives à antécédent sont dénommées relatives adjectives (on a vu *supra,* § 3.2.3, les limites de ce parallélisme). C'est le cas de toutes les occurrences du texte (1 à 14) :

- Les occurrences (2, 3, 4, 5, 6, 8, 10, 13) admettent un nom, toujours déterminé dans le texte, comme point d'incidence.
- Les occurrences (1, 7, 9, 11) admettent un pronom démonstratif comme point d'incidence ; le point d'incidence de l'occurrence (14) est un pronom personnel, celui de l'occurrence (12) est un pronom indéfini.

La grammaire traditionnelle attribue la fonction de « complément de l'antécédent » à ce type de subordonnées relatives. Si l'on assimile ces subordonnées à des adjectifs, on leur reconnaîtra la fonction d'épithète (liée ou détachée).

De façon tout à fait représentative pour le français moderne, les relatives du texte suivent immédiatement leur antécédent, à l'exception de (14).

Les relatives sans antécédent sont dénommées relatives substantives (on émettra la même critique que précédemment). Ce cas n'est pas représenté dans le texte. Cependant, si l'on adopte une conception plus large des relatives substantives, qui inclut dans cette catégorie les « relatives périphrastiques » (Riegel *et al.*, 1994, 487-488), dont l'antécédent est un pronom démonstratif, on considérera comme telles les occurrences sus-citées (1, 7, 9, 11), ainsi que la subordonnée relative dans la phrase pseudo-clivée (34) (voir *infra*, § 11.1).

4.2. Propriétés des pronoms relatifs

À la différence des subordonnants conjonctifs, les pronoms relatifs se caractérisent par trois propriétés :

- Ils introduisent la subordonnée relative et sont en cela démarcatifs,
- Ils exercent une fonction au sein de la subordonnée relative,
- Ils sont coréférentiels à leur antécédent (on dit qu'ils le « représentent »).

4.2.1. Morphologie

Sur le plan morphologique, on distingue traditionnellement deux séries de pronoms relatifs :

- La série simple comporte les formes *qui, que, quoi, dont, où*, héritées du latin, respectivement *qui, quem, quid, de unde, ubi,* issues de l'indo-européen °*kw*. On peut considérer ces formes comme des variantes d'une même unité, conditionnées par la fonction exercée par rapport au pivot de la subordonnée. Les formes *dont* et *où* s'analysent comme l'amalgame d'une préposition (*de* dans le premier cas, *à* et *dans* dans le second) et du pronom relatif. Aucune forme de la série simple ne varie en genre et en nombre.
- La série composée à partir de *lequel* est de formation française ; *lequel* est constitué du déterminant interrogatif-exclamatif *quel*, précédé du déterminant défini. *Lequel* s'amalgame avec les prépositions *à* et *de* en *auquel* et *duquel*. Ces formes varient en genre et en nombre.

4.2.2. Syntaxe

▷ On ne mentionnera que les fonctions représentées dans l'extrait.

Les pronoms relatifs peuvent assumer toutes les fonctions des nominaux :

- *qui* est sujet du pivot verbal de la relative (1 à 6),
- *que* est complément d'objet direct du pivot verbal de la relative (7[1] à 10),
- *dont* est complément de nom (11),
- *lesquelles* est complément circonstanciel de cause (12),

1. En (7), on a affaire à une relative du second degré (Riegel et *al.*, 1994, 483) ou encore à une relative imbriquée (Fournier, 1998, 112). La relative comporte une subordonnée conjonctive complétive dans laquelle le pronom relatif exerce la fonction complément d'objet direct. Cette construction, rare en français moderne, est un archaïsme littéraire prisé au XVIIe siècle.

- *lequel* en (13) et *lesquelles* en (14) appellent une discussion dans la mesure où l'on peut hésiter entre complément circonstanciel et complément d'objet indirect :

  – En (13), *dans lequel*, qui répond à la question *où ?*, pourrait être considéré comme un complément circonstanciel de lieu métaphorique. Or, indépendamment de la nature du pronom relatif, ce syntagme n'est pas effaçable : *je me mettais dans ce cas* > **je me mettais*. On préférera donc y voir un complément d'objet indirect.

  – En (14), *contre lesquelles* est analysable comme un complément circonstanciel de propos. Or, l'effacement de ce complément (s'il ne s'agissait d'un pronom relatif) mènerait à une phrase grammaticale dont le pivot aurait cependant subi une altération sémantique : *être gardé contre des fautes* vs *être gardé*. De même qu'en (13), on verra en (14) un complément d'objet indirect.

On notera que les pronoms relatifs n'occupent généralement pas la même place que celle des noms exerçant une fonction identique, sauf lorsqu'il s'agit de la fonction sujet (1 à 6). Les pronoms relatifs sont toujours en tête de la proposition relative (1 à 11), mis à part dans les cas où ils sont précédés d'une préposition (12 à 14) et dans les cas où ils déterminent un nom précédé d'une préposition (*j'admire le bateau sur le pont duquel dort un chat angora*, cas non représenté).

4.2.3. Sémantique

L'interprétation des pronoms relatifs ne s'opère que si l'on prend en considération la relation sémantique qu'ils entretiennent avec un élément apparu antérieurement, l'antécédent. On dit que les pronoms relatifs sont anaphoriques (📖 **Pronoms**).

– Pour la série simple, l'opposition animé *vs* inanimé ne se manifeste que dans les cas où le relatif est précédé d'une préposition : *c'est un homme en qui j'ai confiance* vs *c'est une chose à quoi je crois* (cas non représenté dans l'extrait). L'interprétation sémantique du relatif se fonde sur l'antécédent ; on peut considérer que le trait animé *vs* inanimé se propage de l'antécédent au relatif : (6) *mes parents* ***qui accompagnaient Swann*** vs (3) *l'angoisse* ***qui les précédait***.

– Les formes de la série composée s'emploient préférentiellement après préposition, surtout lorsque l'antécédent est inanimé ou pronominal, comme en (12, 13 et 14) : (14) *le cas* ***dans lequel je me mettais***.

4.3. La dichotomie relative restrictive *vs* relative explicative

4.3.1. Présentation de la dichotomie

La dichotomie relative restrictive *vs* relative explicative, d'ordre sémantique, se situe en discours. La détermination de l'antécédent par la proposition subordonnée relative relève de deux types distincts :

- Elle peut être restrictive (ou sélective) ; on parle également de relatives déterminatives. L'extension de l'antécédent est alors restreinte.

L'effacement de la relative, lorsqu'il est possible, conduit à une modification sémantique importante : (5) *j'étais allé trop loin dans la voie* ***qui menait à la réalisation de ce désir*** *pour pouvoir rebrousser chemin* > *j'étais allé trop loin dans la voie pour pouvoir rebrousser chemin.* Dans ce cas précis, on est passé d'une interprétation métaphorique de l'antécédent *voie* à une interprétation littérale.

– Elle peut être explicative (ou appositive, ou descriptive, ou encore parenthétique). L'extension de l'antécédent est inchangée. La relative explicative donne un renseignement supplémentaire sur un antécédent déjà identifié : (6) *J'entendis les pas de mes parents* ***qui accompagnaient Swann*** > *j'entendis les pas de mes parents.*

4.3.2. Les critères d'identification

Les propositions subordonnées relatives du texte sont toutes restrictives, à l'exception des occurrences (2 et 6), qui sont explicatives. On se fondera sur plusieurs critères (un seul ne saurait suffire) pour opérer cette distinction :

- Une relative restrictive se caractérisera notamment par la nature de l'antécédent : pronom démonstratif simple, pronom indéfini, pronom interrogatif, antécédent déterminé par *chaque, quel* et *tout,* antécédent accompagné de *seul* ou d'un adjectif au superlatif (souvent suivi d'un verbe au subjonctif), (14) *il n'y* ***en*** *avait pas* ***contre lesquelles j'eusse besoin d'être plus soigneusement gardé.***
- Une relative explicative se caractérisera par les propriétés suivantes :

  – Intonation parenthétique, souvent reflétée à l'écrit par des virgules,

  – Capacité à l'effacement de la relative, sans modification de l'extension de l'antécédent,

  – Ouverture par *lequel,* en fonction sujet, ou possibilité de remplacer *qui* par *lequel* : (6) *J'entendis les pas de mes parents* ***qui accompagnaient Swann*** > *J'entendis les pas de mes parents, lesquels accompagnaient Swann,*

  – Possibilité de paraphraser la relative par une indépendante : (2) *on ne déclarait pas cette origine* ***qui aurait pu me faire croire que j'étais excusable d'y succomber*** > *on ne déclarait pas cette origine, et cela aurait pu me faire croire que j'étais excusable d'y succomber,*

  – Possibilité de paraphraser la relative par une subordonnée conjonctive circonstancielle : (2) *on ne déclarait pas cette origine* ***qui aurait pu me faire croire que j'étais excusable d'y succomber*** > *on ne déclarait pas cette origine, de telle sorte qu'elle aurait pu me faire croire que j'étais excusable d'y succomber,*

  – Nature de l'antécédent : nom propre, pronom personnel ou pronom démonstratif composé (*celui-ci, celui-là*), antécédent précédé d'un possessif : (6) *J'entendis les pas de* ***mes*** *parents* ***qui accompagnaient Swann.***

Dans la mesure où les propositions subordonnées relatives en (2) et en (6), bien qu'à valeur explicative, ne sont pas détachées, on les analyse comme des épithètes (liées), et non comme des appositions. De la même façon que pour les adjectifs, on se gardera d'assimiler la dichotomie restrictif *vs* explicatif, d'ordre sémantique, à la dichotomie épithète, ou épithète liée, *vs* apposition, ou épithète détachée, d'ordre syntaxique (📖 **Adjectif**, § 4.2.2).

4.4. Le mode des subordonnées relatives

Le mode le plus utilisé pour les relatives est l'indicatif, qui actualise le procès (📖 **Subjonctif**). Dans l'extrait, toutes les relatives sont à ce mode, sauf (14) au subjonctif imparfait. Le subjonctif est dans ce dernier cas entraîné par la négation de l'antécédent, de ce fait virtualisé : *il n'y en avait pas* ***contre lesquelles j'eusse besoin d'être plus soigneusement gardé.***

5. LES PROPOSITIONS SUBORDONNÉES CONJONCTIVES COMPLÉTIVES

Les propositions subordonnées complétives sont des conjonctives arguments introduites par le subordonnant *que* (ou les subordonnants composés *à ce que, de ce que*, cas non représentés).

5.1. Propriétés syntaxiques

Les subordonnées conjonctives complétives se comportent comme les syntagmes arguments :

- Elles ne sont guère déplaçables : (22) *je trouve* ***que Swann change*** > **que Swann change je trouve.*
- Leur capacité à l'effacement est liée à la fonction qu'elles exercent :

  – Les subordonnées conjonctives sujets ne sont jamais effaçables (cas non représentés).

  – Les subordonnées conjonctives compléments d'objet (directs ou indirects) sont nécessairement présentes avec certains verbes. Seuls figurent dans l'extrait des verbes admettant l'effacement de leur objet direct, au prix de modifications sémantiques parfois considérables : (21) *je crois* ***que la prochaine fois il faudra essayer d'un autre parfum*** > *je crois.*
- Les subordonnées conjonctives sont pronominalisables. La forme du pronom est liée à la fonction qu'elles exercent :

  – Les subordonnées conjonctives compléments d'objet directs sont pronominalisables par le pronom personnel neutre *le.* C'est le cas des occurrences (15 à 22) : (20) *elle verrait* ***que j'étais resté levé pour lui redire bonsoir dans le couloir*** > *elle le verrait.*

  – Les subordonnées conjonctives compléments d'objet indirects sont pronominalisables par le pronom *en* ou le pronom *y*, selon la préposition exigée par le verbe recteur lorsque la fonction est assumée par un nom :

(23) *le grelot de la porte m'eut averti* ***qu'il venait de partir*** > *le grelot de la porte m'en eut averti.*

– Les subordonnées conjonctives attributs sont pronominalisables par le pronom personnel neutre *le* : (24) *leur caractère commun est* ***qu'on y tombe en cédant à une impulsion nerveuse*** > *leur caractère commun l'est.*

- Les subordonnées conjonctives répondent à une question, dont la forme dépend de la fonction exercée :

  – Les subordonnées conjonctives compléments d'objet directs répondent à une question introduite par le pronom interrogatif neutre *que ?/quoi ?* : (20) *elle verrait* ***que j'étais resté levé...*** > *que verrait-elle ?/ elle verrait quoi ?*

  – Les subordonnées conjonctives compléments d'objet indirects répondent à une question où le pronom interrogatif neutre, sous sa forme tonique *quoi*, est précédé de la préposition attendue par le verbe recteur : (23) *le grelot de la porte m'eut averti* ***qu'il venait de partir*** > *de quoi le grelot de la porte m'eut-il averti ?*

  – Les subordonnées conjonctives attributs répondent à une question introduite par le pronom interrogatif neutre *que ?/quoi ?* : (24) *leur caractère commun est* ***qu'on y tombe en cédant à une impulsion nerveuse*** > *qu'est leur caractère commun ?*

5.2. Le subordonnant *que*

À la différence du pronom relatif, le subordonnant *que* n'assure aucune fonction dans la subordonnée. Soutet (1989, 99) le décrit comme « un pur morphème grammatical sans appui lexical ». Contrairement aux subordonnants introduisant des subordonnées circonstancielles, *que* est sémantiquement vide, c'est-à-dire incolore. Toujours placé en tête de la subordonnée, le subordonnant *que* décale à droite l'ordre des éléments à l'intérieur de la proposition : le sujet ne peut être l'élément initial.

5.3. Fonctions

Les subordonnées conjonctives complétives peuvent assurer toutes les fonctions du nom argument. La fonction la plus courante, qui motive l'appellation de complétive, est celle de complément d'objet direct. L'extrait est à cet égard tout à fait représentatif avec huit occurrences sur dix (15 à 22).

- (23) présente un conflit entre critère formel (le subordonnant *que* semble indiquer une construction directe) et critères structuraux (la subordonnée se pronominalise par *en* et répond à la question introduite par *de quoi ?*). On rappellera qu'il convient de donner le pas aux critères structuraux. La subordonnée exerce la fonction complément d'objet indirect du verbe *avertir.*
- (24) offre une subordonnée attribut du sujet, construite avec la copule vide *être.*

5.4. Le mode des subordonnées conjonctives complétives

Toutes les subordonnées conjonctives complétives de l'extrait sont à l'indicatif. On trouve majoritairement des verbes recteurs déclaratifs (*avertir*) ou d'opinion (*savoir, croire, comprendre, voir, trouver*) de sens thétique, ce qui entraîne une actualisation du procès de la subordonnée comme le signale le mode indicatif[1].

6. LES PROPOSITIONS SUBORDONNÉES CONJONCTIVES CIRCONSTANCIELLES

La proposition subordonnée conjonctive circonstancielle s'oppose à la relative et à la conjonctive complétive. Elle est introduite par un subordonnant que l'on pourrait caractériser comme coloré, à la différence du subordonnant *que*, incolore, qui ouvre les complétives. Le subordonnant introduisant la circonstancielle se distingue également du pronom relatif : il n'exerce pas de fonction à l'intérieur de la proposition subordonnée et n'est pas anaphorique.

D'après la grammaire traditionnelle, la proposition subordonnée circonstancielle exprime l'une des circonstances du procès décrit dans la principale. Elle exerce la fonction de complément circonstanciel. Les termes « circonstance » et « circonstanciel » désignent souvent « un ensemble d'idées 'accessoires' pouvant s'ajouter à la proposition minimale constituée de termes nécessaires » (Arrivé *et al.*, 1986, 103). Le complément circonstanciel est donc défini sur des bases exclusivement sémantiques. Les circonstances exprimées par les subordonnées circonstancielles sont, selon la grammaire traditionnelle, le temps, la cause, la conséquence, le but, la concession, la condition et la comparaison.

Rappelons qu'il n'existe pas de correspondance absolue entre subordonnées circonstancielles et compléments circonstanciels qui sont de simples syntagmes. On ne trouve pas de complément circonstanciel de conséquence, par exemple ; à l'inverse, il n'y a pas de subordonnée circonstancielle de lieu.

6.1. Propriétés syntaxiques

6.1.1. La capacité à l'effacement

Les subordonnées circonstancielles sont réputées toujours effaçables. Dans un grand nombre de cas cependant, l'effacement de la subordonnée circonstancielle altère profondément l'interprétation de la phrase, même si cette dernière reste grammaticale. En (28), l'effacement n'est possible que si la phrase ainsi obtenue est dotée de la modalité exclamative : *Ma grand'-tante avait tellement*

1. Pour l'emploi du subjonctif dans les subordonnées conjonctives, on se reportera au chapitre sur le subjonctif.

l'habitude de voir toujours en Swann un même adolescent ***qu'elle s'étonnait*** *[...] > Ma grand'-tante avait tellement l'habitude de voir toujours en Swann un même adolescent !*

6.1.2. La mobilité

Comme les compléments circonstanciels, les subordonnées circonstancielles sont réputées déplaçables. Or, si de nombreuses subordonnées acceptent le déplacement, comme, par exemple, la subordonnée temporelle en (26), ***quand le grelot de la porte m'eut averti qu'il venait de partir****, j'allai à la fenêtre > j'allai à la fenêtre, quand le grelot de la porte m'eut averti qu'il venait de partir,* certaines ne l'admettent pas. Il s'agit principalement des tours dits corrélatifs, comme en (28), *Ma grand'-tante avait tellement l'habitude de voir toujours en Swann un même adolescent qu'elle s'étonnait [...] > *qu'elle s'étonnait* [...] *ma grand'-tante avait tellement l'habitude de voir en Swann un même adolescent.*

Comme c'est le cas pour les syntagmes prépositionnels, la mobilité ou l'absence de mobilité vont respectivement de pair avec la caractéristique de complément de phrase (extra-prédicatif) et la caractéristique de complément de verbe (intra-prédicatif) (🕮 **Compléments circonstanciels**).

6.1.3. Le non-respect du principe d'unicité fonctionnelle

Les subordonnées circonstancielles, à la manière des syntagmes compléments circonstanciels, ne sont pas soumises au principe d'unicité fonctionnelle, c'est-à-dire au principe d'une seule fonction par proposition (hors coordination).

6.1.4. L'incapacité à la pronominalisation

À la différence des subordonnées conjonctives complétives, les subordonnées conjonctives circonstancielles ne sont pas pronominalisables.

6.2. Les différentes fonctions

6.2.1. Compléments circonstanciels de temps

(25a) *Quand j'irais me mettre sur le chemin, au moment où elle monterait se coucher*

(25b) *et qu'elle verrait que j'étais resté levé pour lui redire bonsoir dans le couloir*

(26) *quand le grelot de la porte m'eut averti qu'il venait de partir*

La subordonnée circonstancielle de temps situe le procès qu'elle décrit dans un rapport d'avant / après au regard du fait principal.

Le subordonnant

- (25a, 26) sont introduits par le subordonnant *quand.* Ce subordonnant, morphème simple, est issu du subordonnant latin *quando*, qui signifiait « lorsque ».
- (25b), coordonné à (25a), est ouvert par le subordonnant *que*, apte à remplacer n'importe quel autre subordonnant dans la coordination. De par la coordination, *que* reçoit la même valeur que le premier subordonnant.

La mobilité

Les subordonnées en (25, 26) sont très mobiles. On notera cependant que leur position en tête de phrase leur confère une valeur thématique, puisqu'elles posent les cadres dans lesquels se déroulent les faits essentiels.

Le non-respect du principe d'unicité fonctionnelle

On note que les subordonnées temporelles en (25) coexistent avec un autre complément circonstanciel de temps *le lendemain*, auquel elles ne sont pas coordonnées, ce qui illustre le non-respect du principe d'unicité fonctionnelle.

La reprise par une question

Les subordonnées compléments circonstanciels de temps répondent à la question introduite par l'adverbe interrogatif *quand ?*

Considérations sémantico-énonciatives

En (25), les verbes des deux subordonnées coordonnées sont au conditionnel présent, qui se teinte de valeurs temporelle et modale complexes, respectivement « futur dans le passé », qui exprime une postériorité par rapport à un moment d'énonciation décalé dans le passé, et « potentiel imaginaire », où les conditions du procès sont susceptibles d'être remplies. Le temporel glisse vers l'hypothétique. De plus, l'emploi du conditionnel dans la principale révèle la concomitance des procès.

En (26), le temps de la subordonnée, le passé antérieur, marque une antériorité par rapport au procès de la principale au passé simple (*j'allai à la fenêtre*). Les deux procès expriment une visée ponctuelle.

6.2.2. Complément circonstanciel de cause

(27) *parce que sans doute il n'y en avait pas contre lesquelles j'eusse besoin d'être plus soigneusement gardé*

Le rapport de causalité est issu du rapport temporel d'avant / après. Deux événements sont démarqués l'un de l'autre et une relation orientée s'établit entre eux[1].

Le subordonnant

En (27), la subordonnée est introduite par un subordonnant composé, constitué de la préposition *par*, du démonstratif *ce* et du subordonnant *que*. Les deux premiers éléments sont soudés. Ce subordonnant est spécialisé dans l'expression de la cause.

La mobilité

La subordonnée circonstancielle de cause en (27) est très mobile.

La reprise par une question

La subordonnée circonstancielle de cause répond à la question introduite par l'adverbe interrogatif *pourquoi ?*

---

1. Nous nous inspirons fortement de Rémi-Giraud (1998, 92).

Considérations sémantico-énonciatives

En (27), la subordonnée causale propose une explication du point de vue du narrateur enfant. Cette explication est donnée comme réelle grâce à l'imparfait de l'indicatif.

6.2.3. Complément circonstanciel de conséquence

(28) *tellement l'habitude [...]* ***qu'elle s'étonnait de le trouver tout à coup moins jeune que l'âge qu'elle continuait à lui donner***

Le subordonnant

En (28), la subordonnée est introduite par le subordonnant *que,* qui est précédé, dans la principale, de l'adverbe d'intensité *tellement.* On ne considérera pas ici que *tellement* porte sur le nom *habitude,* puisqu'il n'est pas combiné avec la préposition *de* pour former un déterminant, mais sur la construction à verbe support *avoir l'habitude.* Ce tour est traditionnellement décrit comme une corrélation, car le premier élément appelle le second.

La mobilité

Les subordonnées circonstancielles de conséquence ne sont pas mobiles. Elles apparaissent presque toujours après les principales. En effet, ces subordonnées ne sont pas des compléments de phrase, elles dépendent d'un élément de la principale. En (28), la consécutive dépend de l'adverbe *tellement.*

La reprise par une question

Les subordonnées circonstancielles de conséquence ne répondent pas à une question spécifique.

Considérations sémantico-énonciatives

La subordonnée de conséquence comporte l'indicatif, dans la mesure où elle exprime le résultat atteint. La relation consécutive est l'inverse de la relation causale : *[tellement l'habitude...]* ***qu'elle s'étonnait de le trouver tout à coup moins jeune que l'âge qu'elle continuait à lui donner*** > *elle s'étonnait de le trouver tout à coup moins jeune que l'âge qu'elle continuait à lui donner, parce qu'elle avait l'habitude de voir toujours en Swan un même adolescent.*

6.2.4. Complément circonstanciel de comparaison

(29) *bien plus graves en vérité* ***qu'un étranger n'aurait pu le supposer***

La comparaison n'est pas rangée par tous les auteurs dans les circonstances, car on ne peut dire qu'elle se tient autour de l'action exprimée par le verbe.

Le subordonnant

En (29), le subordonnant *que,* introduisant la subordonnée comparative, est précédé dans la principale d'un adverbe de degré, *plus,* portant sur un adjectif. Il s'agit également d'un tour dit corrélatif, où le premier élément implique le second.

La mobilité

En raison de la nature corrélative de la relation, les subordonnées circonstancielles comparatives sont difficilement déplaçables.

La reprise par une question

Les subordonnées circonstancielles comparatives ne répondent pas à une question spécifique.

Considérations sémantico-énonciatives

En (29), le degré de la qualité indiquée par l'adjectif (*graves*) est évalué comparativement à un autre élément de référence, le jugement d'un étranger.

7. LES PROPOSITIONS SUBORDONNÉES INTERROGATIVES INDIRECTES

(30a) *Maman demandait à mon père* ***s'il avait trouvé la langouste bonne***

(30b) *et* ***si M. Swann avait repris de la glace au café et à la pistache***

L'interrogative indirecte est la subordination d'une phrase interrogative rattachée à un verbe tel que *comprendre, demander, dire, regarder, savoir, sentir, voir,* etc. L'appellation traditionnelle d'interrogative indirecte met en avant la modalité, vue comme définitoire de ce type de subordonnées. Pour la plupart des autres subordonnées, l'importance de la modalité n'est pas soulignée ; on ne parle jamais, par exemple, d'assertive indirecte. En outre, on peut remarquer que la proposition interrogative indirecte relève du discours indirect, et qu'elle a de ce fait perdu les caractéristiques de la modalité interrogative : courbe intonative spécifique, reflétée par le point d'interrogation, inversion du sujet ou présence de *est-ce que,* le cas échéant (🕮 **Interrogation**).

On peut s'interroger sur le statut de *si,* qui se trouve en tête de la subordonnée interrogative indirecte exprimant une interrogation totale :

- Pour certains auteurs, *si* est un subordonnant, qui introduit une subordonnée conjonctive, au même titre que *que* (Riegel *et al.,* 1994, 500 ; Soutet, 1989, 100 ; Denis *et al.,* 1994, 117). La subordonnée interrogative indirecte est alors rangée parmi les complétives.
- Pour d'autres, il ne s'agit pas d'un subordonnant, mais d'un adverbe interrogatif, équivalent à *est-ce que* présent dans l'interrogation directe (Arrivé *et al.,* 1986, 354). La subordonnée interrogative indirecte est dans ce cas classée à part.

Martinet (1979, 143) considère que le pronom interrogatif et l'adverbe interrogatif subissent un transfert et qu'ils deviennent des subordonnants.

En (30), les deux subordonnées interrogatives indirectes (30a et 30b) assurent la fonction objet direct du verbe recteur, comme le montrent leur postposition à ce dernier, leur pronominalisation en *le*, et le fait qu'elles répondent à la question *que/quoi ?* : *[Maman demandait à mon père]* ***s'il avait trouvé la langouste bonne*** > *Maman le demandait à mon père ; Que demandait Maman à mon père ?*

8. La proposition subordonnée exclamative indirecte

(31) *je ne peux pas dire* ***comme je trouve que Swann change***

L'exclamative indirecte est la subordination d'une phrase exclamative rattachée à un verbe d'opinion ou, comme en (31), de déclaration (*dire*). Dans cette occurrence, elle est ouverte par *comme*. L'appellation d'*exclamative indirecte* met en avant la modalité, vue comme définitoire de ce type de subordonnées, comme pour l'interrogative indirecte. On remarque de même que la proposition exclamative indirecte relève du discours indirect, et qu'elle a de ce fait perdu les caractéristiques de la modalité exclamative[1] : courbe intonative spécifique, reflétée par le point d'exclamation, présence d'un adverbe exclamatif, tel que *comme, si, que.*

On peut s'interroger sur le statut de *comme*, qui se trouve en tête de la subordonnée exclamative indirecte. De même que *si* dans l'interrogative indirecte, *comme* peut être analysé comme un subordonnant, qui introduit une subordonnée conjonctive, rangée parmi les complétives, ou comme un adverbe exclamatif.

En (31), la subordonnée exclamative indirecte assure la fonction objet direct du verbe recteur, comme le montrent sa postposition à ce dernier, sa pronominalisation en *le*, et le fait qu'elle réponde à la question *que/quoi ?* : *je ne peux pas dire* ***comme je trouve que Swann change*** > *je ne peux pas le dire.*

9. La proposition subordonnée infinitive

(32) *on ne* ***me*** *laisserait plus* ***rester à la maison***

En (32), on peut voir une périphrase diathétique (📖 **Périphrases verbales**) ou bien une proposition infinitive *stricto sensu* (📖 **Infinitif**). Si l'on opte pour cette dernière analyse, on notera que le rapport de subordination n'est pas exprimé par un subordonnant. L'infinitif *rester* est le pivot d'une proposition non conjonctive complément d'objet direct du verbe *laisser*. Il possède un sujet

1. L'exclamation n'est pas toujours analysée comme une modalité fondamentale de la phrase. Contrairement à l'assertion, à l'interrogation et à l'ordre, qui sont mutuellement exclusifs, elle peut apparaître en combinaison avec l'une de ces modalités (📖 **Interrogation**).

exprimé (*me*), distinct de celui du verbe principal (*on*). Ces deux conditions sont exigées par la grammaire traditionnelle, qui ne reconnaît de proposition infinitive qu'après les verbes *faire, laisser* et les verbes de perception *apercevoir, écouter, entendre, regarder, sentir, voir.*

La grammaire traditionnelle demande que l'infinitif et son sujet ne soient pas prépositionnels, et que l'infinitif ne soit pas un infinitif de progrédience. Autrement dit, l'infinitif et son sujet assument tous deux une fonction objet direct. Il découle du principe d'unicité que la proposition infinitive exerce une fonction objet dans sa globalité :

On [ne laisserait plus [me rester à la maison]].

Cependant, le segment [sujet + pivot infinitif] ne peut pas dans ce cas être remplacé par une proposition conjonctive introduite par *que,* en raison du verbe *laisser.*

10. La proposition subordonnée implicite

(33) *dussé-je me jeter par la fenêtre cinq minutes après [, j'aimais encore mieux cela]*

En apparence, on a affaire à deux propositions indépendantes. En fait, la première proposition, qui ne peut fonctionner seule, équivaut, malgré l'absence d'un subordonnant, à une subordonnée dont la principale est la seconde proposition. Le rapport hypothético-concessif est, en (33), exprimé par le subjonctif marquant l'éventualité, et par l'inversion du sujet. La première proposition est paraphrasable par une proposition introduite par *même si* ou *quand bien même : même si je devais me jeter par la fenêtre, j'aimais encore mieux cela.* On notera que l'ordre des deux propositions est absolument contraint.

11. Cas délicats

11.1. La subordonnée relative dans la phrase pseudo-clivée

(34) *Ce que je voulais maintenant, c'était maman, c'était lui dire bonsoir*

La phrase pseudo-clivée associe extraction et détachement en tête de phrase. Le segment détaché consiste en un pronom démonstratif neutre suivi d'une relative dont il est l'antécédent. Le pronom relatif est complément d'objet direct du verbe *vouloir.* Certains auteurs préfèrent voir dans la séquence *ce* + relative une sorte de relative substantive appelée relative périphrastique (Riegel *et al.*, 1994, 486-488). Cette première partie forme le thème et contient l'élément présupposé. Les deux éléments introduits par *c'était* sont posés et constituent le rhème. La spécificité de (34) réside dans la juxtaposition de ces deux éléments après le segment détaché en tête de phrase mis en facteur commun.

11.2. Subordonnée relative ou subordonnée conjonctive ?

(35) *Au moment où elle monterait se coucher et qu'elle verrait [...] couloir*

Deux analyses sont possibles, en fonction de la segmentation adoptée :

- *Au moment où* peut être traité comme un subordonnant composé introduisant une subordonnée conjonctive circonstancielle de temps.
- *Où* peut être considéré comme un pronom relatif dont l'antécédent est *moment* et qui exerce la fonction complément circonstanciel de temps dans la relative.

11.3. Subordonnée comparative ou complément du comparatif ?

(36) *[l'ordre des fautes n'était pas le même] que dans l'éducation des autres enfants*

(37) *[était de la même famille] que d'autres*

Que introduit un segment, exprimant une comparaison d'égalité, qui ne comporte pas de verbe. Deux analyses sont possibles :

- La tradition grammaticale préfère traiter ces segments comme des subordonnées comparatives dites « elliptiques », où le verbe aurait été effacé ou tout au moins serait sous-entendu. C'est notamment l'analyse proposée par Riegel *et al.* (1994, 514-515).
- Si l'on n'adopte pas une hypothèse transformationnelle, on analysera ces segments comme des compléments du comparatif. C'est la solution privilégiée par Arrivé *et al.* (1986, 43). En (36), il s'agit d'un pronom, *le même,* reprenant le nom *ordre* et en (37), d'un adjectif, *même* : on parlera respectivement de complément du pronom et de complément de l'adjectif au comparatif.

11.4. Subordonnée concessive ?

(38) *quoique infiniment plus grave*

On peut hésiter sur le statut de *quoique*, qui ne semble pas introduire en (38) de proposition, puisqu'il n'apparaît pas de verbe. Deux interprétations sont possibles :

- *Quoique* peut être vu comme un subordonnant introduisant une proposition subordonnée concessive, qui, à la manière des subordonnées de cause en *parce que* et *puisque*, ne nécessite pas de copule ni de sujet : *quoiqu'elle fût infiniment plus grave.*
- Dans la mesure où *quoique* est susceptible de commuter avec un adverbe marquant l'orientation concessive, du type *néanmoins* ou *cependant,* il est analysable comme un subordonnant transféré dans les adverbes. Il porte alors sur l'adjectif *grave.*

12. CONCLUSION

• De la syntaxe à la stylistique

L'architecture de la phrase proustienne repose sur un enchaînement et un enchâssement ramifiés de propositions subordonnées. La phrase, à la fois complexe et longue, mime le cheminement de la pensée qui progresse par paliers successifs. Les subordonnées circonstancielles fixent les composantes du décor et situent de manière détaillée le cadre de la scène. Les subordonnées relatives ajoutent à leur antécédent nominal des précisions qui sont autant de « touches » nuancées. Les subordonnées conjonctives compléments de verbes épistémiques ouvrent la voie de l'analyse – et du retour – que le narrateur âgé opère sur les lieux et les moments de son enfance.

Chapitre 3
L'interrogation

***Le Jeu de l'amour et du hasard*, Acte III, scène 6,**
Marivaux, 1730.

LISETTE – Enfin Monsieur, faut-il vous dire que c'est moi que votre tendresse honore ?

ARLEQUIN – Ahi, ahi, je ne sais plus où me mettre.

LISETTE – Encore une fois Monsieur, je me connais.

ARLEQUIN – Hé, je me connais bien aussi, et je n'ai pas là une fameuse connaissance, ni vous non plus, quand vous l'aurez faite ; mais c'est là le diable que de me connaître, vous ne vous attendez pas au fond du sac.

LISETTE à part – Tant d'abaissement n'est pas naturel. (Haut.) D'où vient me dites-vous cela ?

ARLEQUIN – Et voilà où gît le lièvre.

LISETTE – Mais encore ? Vous m'inquiétez : est-ce que vous n'êtes pas ?...

ARLEQUIN – Ahi, ahi, vous m'ôtez ma couverture.

LISETTE – Sachons de quoi il s'agit ?

ARLEQUIN à part – Préparons un peu cette affaire-là. (Haut.) Madame, votre amour est-il d'une constitution bien robuste, soutiendra-t-il bien la fatigue que je vais lui donner, un mauvais gîte lui fait-il peur ? je vais le loger petitement.

LISETTE – Ah, tirez-moi d'inquiétude ! en un mot, qui êtes-vous ?

ARLEQUIN – je suis... N'avez-vous jamais vu de fausse monnaie ? savez-vous ce que c'est qu'un louis d'or faux ? Eh bien, je ressemble assez à cela.

LISETTE – Achevez donc, quel est votre nom ?

ARLEQUIN – Mon nom ? (À part.) Lui dirai-je que je m'appelle Arlequin ? non, cela rime trop avec coquin.

LISETTE – Eh bien ?

ARLEQUIN – Ah dame, il y a un peu à tirer ici ! Haïssez-vous la qualité de soldat ?

LISETTE – Qu'appelez-vous un soldat ?

ARLEQUIN – Oui, par exemple, un soldat d'antichambre.

LISETTE – Un soldat d'antichambre ! ce n'est donc point Dorante à qui je parle enfin ?

ARLEQUIN – C'est lui qui est mon capitaine.

LISETTE – Faquin !

ARLEQUIN à part – Je n'ai pu éviter la rime.

LISETTE – Mais voyez ce magot, tenez !

ARLEQUIN à part – La jolie culbute que je fais là !

1. Questions

► **Morphosyntaxe :** étudiez l'interrogation dans le texte.

► **Syntaxe :**

- Étudiez l'interrogation dans le texte.
- Étudiez la modalité interrogative dans le texte.
- Étudiez la question dans le texte.

▷ L'interrogation représente un domaine qui peut être abordé aussi bien dans une perspective sémasiologique — qui prend pour départ le signifiant — selon que l'on traite de la forme interrogative, que dans une perspective onomasiologique — qui part du signifié — selon que l'on traite de l'acte de question (voir *infra*, § 7). Les cas où la question se réalise dans une structure autre qu'interrogative ne doivent pas être relevés et traités si l'intitulé du sujet est *l'interrogation.* En revanche, on les prendrait obligatoirement en compte si l'intitulé était *la question.*

▷ Aux concours, on abordera ce sujet sous l'angle syntaxique ou morphosyntaxique, selon l'intitulé. Nous optons dans ce chapitre pour un traitement morphosyntaxique de l'interrogation. Cependant, l'interrogation met en jeu d'autres niveaux d'analyse, notamment pragmatique (actes de langage) et textuel (couple question-réponse), qu'il convient de traiter ensuite. Le niveau sociolinguistique ne sera évoqué que si le texte présente des variations diaphasiques, diastratiques ou diatopiques.

2. Relevé des occurrences

2.1. Interrogation directe

2.1.1. Interrogation totale

2.1.1.1. Introduite par est-ce que

(1) est-ce que vous n'êtes pas ?...

2.1.1.2. Avec inversion du sujet et du pivot verbal

(2) faut-il vous dire que c'est moi que votre tendresse honore ?

(3) votre amour est-il d'une constitution bien robuste ?

(4) soutiendra-t-il bien la fatigue que je vais lui donner ?

(5) un mauvais gîte lui fait-il peur ?

(6) n'avez-vous jamais vu de fausse monnaie ?

(7) savez-vous ce que c'est qu'un louis d'or faux ?

(8) Lui dirai-je que je m'appelle Arlequin ?

(9) Haïssez-vous la qualité de soldat ?

(10) ce n'est donc point Dorante à qui je parle enfin ?

2.1.2. Interrogation partielle

2.1.2.1. Introduite par un adverbe interrogatif

(11) D'où vient me dites-vous cela ?

2.1.2.2. Introduite par un pronom interrogatif

(12) qui êtes-vous ?

(13) quel est votre nom ?

(14) Qu'appelez-vous un soldat ?

2.1.3. Cas délicats

(15) Mais encore ?

(16) Mon nom ?

(17) Eh bien ?

2.2. Interrogation indirecte partielle

(18) je ne sais plus où me mettre.

(19) Sachons de quoi il s'agit ?

(20) savez-vous ce que c'est qu'un louis d'or faux ?

3. INTRODUCTION

On dit souvent que l'interrogation est un « type de phrases ». Cette catégorie recouvre modalités énonciatives et formes de phrases, respectivement types obligatoires (assertif, interrogatif, impératif et également exclamatif[1]) et types facultatifs (passif, négatif, emphatique, impersonnel). Dans la mesure où cette notion est hétérogène sur les plans morphologique et syntaxique, on préférera qualifier l'interrogation de modalité énonciative. À la suite de Benveniste (1966, 130), selon lequel « les trois modalités [assertive, interrogative, impérative] reflètent les trois comportements fondamentaux de l'homme parlant et agissant par le discours sur l'interlocuteur : transmettre un élément de connaissance, obtenir une information, intimer un ordre », la question (que l'on assimile pour le moment à l'interrogation) peut être définie comme un énoncé dont la finalité est d'obtenir de l'interlocuteur un apport d'information, ou encore comme la

1. L'exclamation n'a pas exactement le même statut que les autres types dits obligatoires (🕮 **Problèmes de définition de la phrase**).

« demande d'un dire » (Kerbrat, 1991, 15). Ces trois modalités se distinguent formellement par la courbe intonative, l'ordre sujet-pivot verbal et, le cas échéant, un morphème interrogatif. Toute phrase est obligatoirement affectée de l'une de ces modalités mutuellement exclusives.

4. L'INTERROGATION DIRECTE TOTALE

4.1. Définition

L'interrogation totale porte sur l'ensemble de la phrase. Elle accepte une réponse par *oui* (*si* pour l'interro-négation, en (6) par exemple) ou *non*. Il ne s'agit là que d'un test d'identification de la portée : en discours, les réponses sont très variées ; sur les neuf occurrences du corpus, seule l'occurrence (8) reçoit une réponse par *non*. On définit quelquefois l'interrogation totale comme une « question appelant corroboration » (Gardiner cité par Moeschler, 1994, 51).

4.2. Les procédés formels de l'interrogation totale

L'interrogation totale peut reposer formellement sur la courbe intonative et l'ordre pivot verbal-sujet. Elle peut aussi être introduite par l'unité complexe *est-ce que*.

4.2.1. Procédé prosodique

La courbe intonative de l'interrogation, reflétée à l'écrit par le point d'interrogation, est généralement décrite comme montante. Dans le texte, la courbe intonative – le point d'interrogation – n'est jamais le seul procédé.

4.2.2. Procédé syntaxique

Le verbe à un temps simple, ou l'auxiliaire à un temps composé, est immédiatement suivi d'un pronom personnel ou impersonnel. Deux cas se présentent :

- Le pronom est sujet, et l'on a affaire à une inversion du sujet *stricto sensu* (2, 6, 7, 8, 9).
- Le pronom est une reprise du sujet nominal qui est resté antéposé au verbe (3, 5).

L'occurrence (4) appelle un double commentaire : d'une part, le verbe et le pronom sont séparés par un *-t-* dit épenthétique ; d'autre part, on ne sait si le syntagme nominal *votre amour,* sujet dans la phrase qui précède, est en facteur commun (le pronom est alors une reprise) ou non (le pronom est sujet).

4.2.3. Procédé morphosyntaxique

La phrase est introduite par *est-ce que,* ce qui exclut l'inversion du sujet (1). Le traitement de *est-ce que* pose un problème particulier, puisque celui-ci fonctionne en synchronie comme une unité alors qu'il représente, en diachronie, trois mots : l'inversion de *c'est que*.

5. L'INTERROGATION DIRECTE PARTIELLE

5.1. Définition

L'interrogation partielle porte sur l'un des syntagmes nominaux ou prépositionnels de la phrase, et n'admet donc pas de réponse par *oui* ou *non*. On la définit parfois comme une « question appelant spécification [pour laquelle] l'interlocuteur doit répondre sur un point particulier » (Moeschler, 1994, 51). Elle se caractérise par la présence d'un interrogatif, souvent en tête de phrase.

5.2. Les procédés de l'interrogation partielle

5.2.1. Procédé prosodique

La courbe intonative culmine sur l'interrogatif qu'elle met en relief, pour ensuite redescendre dans le reste de la phrase.

5.2.2. Procédé morphosyntaxique : les interrogatifs

Dans le texte, l'interrogation partielle combine l'emploi d'interrogatifs et l'inversion pivot verbal-sujet[1]. On distingue :

- Des **pronoms** attributs en (12) et (13)[2], COD en (14). Sur un plan sémantique, notons que *qui* interroge sur une entité animée en (12), Arlequin déguisé ; *que* interroge sur une entité inanimée en (14).
- Des **déterminants** (cas non représenté),
- Des **adverbes**, tel *où,* qui, introduit par *de* en (11), exprime la provenance.

6. CAS DÉLICATS

Sur le plan syntaxique, les occurrences (15 à 17) forment des segments autonomes sans verbe (🕮 **Problèmes de définition de la phrase**).

1. L'inversion n'a pas lieu lorsque le pronom interrogatif est sujet, mais ce cas n'est pas représenté dans le texte.
2. Remarquons que *quel* est un morphème qui a un statut particulier, il peut être également déterminant.

7. APPROCHE PRAGMATIQUE

7.1. Structure formelle / Valeur pragmatique

Il n'existe pas de relation bi-univoque entre structure formelle et valeur pragmatique, ce qui revient à distinguer entre phrase interrogative et acte de question. En effet, si la forme interrogative correspond de façon privilégiée à un acte de langage particulier, l'acte de question (de même que la phrase déclarative correspond de façon privilégiée à l'acte d'assertion, et la phrase impérative à l'ordre), elle peut revêtir d'autres valeurs pragmatiques. Inversement, à cet acte de question peuvent correspondre plusieurs formes.

7.2. Classement des interrogations selon leur valeur pragmatique

On peut classer les structures interrogatives d'un point de vue onomasiologique, en proposant un continuum allant de la vraie question à la question rhétorique :

- **Vraie question** : l'acte de question est exprimé directement par une forme interrogative. On a affaire à des demandes d'information, qui attendent une réponse de l'allocutaire (type 1, tableau A). Le texte en offre de nombreuses occurrences, d'abord en raison de la nature dialogique du genre théâtral, ensuite parce que Lisette et Arlequin, travestis sous le costume de leur maître respectif, cherchent à connaître l'identité véritable de l'autre dans cette scène de dévoilement.
  On parle d'actes dérivés ou indirects lorsque l'acte de question se réalise dans une structure autre qu'interrogative ou, inversement, lorsqu'une structure interrogative ne renvoie pas à une question.
- **Question orientée :** on trouve également dans l'assertion indirecte la question orientée (ou demande de confirmation). Il s'agit d'un acte intermédiaire entre question et assertion. Le locuteur sollicite une réponse dans un certain sens, mais l'allocutaire reste libre de décevoir cette attente (type 2, tableau A, *infra*).
  Certaines questions orientées prennent la forme interro-négative. Rappelons qu'interrogation et négation ne s'excluent pas, mais sont susceptibles de se combiner, contrairement à ce qui se produit pour l'interrogation et l'assertion ou pour l'interrogation et l'injonction. L'interro-négation contribue à l'orientation de la question. Ainsi, une question à la forme interro-négative permet notamment d'anticiper sur une réponse attendue, de contraindre l'interlocuteur à répondre dans un certain sens, c'est le cas des occurrences (1) et (10), ou de participer de l'élaboration d'une stratégie argumentative (en 6), où le locuteur et l'allocutaire ne sont pas à égalité.
- **Question oratoire ou rhétorique** : l'assertion indirecte, qu'on appelle communément question « rhétorique » ou « oratoire », n'attend pas de l'interlocuteur qu'il fournisse une réponse. La valeur de question disparaît au profit de la seule valeur d'assertion (type 2, tableau A).

– **Requête indirecte** : l'ordre se déguise en question (type 3, tableau A).

La prise en compte du couple question/réponse permet de mettre en évidence l'absence de bi-univocité entre structure formelle et valeur pragmatique.

TABLEAU A[1] : L'interrogation directe

	Actes de langage indirects	
TYPE 1	TYPE 2	TYPE 3
Question réalisée par une phrase interrogative	Assertion réalisée par une phrase interrogative	Injonction réalisée par une phrase interrogative
Vraie question *Ex : Qui êtes-vous ?* (12) (occ. 3, 4, 5, 9, 11, 13, 14)	Question oratoire ou rhétorique *Ex : Lui dirai-je que je m'appelle Arlequin ?* (8) (occ. 2)	Requête indirecte (cas non représenté dans le texte) *Ex : Tu pourrais me passer le sel ?*
Interrogation partielle cachée sous une totale (cas non représenté dans le texte) : *Ex : Tu ne manges pas ? = Pourquoi tu ne manges pas ?*	Question orientée *Ex : Savez-vous ce que c'est qu'un louis d'or faux ?* (7) *Ex : N'avez-vous jamais vu de fausse monnaie ?* (6) (occ. 1, 10) (Forme interro-négative)	

8. Le niveau textuel

La question n'est pas un acte isolé. Comme le remarque Moeschler (1994, 51), « dans les questions, le succès de l'acte dépend de l'accomplissement par l'interlocuteur d'une certaine action, en l'occurrence une réponse verbale pertinente ». Ces observations mettent en évidence la nécessité de prendre en considération les séquences discursives question / réponse, que certains linguistes nomment « paire[s] adjacente[s] d'énoncés ».

L'introduction de la dimension textuelle aide à identifier plus précisément la valeur pragmatique de l'interrogation. Théoriquement, une valeur pragmatique est associée à un certain fonctionnement textuel. Or, dans cet extrait, le lien attendu entre valeur pragmatique et fonctionnement textuel est souvent rompu, en raison de la nature de cette scène, où le dévoilement de l'identité d'Arlequin est sans cesse retardé. On pourra distinguer de ce fait plusieurs cas :

8.1. La question reçoit une réponse qui est une assertion

C'est le cas des occurrences (10, 12, 14). On note qu'en (12) s'opère une interruption qui permet de ne pas nommer explicitement Arlequin.

1. La classification ainsi que les exemples des cas non représentés dans le texte sont empruntés à (Kerbrat, 1991).

8.2. La question reçoit une réponse qui est une autre question

On peut distinguer deux cas en prenant en compte la relation que la réponse entretient avec le contexte antérieur (par exemple, l'occurrence 16 a pour contexte immédiat l'interrogation 13) et la nature de l'information demandée.

- C'est au regard de (9), *Haïssez-vous la qualité de soldat ?*, et de (13), *Quel est votre nom ?*, que l'on peut analyser respectivement (14), *Qu'appelez-vous un soldat ?*, et (16), *Mon nom ?*, comme des questions-répliques. Plus précisément, (16) forme une question-écho et (14) une question reformulée. Les questions-répliques sont souvent des demandes de confirmation ; c'est notamment le cas ici.
- Les occurrences (15), *Mais encore ?*, et (17), *Eh bien ?*, sont des questions régulatrices, qui fonctionnent comme des demandes de poursuite de l'échange. Toutes émanent de Lisette désireuse de connaître l'identité véritable de son interlocuteur, lequel retarde sa réponse.

  – **Sur le plan pragmatique**, notons que toutes ces questions ont une dimension métalinguistique.

  – **Sur un plan syntaxique**, les occurrences (15 à 17) sont des segments autonomes sans verbe. Le pivot des phrases ainsi formées est un adverbe (15, 17), un nom (16). Pour le détail de l'analyse, on se reportera au chapitre sur les problèmes de définition de la phrase.

8.3. La question ne reçoit pas de réponse

Comme il a été dit, l'absence de réponse indique souvent que la forme interrogative a été interprétée comme une **question rhétorique**. En (2), Arlequin ne répond pas ouvertement à la question de Lisette. L'occurrence (8) est un cas intéressant, dans la mesure où Arlequin se pose une question, et y répond lui-même. Cependant, on interprétera cette question comme rhétorique car elle est formulée dans l'espace de l'aparté et revêt une valeur délibérative.

Le texte offre de nombreuses occurrences de **vraies questions**, qui sont des demandes d'information nouvelle sur la véritable identité d'Arlequin alias Dorante (3, 4, 5, 11). Or, ces questions ne sont pas ici suivies de réponse, contrairement à leur visée illocutoire. Le jeu théâtral repose en effet sur le retardement du dévoilement de l'identité d'Arlequin (*qui êtes-vous ?*).

9. L'INTERROGATION INDIRECTE

9.1. Définition et procédés

L'interrogation indirecte est intégrée à une phrase complexe, et forme donc une proposition subordonnée. Le verbe recteur introduisant la subordonnée interrogative est souvent un verbe de parole. Dans les occurrences (18 à 20), on remarque qu'il s'agit du verbe *savoir*, qui peut régir l'interrogation indirecte à condition de ne pas être à la modalité assertive positive. *Savoir* se trouve dans une phrase assertive en (18), mais il est alors affecté d'une négation ; en (19), il entre dans une phrase à modalité injonctive et en (20), dans une phrase à modalité interrogative[1]. L'interrogation indirecte est généralement complément d'objet direct du verbe principal. C'est le cas des occurrences (18 à 20).

Étant subordonnée à un verbe de parole, l'interrogation indirecte s'apparente au discours indirect. Elle ne repose pas sur les procédés caractérisant l'interrogation directe. L'intonation n'est pas montante (mais elle est celle de la phrase principale), la ponctuation est celle de la phrase régissante[2], l'ordre sujet-pivot est conservé.

L'interrogation indirecte est partielle dans les occurrences du corpus. Le morphème interrogatif a un statut problématique. Certains auteurs l'analysent comme un subordonnant. D'autres y voient seulement un interrogatif tel qu'on en trouve dans l'interrogation directe : *où ?* (adverbe en 18), *quoi ?* (pronom en 19) ; en (20), la séquence *ce que* peut être envisagée comme une variante de l'interrogatif complexe *qu'est-ce que ?*.

9.2. Valeur pragmatique

Dans le cas de l'interrogation indirecte, on a affaire à des questions auxquelles ne correspond pas de modalité interrogative (sauf si la phrase principale est affectée d'une telle modalité, comme en 20). De ce point de vue, on serait tenté de considérer l'interrogation indirecte comme un acte indirect de langage (ce que suggère d'ailleurs, de façon malheureuse, l'étiquette *interrogation indirecte*). Or, le sens littéral est préservé : les questions ne sont pas posées de manière détournée.

TABLEAU B[3] : L'interrogation indirecte

TYPE 1	TYPE 2	TYPE 3
Question réalisée par une phrase interrogative	**Question réalisée par une phrase assertive**	**Question réalisée par une phrase impérative**
Interrogation indirecte où la forme interrogative ne porte pas directement sur l'information demandée *Ex : Savez-vous ce que c'est qu'un louis d'or faux ?* (20)	Interrogation indirecte *Ex : Je ne sais plus où me mettre.* (18)	Interrogation indirecte *Ex : Sachons de quoi il s'agit ?* (19)

1. Ce dernier cas a donc été également traité dans l'interrogation directe en (7).
2. On note que, pour l'occurrence (19), la ponctuation ne reflète pas la modalité injonctive, mais semble indiquer une modalité interrogative.
3. La classification est empruntée à (Kerbrat, 1991).

10. Conclusion

Assez nombreuses dans ce passage, les interrogations jouent pleinement leur rôle dans le dialogue théâtral : elles assurent la progression du texte et la concaténation des répliques. Le travestissement des personnages suscite une quête d'identification, à laquelle les interrogations font doublement écho : d'une part les vraies questions balisent le texte, d'autre part leur valeur littérale est elle-même travestie puisque les réponses qu'elles appellent sont sans cesse retardées.

Annexe

Liste des questions de grammaire aux concours

▷ La liste suivante présente les sujets proposés aux concours de recrutement de l'Éducation nationale (CAPES, Agrégation de Lettres Modernes, Agrégation de Lettres Classiques, Agrégation de Grammaire), pour les épreuves écrites et orales. Elle permettra au candidat de se familiariser avec les questions posées et les textes choisis comme support[1].

1. CAPES de Lettres Modernes (épreuve écrite[2])

La formulation du sujet varie d'une session à l'autre. Il peut s'agir d'une question de morphosyntaxe, de syntaxe, de grammaire. Le libellé le plus courant est le suivant :

« Étudiez ... dans le passage » ou « Étudiez ... de la ligne x à la ligne y ».

1987 Étudiez méthodiquement l'interrogation dans le texte. (Musset, *Fantasio*, II, 5)

1988 Morphosyntaxe : Les adverbes dans le passage. Syntaxe : Valeurs et emplois de l'infinitif dans le texte. (Stendhal, *La Chartreuse de Parme*, chapitre XVIII)

1989 Morphosyntaxe : Étude des articles et déterminants indéfinis dans le texte. Syntaxe : Étudiez méthodiquement l'expression de l'hypothèse dans le texte. (Chateaubriand, *Mémoires d'outre-tombe*, III, Livre 23, chapitre 16)

1990 L'interrogation et les propositions subordonnées relatives. (La Fontaine, *Tircis et Amarante*, Livre VIII)

1991 Emplois de *que*, et emplois de *être*. (*L'Encyclopédie*, article « Sujet » Peinture)

1992 Morphosyntaxe : Étude de l'impératif. Syntaxe : Étude de l'interrogation. (Claudel, *L'Annonce faite à Marie*)

1993 Morphosyntaxe : Étude des compléments prépositionnels du début jusqu'à la ligne 5. (Flaubert, *Madame Bovary*, I, chapitre IV)

1994 Syntaxe : Étude de la fonction attribut et de la fonction apposition dans le texte. Morphosyntaxe : Étude des déterminants du substantif de la ligne 3 à la ligne 5. (Hugo, *Les Travailleurs de la mer*, III, chapitre 2)

---

1. La lecture des rapports de jury de ces différentes sessions est absolument indispensable. Le candidat peut se procurer ces rapports annuels au *Centre national de documentation pédagogique* ou dans les *Centres régionaux*.
2. Depuis quelques années, il est d'usage de poser également une question de grammaire sur un point précis à l'issue de l'explication de texte à l'oral. Il ne s'agit pas d'élaborer un exposé construit, mais de répondre avec pertinence et précision à la question posée, en mentionnant le plus clairement possible la problématique inhérente à cette question.

1995 Grammaire : Étude syntaxique des subordonnées de la ligne 8 à la fin du texte. Étude des formes verbales suivantes : *aie pu, aura mandée.* (Mme de Sévigné, *Lettres à sa fille, Mme de Grignan, 4 octobre 1677*)

1996 Grammaire : Étude des modes personnels et des temps du verbe du début du texte à la ligne 19. Étude de la structure syntaxique : « *Et de la musique ? C'est alors que nous en ferons* ». (Diderot, *Le Neveu de Rameau*)

1997 Grammaire : Étude des déterminants du vers 8 au vers 21. Étude des trois adjectifs (*étranger, comprimante, solaire*). (Char, *Recherche de la base et du sommet, IV, À une sérénité crispée, A****)

1998 Grammaire : Étude des pronoms personnels. (Sartre, *Les Mots*)

1999 Grammaire : Étude des propositions subordonnées relatives figurant dans le texte. Étude des formes verbales figurant dans les vers 30 et 31. (Molière, *Amphitryon*, I, 3)

2000 Grammaire : Les déterminants et les pronoms démonstratifs. (Musset, *Les Caprices de Marianne*)

2. Agrégation de Lettres Modernes (épreuve écrite)

1985 Syntaxe : Étudiez dans le texte l'emploi des formes en *-ant.* (Ronsard, *Hymne de Calaïs et de Zethes*)

1986 Étude morphosyntaxique des démonstratifs dans le texte. (Senancour, *Oberman*)

1987 Étude dans le texte de la transitivité et de l'intransitivité verbales. (Senghor, *Nocturnes*)

1988 Syntaxe : La place du sujet dans le texte. (Barbey D'Aurevilly, *Les Diaboliques*)

1989 Syntaxe : Étudiez les propositions subordonnées dans le texte. (Rabelais, *Gargantua*)

1990 Syntaxe : Étudiez les articles et les déterminants démonstratifs. (Rousseau, *Julie ou la Nouvelle Héloïse*)

1991 Morphosyntaxe : Étudiez les pronoms personnels. (La Bruyère, *Les Caractères*, « Du Souverain ou de la République », 4)

1992 Étudiez les indéfinis à l'exception de l'article. (La Fontaine, *Fables*, VIII, 24)

1993 Syntaxe : Étudiez, dans ce texte, les propositions relatives. (Valéry, *Charmes*, « Ébauche d'un serpent »)

1994 Syntaxe : Étudiez, dans ce texte, la transitivité verbale jusqu'à la ligne 7. (Pascal, *Pensées*, Fragment 230)

1995 Syntaxe : Étudiez, dans ce texte, la fonction sujet. (du Bellay, *Les Regrets*, XLVIII)

1996 Syntaxe : Étudiez l'emploi des temps de l'indicatif dans ce texte. (Crébillon fils, *Les Égarements du cœur et de l'esprit*)

1997 Morphosyntaxe : Étudiez l'adjectif qualificatif dans le texte. (Apollinaire, *Alcools*)

1998 Syntaxe : Étudiez les pronoms personnels de la ligne 1 à la ligne 14. (C. Simon, *La Route des Flandres*)

1999 Morphosyntaxe : Étudiez l'expression de la négation dans le texte. (Jean de la Taille, *Saül le furieux*, Acte 1, vers 80 à 106)

2000 Syntaxe : Étudiez l'attribut. (Voltaire, *Traité sur la Tolérance*)

3. Agrégation de Grammaire (épreuves écrites)

1995 Option A
Grammaire et sémantique : L'expression de la négation ; les constructions de *faire*. (Du Bellay, *Les Regrets*)

Option B
Syntaxe et sémantique : Modes et temps dans le premier paragraphe. (Voltaire, *Dictionnaire philosophique*, « Fanatisme »)

1996 Option A
Grammaire : L'infinitif dans le texte. (Racine, *Britannicus*, acte I, sc. 2)

Option B
Grammaire : Le subjonctif. (Crébillon, *Les Égarements du cœur et de l'esprit*, 1re partie)

1997 Option A
Grammaire : L'emploi des pronoms réfléchis. (Stendhal, *La Chartreuse de Parme*, 1re partie, chapitre III)

Option B
Grammaire : Les pronoms atones (clitiques) et leur absence. (Marot, *Ballades*)

1998 Option A
Grammaire : La place des adjectifs épithètes ; expliquer l'emploi des déterminants démonstratifs. (C. Simon, *La Route des Flandres*)

Option B
Grammaire : Étude des adverbes. (J.-J. Rousseau, *Les Rêveries du promeneur solitaire*)

1999 Option A
Grammaire : Étudiez l'exclamation. (Choderlos de Laclos, *Les Liaisons dangereuses*)

Option B
Grammaire : La négation. (La Rochefoucauld, *Maximes*)

2000 Option A
Grammaire : Étudiez les emplois de *que*. (Voltaire, *Traité sur la Tolérance*)

Option B
Grammaire : Étudiez l'expression de l'ordre. (Victor Segalen, *Stèles*)

4. Épreuves orales des Agrégations de Lettres Modernes, de Lettres Classiques et de Grammaire

Liste indicative des questions posées :

Discours et récit
Énonciation et deixis
Être et *Avoir*
Étude du morphème *que*
Hypothèse et concession
La diathèse
La fonction des syntagmes prépositionnels
La négation
La phrase nominale
L'absence de déterminants
L'anaphore
Le mot *ce*
Le mot *tout*
Le subjonctif
L'emploi des formes verbales
L'expression de la personne
Les adverbes
Les conjonctions de coordination
Les déterminants possessifs
Les épithètes
Les groupes prépositionnels
Les hypothétiques
Les indéfinis
Les interjections
Les interrogatives
Les modalités de la phrase
Les mots de liaison
Les mots négatifs
Les prépositions
Les présentatifs
Les procédés de coordination
Les procédés d'enchaînement
Les pronoms personnels
Les propositions
Les relations actancielles
Les relatives
Les substituts
Les tours impersonnels
Les verbes pronominaux
Que comparatif et *Que* complétif

Références bibliographiques

1. Ouvrages de référence

ARRIVÉ Michel, **GADET** Françoise, **GALMICHE** Michel, *La Grammaire d'aujourd'hui*, Paris, Flammarion, 1986.

BAYLON Christian, **FABRE** Paul, *Grammaire systématique de la langue française*, Paris, Nathan, 1985.

BÉCHADE Hervé, *Syntaxe du français moderne et contemporain*, Paris, PUF, 1986.

BENVENISTE Émile, *Problèmes de linguistique générale,* Paris, Gallimard, tome 1, 1966.

BONNARD Henri, *Code du français courant*, Paris, Magnard, 1981.

CHARAUDEAU Patrick, *Grammaire du sens et de l'expression*, Paris, Hachette, 1992.

DENIS Delphine, **SANCIER-CHATEAU** Anne, *Grammaire du français*, Paris, Le Livre de Poche, coll. « Les usuels de poche », 1994.

DUBOIS Jean (sous la direction de), *Dictionnaire de linguistique et des sciences du langage*, Paris, Larousse, 1994.

FEUILLARD Colette, « La syntaxe fonctionnelle dans le cadre des théories linguistiques contemporaines », 2 vol., Thèse d'État, Paris V, 1989.

GARDES-TAMINE Joëlle, *La Grammaire*, 2 vol., Paris, Armand Colin, 1988.

GARY-PRIEUR Mary-Noëlle, *De la grammaire à la linguistique*, Paris, Armand Colin, 1985.

GREVISSE Maurice, *Le Bon Usage*, Paris, Duculot, 1988 (1re édition 1936).

Précis de grammaire française, Paris, Duculot, 1969 (28e édition revue).

LE GOFFIC Pierre, *Grammaire de la phrase française*, Paris, Hachette, 1993.

MAHMOUDIAN Mortéza (sous la direction de), *Pour enseigner le français*, Paris, PUF, 1976.

MAINGUENEAU Dominique, *Précis de grammaire pour les concours*, Paris, Bordas-Dunod, 1991

Syntaxe du français, Paris, Hachette, 1994.

MARTINET André (sous la direction de), *Grammaire fonctionnelle du français*, Paris, Didier, 1979.

MARTINET André, *Syntaxe générale*, Paris, Armand Colin, 1985.

MERCIER-LECA Florence, *Trente questions de grammaire française, Exercices corrigés*, Paris, Nathan, coll. « Cahiers de la 128 », 1998.

MOESCHLER Jacques, **REBOUL** Anne, *Dictionnaire encyclopédique de pragmatique*, Paris, Seuil, 1994.

MOIGNET Gérard, *Systématique de la langue française*, Paris, Klincksieck, 1981.

MONNERET Philippe, **RIOUL** René, *Questions de syntaxe française*, Paris, PUF, 1999.

RIEGEL Martin, **PELLAT** Jean-Christophe, **RIOUL** René, *Grammaire méthodique du français*, Paris, PUF, 1994.

SOUTET Olivier, *La syntaxe du français*, Paris, PUF, coll. « Que sais-je ? », 1989.

TELLIER Christine, *Éléments de syntaxe du français, Méthodes d'analyse en grammaire générative*, Québec, Presses de l'Université de Montréal, 1995.

TESNIÈRE Lucien, *Éléments de syntaxe structurale*, Paris, Klincksieck, 1982 (1re édition 1959).

TOMASSONE Roberte, *Pour enseigner la grammaire*, Paris, Delagrave, 1996.

VARGAS Claude, *Grammaire pour enseigner*, Paris, Armand Colin, 1992.

WAGNER Robert-Léon, **PINCHON** Jacqueline, *Grammaire du français*, Paris, Hachette, coll. « Université », 1962.

WEINRICH Harald, *Grammaire textuelle du français*, Paris, Didier-Hatier, Alliance française, 1989.

2. Grammaires historiques

BRUNOT Ferdinand, **BRUNEAU** Charles, *Précis de grammaire historique de la langue française*, Paris, Masson, 1969 (1re édition 1887).

BRUNOT Ferdinand, *Histoire de la langue française des origines à 1900* (à partir du tome XII, *Histoire de la langue française des origines à nos jours*), 13 tomes, Armand Colin, 1905-1953.

Histoire de la langue française 1880-1914, sous la direction de G. Antoine et de R. Martin, Paris, CNRS, 1985.

FOURNIER Nathalie, *Grammaire du français classique*, Paris, Belin, coll. « Lettres Sup », 1998.

3. Dictionnaires

HUGUET Edmond, *Dictionnaire de la langue française du seizième siècle*, Paris, Champion, tome 1, 1925.

REY Alain (sous la direction de), *Dictionnaire historique de la langue française*, Paris, Le Robert, 1992.

4. Bibliographie spécifique (études citées)

• Portant sur l'adjectif

BOSREDON Alain, « Un adjectif de trop : l'adjectif de relation », *L'Information grammaticale*, n° 37, 1998, pp. 3-7.

• Portant sur les syntagmes prépositionnels

RÉMI-GIRAUD Sylvianne, « Le complément circonstanciel, problèmes de définition », *Autour du circonstant*, Lyon, PUL, 1998, pp. 65-113.

• Portant sur les indéfinis

BENTOLILA Fernand, « Les pronoms indéfinis du français », *Cahiers de l'Institut de linguistique de Louvain*, n° 22, 1996, 1-2, pp. 9-16.

• Portant sur les fonctions

GLOBEVNIK Darja, « La notion de fonction grammaticale », *La Linguistique*, 1983, 1, 19, pp. 123-133.

• **Portant sur la fonction sujet**

FEUILLARD Colette, « Le cumul des fonctions comme manifestation de l'économie syntaxique », *Cahiers de l'Institut de linguistique de Louvain, Actes du XXe colloque de linguistique fonctionnelle*, 1996-1997, pp. 179-185.

• **Portant sur l'attribut**

FEUILLARD Colette, « La relation prédicative en grammaire fonctionnelle », *Travaux de linguistique*, n° 17, 1988, pp. 33-50.

FEUILLARD Colette, « Le cumul des fonctions comme manifestation de l'économie syntaxique », *Cahiers de l'Institut de linguistique de Louvain, Actes du XXe colloque de linguistique fonctionnelle*, 1996-1997, pp. 179-185.

• **Portant sur l'apposition**

AYMARD-FEUILLARD Colette, « L'apposition », *Actes du IIe Colloque de linguistique fonctionnelle*, Clermont-Ferrand, CRDP, 1975, pp. 135-143.

FORSGREN Mats, « Apposition adnominale : déterminants et ordre des constituants », *Travaux de linguistique*, n° 17, 1988, pp. 137-157.

NEVEU Franck, « De la phrase au texte. Les constructions appositives détachées et la structure informationnelle de l'énoncé des *Misérables* », *L'Information grammaticale*, n° 64, 1995, pp. 23-26.

• **Portant sur les compléments circonstanciels**

RÉMI-GIRAUD Sylvianne, « Le complément circonstanciel, problèmes de définition », *Autour du circonstant*, Lyon, PUL, 1998, pp. 65-113.

• **Portant sur le subjonctif**

MARTIN Robert, *Pour une logique du sens*, Paris, PUF, 1983.

MARTIN Robert, *Langage et croyance*, Bruxelles, Mardaga, 1987.

• **Portant sur l'infinitif**

FEUILLARD Colette, « Le cumul des fonctions comme manifestation de l'économie syntaxique », *Cahiers de l'Institut de linguistique de Louvain, Actes du XXe colloque de linguistique fonctionnelle*, 1996-1997, pp. 179-185.

• **Portant sur les problèmes de définition de la phrase**

CHAROLLES Michel, **COMBETTES** Bernard, « Contribution pour une histoire récente de l'analyse du discours », *Langue française*, n° 121, 1999, pp. 76-116.

FEUILLARD Colette, « La relation prédicative en grammaire fonctionnelle », *Travaux de linguistique*, n° 17, 1988, pp. 33-50.

• **Portant sur les propositions subordonnées**

RÉMI-GIRAUD Sylvianne, « Le complément circonstanciel, problèmes de définition », *Autour du circonstant*, Lyon, PUL, 1998, pp. 65-113.

• **Portant sur l'interrogation**

KERBRAT-ORECCHIONI Catherine (sous la direction de), *La Question*, Lyon, PUL, 1991.

Index des notions

D

E

T

U

V

Table des matières

Aubin Imprimeur
LIGUGÉ, POITIERS

Achevé d'imprimer en décembre 2003
N° d'impression P 66120
Dépôt légal, décembre 2003
Imprimé en France